Rudolf Brunngraber
Karl und das 20. Jahrhundert

Reihe Q
Quellentexte
zur Literatur- und Kulturgeschichte
Band 5

Herausgegeben von Helmut Kreuzer

Rudolf Brunngraber

Karl
und das 20. Jahrhundert

Roman

Vorwort Thomas Lange · Nachwort Karl Ziak

Scriptor Verlag Kronberg/Ts.
1978

CIP-Kurztitelaufnahme der Deutschen Bibliothek

Brunngraber, Rudolf
Karl und das 20. [zwanzigste] Jahrhundert : Roman. – 1.
Aufl. – Kronberg/Ts. : Scriptor-Verlag, 1978.
   (Reihe Q ; Bd. 5)
   ISBN 3-589-20639-X

© 1978 Scriptor Verlag GmbH & Co. KG
Wissenschaftliche Veröffentlichungen
Kronberg/Ts.
Alle Rechte vorbehalten
Umschlaggestaltung Gerhard Keim, Frankfurt/M.
Gesamtherstellung: Decker & Wilhelm, Heusenstamm
Printed in Germany
ISBN 3-589-20639-X

Vorwort

Thomas Lange

Vorwort[1]

I.

„Es bildet ein Talent sich in der Stille, sich ein Charakter in dem Strom der Welt": dieses Zitat aus Goethes „Torquato Tasso" wird Karl Lakner als Thema für den Deutschaufsatz vorgelegt, den er zur Aufnahmeprüfung für die Lehrerbildungsanstalt zu schreiben hat. Mit dem phrasenhaft-moralistischen Schlußsatz: „Mag das Leben auch hartherzig sein und mag den Gewalten der Welt auch Böses innewohnen, das schließlich Obsiegende bleibt immer ein reines Herz, ein frommer Wille, eine hohe Idee", sichert Karl sich die Zulassung zur Anstalt. 24 Jahre später, arbeitslos und vom Hunger und seiner entwürdigenden Situation zur Verzweiflung gedrängt, schreit er das Goethe-Zitat noch einmal heraus, nun aber mit dem Zusatz: „. . . der Welt. Des Demiurgen!" Nach Karls Lebenserfahrung ist das „schließlich Obsiegende" alles andere als die Idee oder der Wille des Einzelnen, sondern vielmehr der den Dingen der Welt innewohnende und sie lenkende Dämon. Der Autor Brunngraber setzt mit dieser desillusionierenden Variante seines Leitmotivs seinen Schlußpunkt unter den Bildungsroman der deutschen Literaturtradition: Das Individuum wird im Zusammenstoß mit den Dingen der Welt nicht mehr „gebildet" (zum Talent, zum Charakter, zu einem autonomen Subjekt), sondern zwischen ihnen zerrieben.

Karls Konfrontation mit dem Jahrhundert und mit seiner Welt ist in 7 Abschnitte gegliedert, die die Jahre 1880 bis 1931 umfassen. Karl Lakner wird zwar erst 1893 in Wien geboren, jedoch begann 1880 der amerikanische Ingenieur F. W. Taylor mit seinen grundlegenden Untersuchungen über die Vereinfachung und Aufgliederung des Arbeitsprozesses. Er setzte damit eine Entwicklung in Gang, deren Auswirkungen das Leben von Millionen Menschen bestimmten. Brunngraber schildert in seinem Roman am Beispiel der Lebensgeschichte Karl Lakners und in einer Dokumentation der politischen, technischen und ökonomischen Entwicklung Europas und der USA im ersten Viertel des 20. Jahrhunderts, wie diese Entwicklung in das Leben der Einzelnen eingreift und zugleich die Geschichte der Welt verändert.

Entscheidend für die ökonomische Entwicklung der Zeit von 1880 bis 1931 sind die Tendenzen zu Monopolisierung und Rationalisierung. Weil diese aber allein an der Zweckmäßigkeit von Warenproduktion und Warenabsatz orientiert waren, führte dies zu einer unvernünftig angewandten Vernunft. Deren Ergebnisse führt Brunngraber an der Lebensgeschichte Karl Lakners vor, der nicht versteht, warum „das Dasein seinen Lebenswillen immerfort ablehnte". Der zielstriebigen und auf der Seite von Technologie, Erfindungskraft und Organisation so erfolgreichen Entwicklung der Produktivkräfte steht das dreifache Massenelend von Kriegsnot, Inflation und

---

1 Der Verfasser hat für Entgegenkommen und freundliche Hilfe zu danken: Frau Louise Brunngraber, Wien; Herrn Dr. K. Ziak, Wien; Frau Edschmid, Darmstadt; dem Bundesarchiv, Koblenz; dem Deutschen Institut für Filmkunde, Wiesbaden.

Arbeitslosigkeit gegenüber. Es ist eine Welt, der „ihr Reichtum . . . als goldener Mühlstein um den Hals hängt."
Karl Lakner ist einer Welt konfrontiert und von ihr bestimmt, von der er kaum etwas weiß. Brunngraber macht deutlich, wie sehr das Leben jedes Einzelnen von Entscheidungen und Vorgängen determiniert wird, die weit außerhalb des erfahrbaren Gesichtskreises liegen. Karl Lakner, der in seiner sozialen Lage, in seinen gesellschaftlichen, kulturellen und sinnlichen Bedürfnissen nicht eindeutig festzulegen ist, entspricht in all seiner Unentschiedenheit, die nicht einmal sich selbst in den sozialen Zusammenhang einordnen kann, Millionen von Durchschnittsbürgern. Er lernt in seiner Kindheit (nicht zuletzt aus der für ihn – mangels anderer Anregungen – als Erzieher fungierenden Trivialliteratur) nur moralische Kategorien zur Bewertung seiner Lage kennen. Folglich entwickelt sich später sein Selbstverständnis gegenüber der Welt aus einer moralischen Einschätzung: zuerst will er sich in der Welt durchsetzen; dann nur in ihr behaupten; dann wenigstens nichts von ihr geschenkt nehmen müssen; und schließlich sieht er ein, daß er ihr nicht einmal etwas rauben kann:

> „Er kann nicht böse sein, weil er nicht die Kraft hat, die Isolierung zu ertragen, die das mit sich bringt. . . . Er kann nur mit der Welt leben und nicht gegen sie."

Seine moralisch geprägte Bereitschaft zur Einfügung wird von „den Dingen" der Welt „außer Kurs" gesetzt, so wie er als ganzer Mensch schließlich „außer Kurs" gesetzt wird. Der Börsenjargon kennzeichnet die endgültige Ablösung der Moral durchs Geschäft.
Karl Lakner wächst (wie Rudolf Brunngraber) in Wien auf. Das, was sein Leben bestimmt – proletarische Herkunft, Aufstiegsbemühungen, Kriegserfahrung, soziales und persönliches Scheitern nach dem Krieg – ist auch im Deutschland der Weimarer Republik denkbar. Doch Brunngrabers Roman liest sich anders vor dem Hintergrund der veränderten geschichtlichen Lage der ersten österreichischen Republik.
Sie war eine politisch und ökonomisch künstliche, wenig lebensfähige Schöpfung der Alliierten. Im Parlament hatten die Sozialdemokraten ca. 40% der Stimmen, was nicht ausreichte, um allein zu regieren. In Wien dagegen waren sie ständig mit über 60% der Stimmen in der Gemeindeverwaltung vertreten. Österreich wurde seit 1920 von bürgerlichen Parteien regiert, die Hauptstadt der Republik von den Sozialdemokraten. Zwischen Staat und Hauptstadt kam es wiederholt zu Konflikten. Die SPÖ setzte fortschrittliche Reformen in der Sozialgesetzgebung durch: Achtstundentag, bezahlter Urlaub für Arbeiter, Arbeitslosenunterstützung (als letzte Sicherung: Notstandsaushilfe für besonders Bedürftige), Invaliditäts- und Altersversicherung etc. Diese Reformen wurden erkämpft gegen den heftigen Widerstand der Bürgerlichen und der Konservativen. Die SPÖ wollte damit die Republik vor einem Erstarken der (zahlenmäßig geringen) kommunistischen Partei wie auch vor der faschistischen Bewegung bewahren. Diese bestand vor allem in der militärisch organisierten „Heimwehr", die an Mussolini orientiert war und von dort unterstützt, von den österreichischen Nationalsozialisten jedoch bekämpft wurde.

Die SPÖ versuchte besonders in Wien soziale Reformen durchzuführen, um (nach ihrem Selbstverständnis) einmal dem ungeduldigen Radikalismus von links, zum anderen der antirepublikanischen Agitation von rechts den Boden zu entziehen. Seit 1923 wurden auf Initiative der SPÖ preisgünstige Neubauwohnungen durch die Gemeinde Wien errichtet, die sogenannten Gemeindebauten, der Beginn eines „sozialen Wohnungsbaus" in Europa. Bis 1932 wurden ca. 40000 Wohnungen vor allem für Arbeiter gebaut, in z. T. vorbildlicher Architektur und in Anlagen, die die sozialen Kontakte förderten. (So z. B. der Karl-Marx-Hof mit 1600 Wohnungen für 5000 Bewohner und eigenen Kindergärten, Geschäften, Büchereien etc.). Diese Gemeindebauten galten allgemein als sichtbares Symbol erfolgreicher sozialisitischer Reformpolitik.

Im Jahre 1932, als „Karl und das 20. Jahrhundert" geschrieben wurde, war durchaus noch nicht ausgemacht oder für die Zeitgenossen abzusehen, daß die Republik Österreich und die Reformen der Sozialdemokraten so völlig zerstört werden würden, wie es erst 1934 und dann endgültig 1938 der Fall war. Natürlich war auch Österreich von der Wirtschaftskrise heftig getroffen, doch die faschistische Gefahr erschien noch besiegbar. Die Wahlen von 1930 brachten abermals einen leichten Stimmenzuwachs für die Sozialdemokraten (sie besaßen jetzt 41% der Stimmen), während die Heimwehr nur auf 6% der Stimmen kam, die österreichischen Nationalsozialisten gar nur 3% erhielten. Ein Putsch der steiermärkischen Heimwehr war 1931 gescheitert: zwar ohne Blutvergießen, aber auch ohne Entwaffnung der Putschisten. Nach der Errichtung der Nazidiktatur in Deutschland und nach einem halben Jahr autoritärer, parlamentsloser Regierung des christlich-sozialen Kanzlers Dollfuß war die Kampfentschlossenheit der SPÖ noch stark. Im September 1933 einigte man sich – gewarnt durch die Vorgänge in Deutschland – auf die politischen Anzeichen, bei denen der bewaffnete Widerstand beginnen sollte. Noch gab es den mit Waffen ausgerüsteten republikanischen „Schutzbund" als Gegenpol zur „Heimwehr".

Man kann sagen, daß Brunngraber 1932 im Scheitern von Karl Lakners Gutwilligkeit auch das Schicksal der österreichischen Sozialdemokratie voraussah: sie glaubte an Wahlen, aber die christlich-soziale Partei koalierte mit der Heimwehr und entwaffnete den Schutzbund. Nazi-Deutschland und das faschistische Italien drängten die österreichische Regierung (die so eine Nazi-Herrschaft zu verhindern glaubte und sie nur um vier Jahre hinausschob) auf den – durchaus nicht gegen die eigene Überzeugung beschrittenen – Weg einer autoritären Regierung. Der Widerstand des Schutzbundes und der sozialdemokratischen Arbeiter gegen die zunehmenden Repressalien des mit Notverordnungen regierenden Dollfuß-Regimes erreichten Höhepunkt und Schluß in den verzweifelten Kämpfen vom Februar 1934. Heimwehr und Armee schossen gemeinsam die Arbeiter (samt Frauen und Kindern) zusammen, die sich (nach neuerlichen Provokationen durch Polizeiaktionen) in den Gemeindebauten verbarrikadiert hatten. Im gleichen Jahr wurde die SPÖ verboten. Nachdem Dollfuß dann (ebenfalls noch 1934) durch die Nazis ermordet wurde, regierte Bundeskanzler Schuschnigg diktatorisch bis 1938. Dann erzwangen die Nazis den „Anschluß" Österreichs an Deutschland.

Der durch alle doch vergleichsweise vorbildlichen sozialen Sicherungen gefallene Arbeitslose Karl Lakner nahm mit seinem selbstmörderischen Sprung vor die Eisenbahn das Schlußwort der Geschichte über die erste österreichische Republik vorweg. Brunngrabers Roman läßt sich heute auch als Kritik an der zurückhaltenden Politik der SPÖ lesen. Allerdings fußt diese Kritik nicht auf einem handfesten politischen Konzept. Der Abstand zwischen Hoffnung und Wirklichkeit wird von Brunngraber wie von vielen Intellektuellen Anfang der dreißiger Jahre als nicht überbrückbarer Abgrund erfahren. Wie viele Linksintellektuelle seiner Zeit kann Brunngraber als Lösung weder den Sowjetkommunismus akzeptieren, noch sich den Faschismus als Wirklichkeit vorstellen. Die sozialdemokratische Reformpolitik stand in Deutschland wie in Österreich zwischen Wirtschaftskrise und reaktionärer Opposition still.

Die Ausweglosigkeit der eigenen Position deutet Brunngraber in „Karl und das 20. Jahrhundert" nur mittelbar an. Sie wird explizit zum Thema eines – 1933/34 geschriebenen, aber erst 1949 veröffentlichten – Romans, der den symptomatischen Titel „Der Weg durch das Labyrinth" trägt. Der Held – Hans Jesser – ist der ins bürgerliche Milieu versetzte, seiner selbst bewußt gewordene Karl Lakner. Man kann auch sagen: es ist eine Selbstspiegelung Rudolf Brunngrabers. Die autobiographischen Bezüge sind überdeutlich: wie Brunngraber in jenen Jahren arbeitet Jesser für die Bildungsstelle der SPÖ in Wien. In diesem Buch werden die Lösungsvorstellungen, die in „Karl und das 20. Jahrhundert" nur am Rande durchschimmern, zum ersten Mal von Brunngraber ausgeführt. Es handelt sich um die Ideen der amerikanischen Technokraten, die auf folgendes hinauslaufen: das menschliche Zusammenleben soll nur nach Maßgabe von Bedürfnissen und technischen Möglichkeiten geregelt werden. Die Verteilung der Konsumgüter wird nach Energieeinheiten vorgenommen. Politik und Ideologie werden überflüssig.

Der Weg von der Wirklichkeit zu dieser Utopie ist für Jesser so wenig sichtbar wie für Brunngraber. Jesser kritisiert die sozialdemokratische Zurückhaltung gegenüber den Faschisten. Er will, daß Partei und Gewerkschaften handeln. Als sie es nicht tun, verläßt er die Partei, geht – nicht aus Überzeugung, sondern aus Hilflosigkeit – zur bürgerlichen Seite über und wird bei den Februarkämpfen 1934 erschossen. Politisch bleibt das Buch so unentschlossen wie sein Held. Die zögernde Haltung der SPÖ wird (mit Verständnis für die Gründe) kritisiert, eine Analyse der politischen Machtverhältnisse fehlt. Eine politische Handlungsperspektive zeichnet sich nicht ab. Brunngrabers Helden scheitern trotz guten Willens und richtiger Zielvorstellungen an der Wirklichkeit. Politisches Handeln als Vermittlung von Idee und Realität bleibt außerhalb der Erfahrung.

Wenn eine sinnvolle Politik unmöglich erscheint, liegt eine Absage an Politik überhaupt nahe. In „Karl und das 20. Jahrhundert" findet denn auch trotz allen Eingehens auf politische Ereignisse keine Auseinandersetzung mit politischen Ideologien statt. Brunngraber ist von der Richtigkeit des Rathenau-Zitats überzeugt, das er als Motto dem Buch vorangesetzt hat: „Die Wirtschaft ist das Schicksal". Brunngraber will in seinem Roman darstellen, daß nicht nur die einzelnen hilflos sind, sondern daß auch die Politiker zu „Sinnbildern ohne Sinn herabgesunken" sind. Sie haben gegenüber „den Dingen", dem „Unentrinnbaren" nichts mehr zu bestellen. Jeder – ob die USA oder die UDSSR, ob die Großmächte oder das kleine Österreich, ob die Millionäre, die Revolutionäre oder die Arbeitslosen, sie alle haben sich dem Unentrinnbaren zu fügen, der „herrenlose(n) Weltmaschine, die ihre Gesetze in sich selber hat". Wenn Brunngraber bemerkt: „... das Steuer der Dinge (war) aus den Händen der Politiker in die der Wirtschaftsleute" übergegangen, ist damit nicht nur ein Wechsel der Personen gemeint. Brunngraber formuliert vielmehr eine Einsicht in die Janusköpfigkeit des Fortschritts, in die Dialektik der Aufklärung:

> „Der Mensch war nicht mehr das Erste und die Erde zu seiner Versorgung das Zweite, sondern da war die Erde und da war ... der Trust, der sie restlos an sich riß. Die Wirtschaft präzisierte sich zu einer Ausbeutungsmaschinerie, die sich lückenlos zwischen dem Menschen und seiner Erde zusammenschloß ... Der Mensch hatte immer weniger Anlaß gehabt, sich als den Herren der Erde zu betrachten. Dieses Vorrecht war grotesker weise auf die Einrichtungen übergegangen, die er entwickelt hatte."

Der Zusammenstoß zwischen Karl und dem 20. Jahrhundert ist auch der zwischen den Bedürfnissen des Menschen und den Fähigkeiten, die sich gegen die Bedürfnisse kehren.

> „Und nun erkennt Karl, daß er das Unglück hatte, in das 20. Jahrhundert geboren zu werden und daß ihm nichts helfen kann, es sei denn, dieses Jahrhundert hülfe vorerst sich selbst ... Das Kleine und das Große stehen sich gegenüber. Unmittelbar. ... Die Konfrontation geht für den Karl Lakner abermals schlecht aus."

II.

Daß eine bessere Welt möglich sein sollte als die, in der Karl Lakner scheitern mußte, diese beunruhigende Erkenntnis bleibt dem Leser des Romans. Brunngraber legt nahe, daß die Lösung in sinnvoller Nutzung des technischen Fortschritts zu finden wäre, denn gerade im Gegensatz zwischen technischer Möglichkeit einerseits und politischer und sozialer Wirklichkeit andererseits ist die Ursache für das Scheitern Karls begründet. Mit dem Vertrauen in die Lösung aller sozialen Probleme durch technischen Fortschritt gehörte Brunngraber einer Denkrichtung an, zu der er sich in anderen Werken auch ausdrücklich bekannte: zur „Technokratie". Deren Theorien wurden gerade in den Jahren der Weltwirtschaftskrise heftig diskutiert. In zahlreichen Veröffentlichungen wurden die Hauptthesen der Technokraten popularisiert: die Wirtschaft müsse sich nur an der Bedarfsdeckung, nicht am Profit orientieren, dann reiche die technische Kapazität der Gegenwart aus, um alle Menschen mit Gütern zu versorgen und zugleich, bei entsprechender Nutzung des technischen Fortschritts, die Arbeitszeit drastisch zu reduzieren. Unbedingt erforderlich sei dann allerdings die zentrale Planung der gesamten Produktion.

Diese Lehre hatte ihre Anhänger vor allem in den USA, wo 1919 der Ingenieur W. H. Smith auch den Begriff „Technokratie" prägte. Es gab aber auch in Deutschland solch ein technokratisches Denken. Schon in den zwanziger Jahren waren in dem einflußreichen „Verein Deutscher Ingenieure" (VDI) Überlegungen geäußert worden, die dahin gingen, daß Staat und Wirtschaft allein nach Prinzipien der Zweckmäßigkeit ohne Berücksichtigung von Einzel- und Gruppeninteressen zu organisieren seien. Vor allem durch den amerikanischen Ingenieur Howard Scott wurden derartige Anschauungen Anfang der dreißiger Jahre weiter popularisiert. Im Jahre 1933 wurden sie in vielen deutschen literarischen und politischen Zeitschriften ausführlich diskutiert, sind aber durch die politischen Ereignisse erst in den Hintergrund geraten und dann verdrängt worden. 1933 noch schien der Begriff Technokratie sehr weit auslegbar: Rudolf Hildebrand konnte in einer der letzten Nummern der „Weltbühne" schreiben: „Technokratie ist Kommunismus, . . . der sich selbst noch nicht recht versteht." Klaus Schrempf interpretierte in der „Neuen Rundschau": „Kapital und Technik sind unzertrennliche Elemente. . . . als Dienst an einem mechanischen Getriebe . . . als Zurückstellung der eigenen Person hinter eine fremde Sache . . . ist Technokratie . . . eine Tatsache." Die Entwicklung unter dem Faschismus förderte dann einen Menschentypus des vorgeblich unpolitischen, nicht nach Zielen fragenden, funktionierenden Technokraten, dem das Regime vor allem in der Rüstungsindustrie reichen Entfaltungsspielraum bot.

Diese Art technokratischer Lösung hatte Brunngraber nicht im Sinn. Er gehörte als Kind eines Arbeiters einer sozialen Schicht an, deren Hoffnung auf materielle Verbesserung eng an einen nicht zerstörerischen Fortschritt der Produktivkräfte geknüpft war. Als Schriftsteller nähert sich Brunngraber der Wirklichkeitsdarstellung, die mit dem Begriff „Neue Sachlichkeit" umschrieben wird. Brunngrabers persönliche Wendung zu dieser Art des Schreibens und Denkens geht auf ein Schlüsselerlebnis zurück, das anekdotenhaft die Entstehung des neusachlichen Stils aus dem Gegensatz zum Expressionismus zeigt. (Allerdings mit einer gewissen zeitlichen Verschiebung: die Dominanz der „Neuen Sachlichkeit" wird allgemein auf die Stabilisierungsperiode 1924/28 datiert). 1929/30 – als die neusachliche Bewegung im engeren Sinne in Deutschland schon wieder im Abklingen war – hatte Brunngraber das Manuskript eines Romans beendet, der noch ganz dem Expressionismus verpflichtet war. Unter dem programmatischen Titel „Die Entwurzelten" wird das Verhältnis Künstler/Gesellschaft nihilistisch resignativ dargestellt. Brunngraber legte das Manuskript dem Soziologen Otto Neurath zur Begutachtung vor. Neurath war Gründer und Direktor des Wiener Gesellschafts- und Wirtschaftsmuseums und außerdem Lehrer an der sozialdemokratischen Arbeiterhochschule in Wien. Er bemerkte trocken gegenüber dem jungen Autor, Dostojewski habe dergleichen Themen schon besser behandelt. Es käme heutzutage darauf an, die materiellen und ökonomischen Verflechtungen und Ursachen zu beschreiben, die solche „Entwurzelungen" veranlassen. Als Ergebnis von Neuraths Kritik und Anregungen entstand der Roman „Karl und das 20. Jahrhundert".

Brunngrabers erster Roman gehört mit seiner desillusionierenden Skepsis literaturgeschichtlich in den Zusammenhang der „Neuen Sachlichkeit". Diese literatur- und kunstgeschichtliche Stilrichtung stammte aus den gleichen Erfahrungsgehalten und dem gleichen geistesgeschichtlichen Horizont wie die Überlegung der Technokraten. Beide Denkrichtungen sind mit verursacht einmal durch einen sozialen Wandel (Erschütterung der alten Mittelschichten in Inflation und Rationalisierung, Entstehung einer neuen „Mittelschicht" von Technikern und Angestellten), zum zweiten durch eine politische Überzeugung, nämlich die von der Wirkungslosigkeit einer Revolution und der Hoffnung auf Veränderung allein durch „zweckdienliche" Reformen. Die neusachliche Tendenz in Malerei und Literatur wendet sich ganz bewußt von Ideen ab und den „Sachen" zu. Ihr Programm ist kühle Objektivität, sie strebt unparteiliche Abbildung, nicht Stilisierung der Wirklichkeit an. Sehr heterogen und in ihrer Zuordnung nicht unumstritten ist die Autorengruppe, die ihr (wenn auch nur mit Teilen ihres Werks) zugerechnet wird: H. Fallada, H. Hauser, E. Reger, E. Kästner, A. Bronnen, L. Feuchtwanger, E. E. Kisch, K. Tucholsky, – die Reihe ließe sich fortsetzen. Die „Neue Sachlichkeit" kann als Versuch verstanden werden, sich von Ideen und Formen abzuwenden, die vom Chaos des Ersten Weltkrieges oder in den halb geglückten Revolutionen danach entwertet schienen. Geheimnis, Seele, wortmächtiger Ausdruck, Phantasie, Symbol, Mythos sollten in der Literatur durch Psychologie und Soziologie, Beschreibung von Technik und Funktion der „Sachen" ersetzt werden. Tatsachen sollten allein gültig sein: die rasende Geschwindigkeit der Massenproduktion; die Aufhebung natürlicher Begrenzungen durch Radio, Film, Auto, Flugzeug; die Bedeutungslosigkeit, in der der einzelne seine durch Taylorisierung entwertete Arbeit oder sein durch Arbeitslosigkeit entwertetes Leben erfuhr. Manche Autoren ließen sich durch die glänzende, stromlinienförmig-funktionelle Oberfläche der technischen Produkte einerseits, durch die scheinbar verselbständigte Fatalität der Sachen andererseits blenden. (H. Hausers Ruhrgebietsreportagen sind ein Beispiel fürs erste, Falladas Sozialromane fürs zweite).

„Karl und das 20. Jahrhundert" kann neusachlich genannt werden, weil hier alle grell-expressiven Stilmittel vermieden sind; weil die durchschnittliche Alltäglichkeit eines „kleinen Mannes" teilweise reportagehaft genau geschildert wird; weil die Gewalt von technischem Fortschritt und erzwungener Rationalisierung unausweichlich in das Leben des Einzelnen eingreift; weil jede Hoffnung auf Erlösung als Illusion erscheint. Brunngrabers spezifische Position gegenüber der „Neuen Sachlichkeit" liegt vor allem darin, daß er, wie kaum einer ihrer Autoren, kenntnisreich und exakt Ökonomie und Technik als Entwicklung beschreibt, deren rasenden Fortschritt aber dennoch nicht hemmungslos gutheißt und feiert. Brunngraber war keiner der Technikfetischisten, die alle Probleme der Menschheit nur noch ingenieurgemäß zu lösen gedachten. Sachbücher wie H. Hausers „Friede mit Maschinen" (1928) oder W. Kiaulehns „Die eisernen Engel" (1935) trugen den technischen Optimismus der Autoren plakativ im Titel. Den ähnlich Denkenden legte Brecht die satirischen Verse der „Anbetung eines Öltanks" in den Mund:

„Darum erhöre uns
Und erlöse uns von dem Übel des Geistes.
Im Namen der Elektrifizierung
Der Ratio und der Statistik!"

Die literarische Hauptform der neusachlichen Wirklichkeitserkundung war die Reportage. Die Abwendung von der herkömmlichen Art der Realitätsdeutung, die Zuwendung zur sichtbaren Seite der Sachen brachte die verschiedensten Arten der Sachliteratur hervor. In Dokumentarliteratur, Reportageroman, Sachbuch, Tatsachenroman etc. wurde der Kunstwerkanspruch, der auch die naturalistischen Darstellungen der Realität noch geprägt hatte, sekundär. Von dem Bedürfnis nach angemessener Darstellung der technisierten Wirklichkeit wurden die literarischen Formen mindestens ebenso beeinflußt wie von den neuen Medien Rundfunk und Kino, in denen die Realität scheinbar kunstlos und unverstellt vermittelt wurde. „Karl und das 20. Jahrhundert" ist in diesem experimentellen Feld anzusiedeln, auf dem zwischen den herkömmlichen Formen eine adäquate, unmittelbare Wirklichkeitsschilderung versucht wurde. In der Anschaulichkeit und Exaktheit der Darstellung von Karl Lakners Kindheit, des Prozesses seiner Bewußtwerdung im Krieg oder der Stationen seiner Arbeitslosigkeit erreicht Brunngraber eine reportagehafte Präzision. Wenn er den Zusammenhang von äußeren Umständen und Bewußtsein schildert, z. B. bei Karls Versuchen, seine Situation als verhungernder Arbeitsloser inmitten einer pulsierenden Großstadt zu begreifen als „vogelfrei", „außer Kurs gesetzt" und schließlich – so unangemessen und zugleich treffend wie nur irgend denkbar – als „Robinson", so erreicht Brunngraber die analytische Schärfe von großen Reportagebüchern wie E. E. Kischs „Paradies Amerika" (1927) oder S. Kracauers „Die Angestellten" (1929).
Brunngrabers Roman ist ein Formexperiment, das in der damaligen deutschen Literatur keine Vorbilder hat. Der Autor nimmt sich und seine Meinung hier hinter die dokumentierten Fakten und ihre Widersprüche auf eine Weise zurück, die ihnen noch mehr Gewicht und Glaubwürdigkeit verschafft, als selbst Erik Regers enthüllender Schlüsselroman über die Ruhrindustrie „Union der festen Hand" (1931) oder die Tatsachenromane Ernst Ottwalts (z. B. „Ruhe und Ordnung", 1930) erreichten. In diesen Büchern wechseln Figurenperspektive und kommentierender Erzähler zu sehr ab, als daß die Überzeugungskraft der Wirklichkeit dominieren könnte. Die von Ottwalt repräsentierte Richtung des politischen Romans, die sich (mit Brecht und Benjamin) am operierenden, in die Wirklichkeit eingreifenden, nicht identifikatorischen Schriftsteller vom Typ Tretjakows orientierte, zeigte allerdings für die orthodoxen kommunistischen Literaturtheoretiker sowohl zu wenig Parteifahne wie zuviel Abweichung von der traditionellen Romanform. Die in der kommunistischen Literaturzeitschrift „Die Linkskurve" 1932 geführte Diskussion über die angemessene Form einer kritischen, realistischen Literatur wies in der Gestalt von Georg Lukács den Weg zum identifikatorischen Roman des 19. Jahrhunderts zurück. Beispielhaftes Erleben durch für den Leser stellvertretende Romanfiguren, mit deutlicher Wegweisung durch den Autor kennzeichnet auch die

sozialkritischen Romane des Amerikaners Upton Sinclair (der gleichwohl Brunngrabers Buch aufs höchste lobte). Andere, weniger festgelegte Autoren sind Brunngraber vergleichbar in dem Bemühen, individuelles und kollektives Schicksal, den Lauf des Einzelnen und der Welt in ihrer gegenseitigen Wechselwirkung zu gestalten. So etwa Ilja Ehrenburg mit dem von ihm „Chronik" genannten Buch „Leben der Autos" (1930), in dem er gesellschaftliche und technische Entwicklung am Beispiel der Autoindustrie und ihrer Zulieferzweige (Gummi, Öl) darstellte. Hier sind räumlicher Horizont und zeitliche Perspektive ähnlich umfassend beschrieben wie bei Brunngraber. Ähnlich um den weltumspannenden Zusammenhang bemüht ist auch B. Traven in dem Roman „Die weiße Rose" (1931), in dem er versucht, die zerstörende Gewalt des industriellen Fortschritts am Beispiel einer amerikanischen Ölgesellschaft und eines indianischen Bauern darzustellen. Mit neusachlicher Schreibweise ist Traven hier dadurch verbunden, daß er seine Personen nicht moralisch aus sich heraus handeln läßt, sondern als Produkte ihrer Umgebung und ihrer Interessen deutlich kennzeichnet.

Der Montagecharakter von „Karl und das 20. Jahrhundert" ruft eine Simultaneität der Eindrücke hervor, wie sie typisch für den Film ist. Als einer der ersten Romanautoren hatte John Dos Passos 1925 in „Manhattan Transfer" versucht, die disparate Vielfalt des Großstadtlebens in filmartig nebeneinander gesetzten Wirklichkeitsausschnitten wiederzugeben. In der Auflösung der traditionellen Romanform durch diese Montagetechnik ging Brunngrabers Roman ebenso vor wie die vergleichbaren Versuche Alfred Döblins in „Berlin Alexanderplatz" (1929). Döblin war allerdings mehr an dem Bewußtsein der Personen interessiert als an dessen objektiven Ursachen. Anders als bei Döblin werden von Brunngraber Wirklichkeitsfragmente zu einer Parallelerzählung zusammengeschlossen, nicht nur als isolierte zitiert oder aus der Figurenperspektive in den Teil eines Bewußtseinsstroms umgesetzt.

Brunngrabers Glaube an die Möglichkeiten der Technik war nicht blind gegenüber der damit verbundenen Wirklichkeit, nämlich der von Fließband und Rationalisierung verursachten Arbeitslosigkeit. „Karl und das 20. Jahrhundert" ist auch einer der bedeutendsten Arbeitslosenromane seiner Zeit. Brunngraber bewältigt dieses Thema mit charakteristischer Eigenständigkeit. Sein Roman ist abzugrenzen von einer nur desillusionierenden neusachlichen Literatur wie von der kommunistischen oder nationalsozialistisch gefärbten Parteiliteratur. Er geht hier eigene Wege, wie es – auf ganz andere Art – Leonhard Frank in seinem sachlichen Märchen „Von drei Millionen Drei" (1932) getan hat. – Der kommunistische Arbeitslosenroman setzt der Wirklichkeit eine parteiliche Perspektive auf, die sich über das Bewußtsein der Massen hinwegtäuscht. Der Oberfläche der Erscheinungen – dem Arbeitslosenelend – wird ein Sinn aufgedrückt, der sich dem Leser anspornend mitteilen soll. An den dargestellten Menschen erscheint nur die politische Meinung als Problem, nicht die Menschen selbst, ihre Bedürfnisse, ihre Erfahrung, ihre Arbeit. In Willi Bredels „Maschinenfabrik N & K" (1931) ist für die überzeugten Kommunisten nur eine Reaktion auf die eigene Arbeitslosigkeit möglich: „Genossen, jetzt heißt es

aber unter den Erwerbslosen arbeiten.... Die politische Arbeit tut dort bitter Not!" Diese Einbahn-Literatur erreichte kaum Wirkung über die Kreise der ohnehin Überzeugten hinaus. – Der spätere Sachbuchautor (und in gewissem Sinn Antipode Brunngrabers) K. A. Schenzinger läßt in seinem Arbeitslosenroman „Man will uns kündigen" (1930), der einem neusachlich-distanzierten Stil nicht fernsteht, am Schluß eine zwar nicht ausgesprochene, aber für den Helden und den Leser eindeutige Perspektive aufscheinen: die Hoffnung auf die nationalsozialistische Partei. – Ein Massenerfolg war Hans Falladas berühmter neusachlicher Arbeitslosenroman mit dem treffsicheren Titel: „Kleiner Mann – was nun?" (1932). Der arbeitslose Held Pinneberg kann sich für keine der politischen Parteien entscheiden, er will „so durchschlüpfen". Ihm und dem Leser wird zum Schluß des Romans nur die Gewißheit gelassen, daß es in der ehelichen Liebe einen Zusammenhalt gibt, der das größte Elend ertragen hilft.
Bredel, Fallada und Schenzinger geben ihren Helden (und ihren Lesern) Sinn und Trost, lassen sie nicht in der Welt der über sie hinwegrollenden Entwicklung allein. Obwohl sie alle völlig gegensätzliche Positionen vertreten, haben sie doch dies gemeinsam, daß sie einen Sinn anbieten. Dies kann zu fatalen Annäherungen führen. So wird etwa Falladas Roman von dem nationalsozialistischen Literaturkritiker Will Vesper dafür gelobt, daß er „gerade in der tiefsten Verzweiflung ... die Heimkehr zu den alten ewigen Dingen" zeigt. Die Sinngebung unterscheidet diese Bücher auch von Arbeitslosenromanen wie Bruno Nelissen Hakens „Der Fall Bundhund" (1930), wo der Akademiker Dunkelmann einsehen muß, daß sein moralisches Engagement für den Arbeitslosen Bundhund im Gewirr der Verhältnisse, der Interessen, der Vorurteile, der Vorschriften untergeht. Am Ende ist Dunkelmann desillusioniert und voller Verachtung. Hier ist die Perspektive weder Trost noch Kampf, sondern Zynismus. Dieser wird weit offener in Erich Kästners „Fabian" (1931) vorgeführt. Der Moralist (und arbeitslose Journalist) Fabian vertritt den Prototyp des kritischen, aber politisch perspektivlosen Intellektuellen. Sein moralischer Radikalismus urteilt über die Verhältnisse vom Standpunkt einer abstrakt menschlichen Gerechtigkeit aus. Diese Radikalität – die nach einem Wort Walter Benjamins „links vom Möglichen" angesiedelt ist – führt zu unpolitischer Hilflosigkeit. Sie ist bei Kästner zudem noch mit einer Selbstverleugnung des menschlich-moralischen Antriebs verbunden, wodurch die Desillusionierung zur Satire, die Verzweiflung zur zufallsabhängigen Haltlosigkeit stilisiert wird. Kästners Fabian bringt sich nicht deshalb um, weil er zwischen Moralität und Realität verzweifelt, sondern er springt ins Wasser, um einen anderen zu retten und „vergißt" dabei, daß er nicht schwimmen kann. Falls Karl Lakner die richtige Einsicht hätte, wäre er handlungsfähig. Fabian hat Einsicht in alles, aber er ist zu jeder Art von Handeln existentiell unfähig.
Brunngraber bietet in seinem Roman weder Trost noch politische Perspektive. Aber er stattet einmal seinen Helden mit all den Bedürfnissen, Irrtümern und Illusionen aus, die einen wirklichen (und wirklich für Millionen repräsentativen) Menschen aus ihm machen. Zum andern läßt er in Karl Lakner den Versuch scheitern, individuell aus seiner Klasse aus- und sozial aufzusteigen. Da dieses Scheitern aber nicht individuelle Verfehlung ist,

wirkt es als Nachweis objektiver historischer Tendenzen überzeugender als alle moralpolitischen Agitationen. In der von Brunngraber immer wieder variierten Gegenüberstellung von tatsächlichem Elend und Glücksmöglichkeit sind so viele Hinweise auf reale Widersprüche enthalten, daß ein politischer Zeigefinger ebenso überflüssig erscheint wie ein überlegenes Grinsen im Abseits. Brunngraber bietet nicht wohlfeile Lösungen, sondern montiert die wirklichen Widersprüche so, daß ihre Lösungsbedürftigkeit sich aufdrängt und eine faktische Verwirklichung auch nicht unrealistisch erscheint.

III.

Brunngrabers weiteres Werk ist vom Versuch gekennzeichnet, die technokratischen Überlegungen als Lösungsmöglichkeiten deutlich zu machen. Diese Intentionen mußte Brunngraber jedoch bald gegenüber der faschistischen Zensur so tarnen, daß jede Beziehung zu deutschen Verhältnissen oder gar eine Verbindung zu sozialistischen Ideen vermieden wurde. Die Bücher Brunngrabers, die noch im 3. Reich erschienen, sind sicher zur nicht-faschistischen Literatur zu zählen. Dennoch konnten sie gerade deshalb publiziert und weit verbreitet werden, weil an die Technokratie anknüpfende Überlegungen eine gewisse Affinität zur offiziellen Ideologie hatten.

Nach dem Erfolg seines ersten Romans (der gleich in mehrere Sprachen übersetzt wurde) plante Brunngraber einen großen Roman-Zyklus, in dem die vernichtende Macht von Wissenschaft und Technik umfassend dargestellt werden sollte. Neurath hatte ihm am Gesellschafts- und Wirtschaftsmuseum eine feste Anstellung verschafft und Brunngraber hielt im Rahmen der Bildungsarbeit der SPÖ Vorträge über Nationalökonomie und Geschichte. Als im Februar 1934 die Arbeiterbewegung als selbständige politische Kraft in Österreich ausgeschaltet wurde, mußte er sein Engagement für die SPÖ einstellen. Die diktatorische Regierung übernahm das Gesellschaftsmuseum und Brunngraber verlor seine Stelle.

In Deutschland war „Karl und das 20. Jahrhundert" Anfang 1933 von der Kritik (u. a. in der „Weltbühne" und der „Frankfurter Zeitung") überaus positiv besprochen worden. Doch schon im gleichen Jahr wurde das Buch mit der Begründung verboten, es sei „marxistisch, defaitistisch, pazifistisch". In seinen weiteren Büchern behielt Brunngraber das Thema der Ambivalenz des technischen und ökonomischen Fortschritts bei, verlagerte aber die Handlung seiner Romane in die Vergangenheit oder ins Ausland: „Radium – Roman eines Elements" (1936) spielt in Belgien, England und USA, „Opiumkrieg" (1939) im China des 19. Jahrhunderts und „Zucker aus Cuba – Roman eines Geldrauschs" (1941) auf dieser fernen, exotischen Insel.

Brunngraber diente sich mit diesen Büchern nicht den Herrschenden an. Was trotzdem aus Stoffen wie den seinen unter den Händen von Nazipropagandisten werden konnte, deutet ein Brief des Parteischriftstellers Johann von Leers an, der einen Filmentwurf mit dem Titel „Opiumhändler

Seiner Majestät" an das Propagandaministerium schickte mit der Bemerkung:

> „Es wäre für mich eine sehr große Freude, wenn es gelingen würde, diesen Stoff, der wie wenig andere den Aufstieg der jüdisch-englischen Plutokratie darzustellen erlaubt, dabei zugleich einen leidenschaftlichen Appell zum Sturz der britischen Macht bedeutet, zu gestalten."

In Brunngrabers Romanen sind die Menschen stets Opfer einer Entwicklung, deren zerstörende Wirkung vom Profitdenken ausgelöst wird. Ob es gerechtfertigt ist, den allzu schwammigen Begriff der „Inneren Emigration" auf Brunngraber anzuwenden, ist fraglich. Einerseits finden sich Partien in seinen Büchern, die als kritische Anspielungen auf die Gegenwart gedeutet werden können (wie z. B. die Darstellung einer brutalen Diktatur und der gegen sie mit Hilfe der USA erfolgreichen Widerstandsbewegung in „Zucker auf Cuba"). Andererseits blieb der nicht-sozialistische Antikapitalismus durchaus in dem von der Nazi-Zensur tolerierten Rahmen. Dies belegen nicht nur die hohen Auflagenziffern seiner Werke, sondern auch die Tatsache, daß „Opiumkrieg" und „Radium" auch als Hörspiele gesendet wurden. „Radium" wurde 1937 von dem jungen Günter Eich bearbeitet. Eich strafft und verändert die Vorlage so, daß der Widerspruch zwischen der menschenfreundlichen Verwendung des Radiums (zur Krebsheilung) und den menschenverachtenden Finanzspekulationen damit kraß hervortritt. Wo Eich das Problem einer möglichen Schuld herausarbeitet, steht bei Brunngraber das Bewußtsein der Hilflosigkeit der einzelnen gegenüber den vorhandenen sozialen und ökonomischen Mechanismen. Ein derartiger Antikapitalismus, der sich natürlich jeden Kommentars zur Lage in Deutschland enthalten mußte, war in der Literatur des 3. Reiches durchaus nicht ungewöhnlich.
Im Roman „Die Engel in Atlantis" (1938) näherte sich Brunngraber einer anderen Stiltendenz der nicht-faschistischen Literatur im 3. Reich. Hier wird Distanz zur Gegenwart durch mythische und allegorische Darstellung erreicht. In dieser Schreibart trafen sich sehr verschiedenartige Autoren (von M. L. Kaschnitz bis E. Jünger) in dem Bedürfnis, sich einen Rückzugsraum außerhalb der Realität zu schaffen. Brunngraber kleidete seine Kritik am Fortschritt nun in mythologische Bilder, die er zugleich symbolisch ins Allgemeingültige überhöhte. Mit Motiven aus matriarchalischen Urzeitvorstellungen, der Atlantis-Sage und dem biblischen Sintflut-Bericht konstruierte er einen Mythos vom prometheischen Engel Atlan, der den Kulturfortschritt unter den Menschen bis zur dekadenten Übersteigerung und schicksalhaften Vernichtung vorantreibt. Das Kriegs- und Geschichtspanorama, das Brunngraber hier entwarf, die Massenszenen um die Führergestalt des Atlan: all das trug wohl zu dem Mißverständnis bei, daß die Nazis hierin eigene Vorstellungen entdeckten. Brunngrabers Thema war aber, durch alles mythologische Rankenwerk hindurch, gerade die notwendige Selbstzerstörung solch eines autokratischen Herrschers. Mithilfe einer Ersatzmythologie sollte die Einsicht in die Ambivalenz des Fort-

schritts und die Überzeugung von der unbeeinflußbaren Schicksalhaftigkeit aller Entwicklung allgemeingültig gestaltet werden. Das letztlich durchschlagende pessimistische Prinzip stellte den eigenen, technokratischen Lösungsoptimismus Brunngrabers ebenso in Frage, wie es dem aggressiven Sendungsbewußtsein der Nazis widersprach. Für weitere Auflagen wurde dem Verlag das Papier verweigert.

Das Jahr 1938 brachte mit dem „Anschluß" Österreichs einen weiteren Einschnitt für Brunngraber. Hatten nach dem 30. Januar 1933 noch zahlreiche Emigranten aus Deutschland in Österreich Zuflucht gesucht (darunter Becher, Brecht, Graf, Herzfelde, Zuckmayer), so mußten nach dem Februar 1934 alle, die irgendwie der „Linken" nahestanden, vor dem nun offen herrschenden Austrofaschismus fliehen. Die politisch weniger gefährdeten Autoren (sofern sie nicht – wie Stefan Zweig – in Vorahnung des Kommenden freiwillig exilierten) hatten mit dem Mißtrauen des Regimes zu rechnen. (Horváth, aber auch S. Freud u. a.). 1938 flohen dann viele Schriftsteller (z. B. Broch, Horváth u. a.) vor der nun sofort einsetzenden Verfolgung. Im Gegensatz zu anderen Sozialdemokraten (wie Otto Neurath, der in die USA ging) blieb Brunngraber weiterhin in Wien. In dem zwölf Jahre nach seinem Tod veröffentlichten Romanfragment „Der Mann im Mond" wird er dann bedauernd und resignativ davon sprechen, daß er die Emigration „verpaßt" habe.

Wer blieb und weiterhin publizieren wollte, mußte in die Reichsschrifttumskammer aufgenommen werden. Brunngraber, bis 1934 Mitglied der SPÖ, wurde nur mit Schwierigkeiten akzeptiert, zumal da seine Frau ‚Halbjüdin' war. Die Veröffentlichung von Büchern unterlag politischer Kontrolle in weitestem Sinn. Der Roman „Opiumkrieg" durfte Anfang 1939 aus außenpolitischen Rücksichten nicht erscheinen, da das Verhältnis zu England nicht getrübt werden sollte. Als er dann nach der Verhärtung der politischen Lage doch erschien, wurde er für die antienglische Propaganda ausgeschlachtet. Daß sie auch für Propaganda geeignet war, ermöglichte die Veröffentlichung der in Brunngrabers Romanen enthaltenen Kapitalismuskritik. Brunngrabers „Tatsachenromane" hatten hohe Auflagen. Sie paßten gut in die von den Nazis geförderte „unpolitische" „Technik-Begeisterung", die aus den zwanziger Jahren stammte und jetzt, mit der ganzen Gattung der „Sachbücher" in den Dienst der Politik gestellt wurde.

Direkt ließ sich Brunngraber nicht in die Nazi-Propaganda einspannen. Das zeigt folgende Episode. 1940 plante das Reichspropagandaministerium, einen „Stoffvorrat" für mögliche propagandaträchtige Film- und Literaturproduktionen anzulegen. Zu diesem Zweck wurde eine ganze Reihe von Schriftstellern „angeregt", Vorschläge hinsichtlich ihrer „Verwendbarkeit" in verschiedenen künstlerischen Produktionsbereichen und für bestimmte Stoffgebiete zu machen. Brunngraber schlug sich vor für die „Verwendungsarten", Film, Rundfunk, Hörspiel sowie für den Stoffbereich „Kolonial", hat aber konkrete Vorschläge oder gar ein Exposé für einen Film (im Gegensatz zu vielen anderen Autoren) nicht gemacht. Auch die meisten der von vielen der „angeregten" Autoren übereifrig eingereichten Vorschläge für antienglische Filme fielen dann zunehmenden äußeren

Zwängen zum Opfer: problematische und historische Filme wurden bald aus psychologischen Erwägungen gar nicht mehr gedreht; Filme mit Außenaufnahmen – insbesondere zur See oder in exotischen Gegenden – erwiesen sich bald als technisch nicht mehr realisierbar. – Im August 1940 wurde Brunngraber aus der Reichsschrifttumskammer ausgeschlossen und durfte damit nicht mehr veröffentlichen. Im November 1941 wurde die Ausschließung wieder aufgehoben und für den bereits gedruckten Roman „Zucker aus 'Cuba" eine Sondergenehmigung erteilt, so daß dieser als letzte Veröffentlichung Brunngrabers während des 3. Reiches noch erscheinen durfte. – Weiteren Versuchen, ihn als Sachbuchautor in die Propaganda des 3. Reiches zu integrieren, konnte er mit Verzögerungstaktik ausweichen. Diese gingen übrigens auf Albert Speer, den Prototyp des Technokraten im 3. Reich zurück, und werden heute von ihm als Möglichkeit des Schutzes für einen Autor interpretiert, der „nicht in die damaligen Begriffe" paßte.

Der Neuanfang nach dem Krieg war für Brunngraber mit Hindernissen verbunden. Immerhin war er während der Nazizeit als Autor ja sehr erfolgreich gewesen. Jetzt wurden „Opiumkrieg" und „Karl und das 20. Jahrhundert" von den Alliierten verboten, – letzteres mit der Begründung, es sei „faschistisch, militaristisch, nazistisch". Hauptursache für diese Verbote waren wohl die in diesen Büchern enthaltenen kritischen Passagen über Politik und Wirtschaft der jetzigen Siegermächte.

Brunngraber versuchte, seine Erfahrungen mit dem Nazi-Reich in zwei umfangreichen Essays aufzuarbeiten. In „Wie es kam" (1946) unternahm er eine sozial-psychologische Deutung des politischen Erfolgs der Nazis. In „Was zu kommen hat" (1947) versuchte Brunngraber, aus seiner Analyse eine Zukunftsperspektive zu entwickeln. Der Untertitel – „Von Nietzsche zur Technokratie" – bezeichnete für Brunngraber die historischen Alternativen: einmal die nihilistische Umwertung der Werte, für die Nietzsche und die Berufung der Nazis auf ihn steht, zum andern das Konzept der amerikanischen Technokraten vom Anfang der dreißiger Jahre. Brunngraber faßte ihre Lehre dahingehend zusammen, daß sie die „Wirtschaft . . . in der durch nichts mehr getrübten und durch nichts mehr beirrten Sachlichkeit überprüft (hätten), die ihrem Charakter angemessen ist." Mit dem Begriff „Sachlichkeit" kehrte Brunngraber in seinem Versuch der Vergangenheitsbewältigung wieder zum Anfang seines Schreibens zurück. 1933 hieß die Alternative nach technokratischen Vorstellungen: Herrschaft der Techniker oder Herrschaft durch Technik. Vom Faschismus wurde sie durch die Unterordnung von Technik und Technikern unter die Diktatur gegenstandslos gemacht. Nach 1945 lag es für Brunngraber nahe, gegenüber der Erfahrung einer irrationalen Politik wieder auf die Rationalität zu verweisen, die den Tatsachen innewohnen sollte. Allerdings hatte sich nun die Bewertung entscheidend verschoben. In „Karl und das 20. Jahrhundert" wurde die Sachlichkeit der „herrenlosen Weltmaschine" noch schmerzhaft empfunden und nur widerwillig anerkannt. So hieß es, als Karl sich endgültig darüber klar wird, daß diese Welt für seine Fähigkeiten und seine Träume keinen Platz hat: „Karl wird sachlich. Er beginnt das zu hassen, was das Bejahende in ihm ist." Die Sachlichkeit der Verhältnisse

4

schien in ihrer krisenhaften Zuspitzung für den einzelnen ausweglos. An der totalen Verwüstung des Jahres 1945 hatte nun aber gerade die „unsachliche" Politik der Jahre vorher die Schuld. So wurde 1947 für Brunngraber die Bejahung der Maschinenwelt und ihrer „sachlichen" Gesetze zur einzig möglichen Zukunftsperspektive. Daß diese technokratische „Sachlichkeit", dieses nur scheinbar unideologisch an „Sachzwängen" orientierte Denken auch dazu beigetragen hatte, daß die Nazi-Herrschaft „funktionieren" konnte, das schien Brunngraber zu vergessen. Er prangerte „sachfremde" Interessen an: „Das Hindernis für diese Anpassung (des technisch möglichen Überflusses an die Bedürfnisse der Konsumenten – TL) liegt im Privateigentum an der Wirtschaft, in der Verquickung des Finanzwesens mit dem Industriemechanismus". Wie nun aber diese Hindernisse abzuschaffen wären und damit der Sozialismus eingeführt werden könnte, für den Brunngraber (der nach dem Krieg wieder der SPÖ beigetreten war) plädierte, darüber gab er nur ungenau Auskunft. Ihm war bewußt, daß Politik nicht einfach durch Technik und Organisation zu ersetzen ist. Er sah auch keine Möglichkeit, die Welt der politischen Gegensätze und der Profitinteressen durch eine „Revolution der Manager" (1941 war in New York J. Burnhams Buch „The Managerial Revolution" erschienen) in ein technokratisches Paradies zu überführen. In Vorträgen für die SPÖ und in zahlreichen Essays (von denen ein Teil 1949 gesammelt unter dem Titel „Die Überwindung des Nihilismus" erschien) propagierte er, daß Logik, Vernunft und guter Wille nötig seien. Aus diesem Denken spricht ebenso Verzweiflung über die Politik wie naives Vertrauen in eine Art „interesseloser Vernunft". Ein anderer Autor der „Neuen Sachlichkeit", der Sozialdemokrat Erik Reger schlug 1947 aus vergleichbarem Denken eine „Entpolitisierung der Schwerindustrie" vor: „Es wäre angebracht, allen Industriellen und an leitenden Stellen in der Industrie Wirkenden jede politische Tätigkeit zu untersagen." Entpolitisierung der Wirtschaft oder Technisierung der Politik sind zwei Seiten des technokratischen Denkens, das in den sechziger und siebziger Jahren zu neuer Aktualität gelangt ist. Die technokratische Diskussion wurde unter neuen Schlagworten weitergeführt, – etwa in Schelskys „Sachzwang"-Theorie oder in D. Bells Hypothese von der „Nachindustriellen Gesellschaft".

Als Romanautor versuchte Brunngraber nach dem Krieg am Erfolg seiner Tatsachenromane aus den dreißiger Jahren anzuknüpfen. In dem während der Kriegsjahre geschriebenen „Roman der Funktechnik": „Der tönende Erdkreis" (1951) steht ein ganz der „Sache", der Entwicklung der Funktechnik verschriebener Ingenieur, ein Technokrat also im Mittelpunkt. Er unterwirft sein privates Glück freiwillig den Anforderungen des Berufs. Was Karl Lakner ohne eigene Entscheidung abgezwungen, was Hans Jesser zwischen den Parteien aufgezwungen wurde, dem unterwirft er sich aus Pflichtbewußtsein und zugleich aus Resignation, in Anerkennung der unentrinnbaren Gewalt der technischen Entwicklung. Ein zentraler Satz des Romans lautet: „das Leben ist mächtiger als die, aus denen es stammt." Auch die technokratische Lebensauffassung bringt also für den einzelnen kein Glück. Zunehmende Resignation kennzeichnet Brunngrabers Werk und Einstellung. Seinen Roman „Heroin" (1951) qualifizierte er ab als „Mixung aus Seriosität und Schundromanstoff". Er wirkte in den vierziger Jahren am Drehbuch mehrerer Filme mit, die aber alle zu finanziellen Mißerfolgen wurden. In seinen späteren Romanen gehen Handlungen und Probleme in endlosen Diskussionen der Protagonisten über Religion und Erotik unter. Auf die Ideen der Technokratie kommt er nicht mehr zu sprechen.

Im Laufe seines Werks entwickelte sich eine Resignation, die zum verbissenen Protest des ersten Romans in auffallendem Widerspruch steht. Karl Lakner hielt immer an der „Gerechtigkeit der Dinge" fest, an der optimistischen Überzeugung, daß sein Lebenswille sich irgendwie in diese Gerechtigkeit einpassen würde. Diese Überzeugung führte ihn zu einem „Spießrutenlauf zwischen seiner Rechtschaffenheit und dieser Welt", wobei er letztlich aber immer der Welt Recht gab und nicht die Kraft zum Aufstand gegen sie hatte: „das Weiche und Gerechte und Bejahende in ihm ... das ist das Eigentliche, das ihn wehrlos macht". Das Vorführen der Wehrlosigkeit des Karl Lakner könnte einen Leser aber aggressiv, mindestens nachdenklich stimmen. Das Einkehren ins „Einverständnis" in den letzten Werken Brunngrabers löst hingegen nur noch Verwunderung aus. Das nachgelassene Romanfragment „Der Mann im Mond" führt diese Entwicklung noch einen Schritt weiter: jetzt zweifelt der Held an der Möglichkeit, mit Vernunft und Logik die zerstörerischen Instinkte der Menschheit kanalisieren zu können. Das technokratische ist einem vitalistischen Denken gewichen. Skeptische Distanz bestimmt gegen Ende seines Lebens Brunngrabers Verhältnis zu seinem ersten Roman: er habe sich (läßt er den Schriftsteller in dem Roman sagen) „schon in seinem ersten Buch gegen die bestehende Ordnung weniger deshalb gekehrt, weil sie voll Leid und Unrecht, als weil sie absurd war".

Auf seinem literarischen Weg vom technokratischen Optimismus zur Skepsis war Brunngraber einer der Begründer und bis in die fünfziger Jahre auch einer der erfolgreichsten Vertreter einer neuen Gattung der deutschen Literatur: nämlich der des romanhaften Sachbuchs. Brunngraber schrieb (mit Bezug auf sein Gesamtwerk) 1952 an Kasimir Edschmid:

> „Tatsächlich war es mein Ehrgeiz, das Dämonische der Nationalökonomie (beispielsweise) aufzuzeigen, aber mit den Mitteln der Dichtung und dichterischen Figurengestaltung ... (Es war) für einen Dichter Zeit, der die ökonomischen, politischen und technischen Fäden aufzeigte, an denen der heutige Mensch bis zu seiner Strangulierung durch sie hängt. ... Was den Griechen die Moira war, sind heute — Gott sei es geklagt — Politbüros, Börsen und Laboratorien. Es war Zeit, das im Roman einzuführen. ... (Ich bin) der Autor eines neuen (ich glaube, ich darf das sagen) soziologischen Romans."

Der erfolgreichste deutsche Sachbuchautor nach 1945, C. W. Ceram, definierte das Sachbuch als „Darstellung einer Sache mit literarischen Mitteln" und nennt als ersten Autor in diesem Sinne den amerikanischen Arzt Paul de Kruif, dessen Geschichte der Bakteriologie in Romanform 1927 unter dem Titel „Mikrobenjäger" erschien. Natürlich läßt sich die Tradition der unterhaltenden und didaktischen Sachliteratur noch weiter zurückverfolgen: zu den Gesprächsspielen des Barock (bei Harsdörffer), zu den gesellschaftskritisch aufklärenden Romanen des 18. Jahrhunderts, insbesondere aber zu den didaktisierenden Bearbeitungen von Klassikern „für die Jugend", die sich seit C. H. Campes Zurichtung des „Robinson Crusoe" (1780) großer Beliebtheit erfreuten. Für die Gegenwart (seit Ende der zwanziger Jahre) ist wohl kaum zu bezweifeln, daß Sachbuch oder Tatsachenroman eine der erfolgreichsten literarischen Gattungen verkörpern, wie sie zugleich auch eine der bisher am wenigsten ernst genommenen und kaum untersuchten sind. Brunngrabers Werk hat eine gesellschaftskritische Tradition des Tatsachenromans mitbegründet. Er hat die literarische Form mitgeschaffen, auf der nach dem Zweiten Weltkrieg C. W. Cerams Millionenerfolg „Götter, Gräber und Gelehrte – Roman der Archäologie" ebenso aufbaute, wie – enger dem aufklärenden Denken Brunngrabers verwandt – Autoren wie Robert Jungk und Bernt Engelmann.

Tatsachenroman und Sachbuch gehörten aber auch zu den im 3. Reich am meisten verbreiteten Literaturgattungen. Sie knüpften bei den Lesern an die aus der Krisenzeit stammende Erfahrung der Hilflosigkeit an und befreiten sie von der Verpflichtung, dem bürgerlichen Ideal des sich selbst bestimmenden Individuums gegen die von ihnen erfahrene Ohnmacht folgen zu müssen. Als Lebenshilfe und Ratgeber weithin gedacht und verstanden, förderten sie sowohl das Bewußtsein des einzelnen, in seinem privaten Ich isoliert wie im Schicksal der Nation geborgen zu sein. Besonders die schon in den zwanziger Jahren zur Mode gewordenen Biographien historischer Persönlichkeiten stellten eine Variante des Tatsachenromans dar, der gegenüber Brunngrabers erster Roman wie ein Gegentypus wirkt. Die populären Biographien präsentieren dem desorientierten Leser einen vorbildhaften Lebenslauf, in dem ein (politisches, wissenschaftliches, künstlerisches etc.) Genie sich gegenüber der feindlichen und verständnislosen Umwelt durchsetzt (was der Leser in der Regel nicht von sich sagen kann). Unter dem Mantel der Aufklärung über Wissenschaftsentwicklung wurde dieser Personenkult in den populären Sachromanen weiter getrieben. Hier vereinigte sich plattes Fortschrittsbewußtsein mit dem Lob der Industrie, der Forscherpersönlichkeit und zugleich des in wissenschaftlich-technischen Erfolgen verkörperten Nationalgeistes. Diesem Schema folgt etwa der (gegen Ehrenburg konzipierte) Roman des Nazipropagandisten Bade: „Das Auto erobert die Welt" (1938), in dem die Idee des Volkswagens den Kulminationspunkt der technischen und politischen Entwicklung bildet. Ähnlich angelegt waren die heute noch erfolgreichen und auch im Taschenbuch verbreiteten Sachromane K. A. Schenzingers, der nach „Hitlerjunge Quex" (1932) indirekte nationalistische Propaganda trieb, z. B. in dem Bestseller „Anilin" (1936). Hier wird die Geschichte der chemischen Industrie als Verklärung deutschen Erfinder- und Geschäftsgeistes geschrieben. Der militärische und politische Imperialismus wird in diesen Büchern durch den technologischen abgelöst.

Brunngraber distanzierte sich scharf von „Reportagen-Nullen wie Schenzinger und Konsorten". Waren es nach „Karl und das 20. Jahrhundert" auch bei ihm die Sachromane, die ihm den Erfolg brachten, so muß man ihm doch zugestehen, daß er das eigentlich Humane, nämlich das Leiden unter den Entwicklungen, die Entfremdungen darstellte, während die

Sachliteratur sonst, gerade weil sie den siegreichen Forscher/Erfinder/Entdecker in den Mittelpunkt stellte, die Problematik des Erfundenen, seine Gewalt über die Menschen verdrängt. Eine solch unreflektierte, ja blind ideologische Einstellung, wie sie in Schenzingers Motto zu seinem Buch „Anilin" sich verrät: „Erfindungen sind nicht groß, groß sind Erfinder", wäre bei Brunngraber undenkbar. Er hielt in seinen Büchern die Ungelöstheit der ökonomischen und technischen Aufgaben fest. Er beschrieb die Erfolge, aber auch die Widersprüche und das Ungenügen, das aus der ökonomischen und technischen Entwicklung entsteht, und bewahrte so hinter den sichtbaren Schrecken und Leiden die noch unsichtbare Utopie. Im Unglück seiner Helden ist das nicht eingelöste Glücksversprechen des Fortschritts festgehalten.

Thomas Lange

1880—1893

Die größtmögliche
Ordnung

Als Frederick W. Taylor (Philadelphia) 1880 als Erster konsequent den Gedanken der Rationalisierung faßte, war der Wiener Karl Lakner noch nicht unter den Lebenden. Das entschied sich zu seinem Nachteil. Denn er hätte ebensogut damals schon achtzig Jahre alt sein können. Wäre er vierzehn gewesen und mit einem Kropf behaftet, und hätte er sich einer Operation unterzogen, dann würde man ihm allerdings mit dem Kropf die Schilddrüse herausgeschnitten haben und er wäre ein Kretin geworden. Von dem Stand der medizinischen Wissenschaft jedoch abgesehen, war das Leben damals verhältnismäßig noch ungefährlich. Allein Karl Lakner war weder in der einen noch in der anderen Form vorhanden. Das Schicksal hatte ihn mit achtzehnhundert Millionen anderen ausersehen, am bislang gewalttätigsten Zeitalter dieser Erde teilzuhaben.

Mr. Taylor trug indessen das seine dazu bei, die Schienen, auf denen dieses Zeitalter rollen sollte, straffzuziehen. Er hatte den Nerv für das, was man Zivilisation nennt. Obgleich ihm das Reifezeugnis für die Harvarduniversität ausgestellt worden war, trat er bei der Midvale Steel Company als Hilfsarbeiter ein. Mit der Zielbewußtheit freilich, die nur Naturen eignet, in denen die Familie ihren biologischen Höhepunkt erreicht hat.

Die Midvale Steel Co. war auch der properste Boden für einen solchen Mann. Durch ihren Betrieb waren die bekannten Pioniere der Neuzeitigen Betriebsführung gegangen, Henry R. Towne, Wilfred Levis, Carl G. Barth. Das bewies, daß der Kopf des Unternehmens, Mr. William Sellers, seine Sinne offenhielt für das Kommende.

Die Arbeiter der Midvale Steel Co. fanden sich ungefähr in der Lage von Menschen, die man in die Zugluft gestellt hat. Daß das Land eine Menge Eisenbahnen erhalten hatte, wußte jeder Zeitungsleser. Desgleichen, daß man in Chikago den ersten Wolkenkratzer baute (1883), daß man im Osten mit elektrischen Lifts in die Häuser hinauffuhr und im Westen aus jedem Kartoffelacker eine Petroleumfontäne stach. Hier innen aber spürte man die Bedeutung von all dem, den Wind, der damit anhob. Was gestern Arbeit gewesen war, war heute Engagement innerhalb etwas, das man Neuzeitige Betriebsführung nannte. Es wurde einem wie Verbrechern auf die Finger gesehen. Zudem wandelten sich die Werkzeuge von Schicht zu Schicht, und der Werkgang erfuhr, mit und ohne Zuwachs neuer Apparaturen, fortwährend Umstellungen. Zugegeben, verdammt, daß sich alles handlicher gestaltete; der Vorgang an sich aber war unheimlich. Hier wurde die Vertrautheit zwischen Mann und Maschine, und damit die zwischen Leben und Arbeit, in einer Weise gestört, die ein Grauen vor der Zukunft einflößte.

Das war es: die Neuzeitige Betriebsführung war ein System. Keine Angelegenheit von Fall zu Fall und nach gegebenen Anlässen, sondern etwas Drohendes, voll fremdartiger Willkür, das allgegenwärtig und unentrinnbar zu werden versprach. Die Zeit schickte sich eben sichtbar

an, exakt zu werden, das will sagen erbarmungslos.
Man griff von oben und von unten nach dem kleinen
Mann. Ging nicht im Augenblick (1882) auch ein Sturm
der Empörung durch alle Staaten gegen die Standard
Oil Co? Sie hatte die großen Oelgesellschaften zu einem
Trust, wie man das nannte, zu dem ersten Ding dieser
Art vereinigt. Das sollte der Anfang einer wundervollen,
längst fälligen Ordnung sein, die nun in die Wirtschaft
gebracht würde. So umstritt man es wenigstens in den
Enqueten, die drumherum veranstaltet wurden. Die Kon-
zentration, ließ der sattsam bekannte Rockefeller ver-
künden, brächte nur Vorteile — für die Allgemeinheit
natürlich. Denn sie würde über die Ersparnisse und
Intensivierungen, die sie ermöglichte, den Trust, zumal
er auch den gesamten Markt in Händen hielte, in die
Lage versetzen, die Preise im Inland fortschreitend zu
senken. Zu schweigen von der Macht, mit der der Trust
auf den Plan der Weltwirtschaft zu treten vermöchte.
Amerika sei imstande, drei Viertel des Oelbedarfs der
Erde zu decken, das müsse endlich seinen handels-
politischen Ausdruck finden. So weit Rockefeller, der
Oktopus, der Polyp. Die Allgemeinheit aber hielt sich
an die Vordergrundserscheinung der Dinge. Ihr lag der
Jammer der ungezählten Kleinunternehmen in den Ohren,
die als unwirtschaftlich durch den Trust der Vernichtung
anheimfielen. (Rockefeller: to carry on a business of some
magnitude and importance in place of the small business.)
Und dann dachten selbst die Fortschrittlichen, daß ihnen
der Wirtschaftsapparat abermals einen Schritt näher auf
den Leib rückte.

Als man Farmer gewesen war, hatten die Händler
und Reedereien an einem verdient: siehe die Gerards.

Beim Städtebau war man auch von den Bodenspekulanten angezapft worden: siehe die Rhinelander, Shermenhorn, Field und Astor. Beim Ausbau des Verkehrs hatten sich die Eisenbahnmagnaten, die Harriman, Gould, J. J. Hills und Vanderbilt, auf Kosten der Allgemeinheit bereichert. Und nun ging es um das Letzte, um die Bewirtschaftung der Rohstoffe, und man sollte nicht nur die Carnegie und Rockefeller als besonders resolute Persönlichkeiten gegen sich haben, sondern es sollte die ganze Wirtschaft im Sinn ihrer Entschlossenheit systematisiert und geeinigt werden. Man sollte vor dem Teufel der Profitwirtschaft nicht einmal den Beelzebub der freien Konkurrenz mehr haben. Man sollte ausgeliefert sein. So lag der Fall und so stand die Frage. Der Mensch war nicht mehr das Erste und die Erde zu seiner Versorgung das Zweite, sondern da war die Erde und da war — ab nun also zu lesen — der Trust, der sie restlos an sich riß. Die Wirtschaft präzisierte sich zu einer Ausbeutungsmaschinerie, die sich lückenlos zwischen dem Menschen und seiner Erde zusammenschloß. Seiner Erde! Hier senkten die Resolutionen und Leitartikel die Augen. Der Mensch hatte immer weniger Anlaß gehabt, sich als den Herrn der Erde zu betrachten. Dieses Vorrecht war groteskerweise auf die Einrichtungen übergegangen, die er entwickelt hatte. Um so energischer aber — hier reckten die Proteste sich wieder — war der Mensch davor zu behüten, nun vollends zum Außenseiter herabgesetzt zu werden.

In der Tat, die Leute der USA dachten in ihrem Schrecken 1882 plötzlich wieder patriarchalischer als seit Jahrzehnten und sie stemmten sich gegen den Oeltrust wie gegen ein unheilvolles Schicksal. Mr. Rockefeller

12

jedoch hielt sich mit dem Gebrause keine Minute lang auf. Offenbaı dachte er in anderen Grundbegriffen (und er hatte das schon als Handlungsgehilfe in Cleveland getan, als er noch Hustensirup und Strumpfbänder verkaufte). Außerdem war sein Gesicht nach Baku gewendet. Die Menge des russischen Petroleums stand 11 zu 12 zu der des amerikanischen. Da saß der wahre Gegner, nicht in einer Industrial commission in Ohio oder auf einer Trustkonferenz in New York. Was die Menschheit doch für ein zappeliges Phänomen war! Hätte sie sich dagegen wehren können, daß die Städte, daß Chikago und Atalanta, Birmingham, Buffalo und New Orleans, Denver und Pittsburg wie der Sand in kreisenden Trommeln um sich griffen? Oder hatte diese Menschheit den Schritt vom Einzelunternehmer zur Aktiengesellschaft zu bremsen vermocht? Würde sie es demnach vermögen, den Schritt von der Aktiengesellschaft zum Trust zu verhindern? Der Trust lag überreif im Schoß der Zeit wie die Kunstseide und der Benzinmotor. Im zwanzigsten Jahrhundert würde es das Weltkartell sein! Zumindest wies die Einsicht, von der man besessen war, geradlinig dort hinaus. Die Einsicht, die im Augenblick auch der Vater des Trusts war. Seine Mutter war die staatliche Zollgesetzgebung, die mit ihren Schutztarifen die Unternehmen wie die Ratten züchtete, auf daß sie einander totbissen. Alles Wirkende war wertvoll, auch die Zollgesetzgebung. Nur mußte man sich so einrichten, daß sie der Sache zugute kam, der sie zugedacht war, und nicht den schlechten Dienern der Sache. Die schlechten Diener waren mithin auszuschalten und der Zollschutz der eigenen Verantwortlichkeit dienstbar zu machen. So wollte es die Ordnung zwischen den Dingen, auf die es allein ankam.

13

Zumindest vom Standpunkt einer verantwortungsbewußten Rasse. Was hieß dagegen: der Untergang des Trusts sei im Interesse des politischen und sozialen Gemeinlebens zu fordern? Selbstredend würde der Trust verdienen, anders wäre er nicht wirtschaftlich. Und zwar mußte man im Inland den Preis möglichst hochhalten, um daraus eine Exportprämie gegen Baku zu beziehen. Das legte den Landsleuten ein Opfer auf, zweifellos. Doch waren sie dagegen wehrlos? Warum kauften sie, beispielsweise, statt zu protestieren, nicht die Telephonaktien Bells? Dieses Papier wurde halb verschenkt, weil es nicht an den Mann zu bringen war, obgleich doch auf der Hand lag, daß das Land in einigen Jahren Millionen Telephone haben würde? Zugegeben, die Dinge auf Erden waren hart eingerichtet. Man war selbst nur ein Diener der Dinge. Daß man dabei im Begriff stand, wohlhabend zu werden, blieb für die Ueberlegung belanglos. Von Belang war lediglich: daß Amerika heute (1882) 30 Millionen Barrels Petroleum förderte, gegen 5 Millionen vor zehn Jahren. Und daß der Preis des raffinierten Oels seit 1866 um 88 Prozent zurückgegangen war. Hierin mußte Wandel geschafft werden und das naturgegebene Mittel dazu war der Trust.

Mr. Rockefeller ging gegen Proteste und Verbote zur Tagesordnung über. Mr. Havemeyer, der Zuckerkönig, und die Whiskyherren folgten seinem Beispiel. Die Trustees, die Herren der Trusts, wurden durch die Verbote keine Sekunde alteriert. Sie hatten ihr trockenes Gesicht schon eine Zeit vorher gehabt. Sie ließen, mit einer lässigen Hand, die Mitleid und Geduld für diese Welt bekundete, ihre Gebilde wieder zerfallen. Mr. Rockefeller zerlegte den Petroleumring in zwanzig

14

Aktiengesellschaften und verband sie durch eine neue Art Kollektivaktie und Mr. Havemeyer brachte Zucker und Whisky in eine neue Aktiengesellschaft zusammen. Diese Manöver hatten eine unerwartete Folge. Es zeigte sich, daß einem die Außenseiter denken geholfen hatten. Die neuen Syndikate waren innigere Gemeinschaften als die ursprünglichen Trusts und sie verwirklichten, was diese versprochen hatten, in erhöhtem Maß. Da tat man noch ein übriges: man legte eine Unkostenspalte an für die Politiker und zahlte in den Wahlzeiten entsprechende Gelder an die Propagandafonds der Republikaner. Denn diese hielten, zum Unterschied von den freihandelsschwärmerischen Demokraten, am Schutzzoll fest.

Allright. Nun hatten (1888) von den 51 Staaten 27 den Trust gesetzlich untersagt und in 15 war er durch Verfassungsartikel als gemeingefährlich gebrandmarkt worden. Diese Beschlüsse faßte die Bundesregierung noch einmal durch ein Antitrustgesetz zusammen. Der Erfolg: ein Jahrzehnt nachher bestanden drei Viertel der Ausfuhr aus Trustgütern, wenn auch der Name verpönt war. Ferner konnte Mr. Rockefeller 33 Prozent Dividende auszahlen. 1882, als der Sturm gegen ihn aufgestanden war, hatte er 5 Prozent ausbezahlt. Die Förderung war von 30 auf 100 Millionen Barrels gestiegen (und stand 12 zu 9 zur russischen), der Preis des raffinierten Oels war bereits um 4,5 Prozent höher als in seinem Tiefstand zu jener Zeit. Und es gab jetzt nicht nur einen Trust für Oel, Zucker und Whisky, sondern auch einen in der Metallindustrie, der chemischen Industrie, der Textilindustrie, für Papier, Leder, Holz und so weiter bis zu den Schlachthäusern. Die Menschheit der Union hatte ihre Schlacht gegen den Trust mit dem Antitrustgesetz verloren. Sie bezahlte ihre Niederlage mit einer sprunghaft sich verteuernden Lebenshaltung. Und die Arbeiter lagen mit der Kehrseite des Systems im offenen Krieg.

Sie sahen eine Zeit heraufkommen, in der sie zu einer Art automatisierter Halbaffen werden sollten, zu zuckenden Sehnen, die man zwischen Maschinen spannt. Besonders die von der Midvale Steel Co. begriffen das, denn ihnen war diese Zeit in dem Oberingenieur (seit 1885) Frederick W. Taylor bereits gegenwärtig. Dieser Oberingenieur hatte aus der Neuzeitigen Betriebsführung die Wissenschaftliche Betriebsführung (Scientific Management) gemacht, innerhalb deren ihm selbst die Maschinen zu wenig arbeiteten. Er war Tag für Tag hinter seinen mathematischen Stahlschneideversuchen her, die geeignetste Schnittgeschwindigkeit und den geeignetsten Vorschub zu finden. Zwischendurch entwickelte er sein Differential-Lohnsystem. Als er sich aber mit der Stoppuhr hinter ihnen aufstellte, ließen die Arbeiter die Maschinen sich krummrennen. Jeden Tag ging etwas anderes in die Binsen. Mr. Taylor holte neue Arbeiter von der Straße herein. Wie er es als die Aufgabe Rockefellers begriff, den Leuten das Rüböl aus den Lampen zu nehmen und Petroleum hineinzutun, und als die Aufgabe Carnegies, an Stelle der hölzernen Brücken eiserne über die Flüsse zu schlagen, so betrachtete er es als seine Mission, aus der Arbeit dieser Männer die lächerlichen Reibungen fortzuschaffen.

Im Kopf Mr. Taylors, der mit dem sorgenvollen Ausdruck, dem gestutzten Schnurrbart und den dunklen Augen wie der eines gefühlvollen Bürokraten anmutete, lebte nur eine Leidenschaft: das, was Mr. Rockefeller die größtmögliche Ordnung nannte. Dazu gehörte selbstredend auch, daß an der erhöhten Wirtschaftsrente, die sich

16

durch die Wissenschaftliche Betriebsführung ergeben würde, auch die Arbeiter ihren Anteil haben sollten. Es gab überhaupt nur zwei Träume: den von der Vollautomatisierung und den vom Werkfrieden. Nur, beteuerte Mr. Taylor in allen Werkvorträgen, müsse allen Anstrengungen vorangehn eine geistige Umwälzung im Verhältnis der Arbeiter zu ihrer Arbeit. Sie müßten in sich und dem Unternehmer die Glieder einer Werkfamilie erblicken und ihre rückhaltlose Energie, ihr Bestes in die Arbeit setzen. An dieser Stelle begann es im Auditorium in der Regel zu hüsteln. Mr. Taylor fand kein Vertrauen. Zum einen gab es in der ganzen Weltgeschichte kein Beispiel für die Lauterkeit seiner Absichten und dann hatte er sich für sein Prophetentum die schlechteste Zeit ausgesucht. Mochte er sich bei den Oel- und Zuckerleuten und all den anderen bedanken, die mit ähnlichen Lämmerstimmen gekommen waren und nun schon ziemlich spürbar als reißende Wölfe wirtschafteten. 500 000 war die Zahl der Arbeitslosen, und die Regierung erließ, statt gegen die Trustees mit Gefrierkammern vorzugehen, ein — Antichinesengesetz. Vor allem aber war Mr. Taylor den Arbeitern unheimlich. Wohin führte, was dieser Mann anstrebte? Zu einer Maschinenhalle, wie er einmal gesagt hatte, in der man auf einem Schemel sitzen und bloß noch auf Zifferblätter zu sehen hätte? Wer würde dann die Maschinen machen? Wieder Maschinen? Das ging in einen ganz anderen höllischen Stollen hinaus. Was kam, wenn das so weiterging, war eine Fabrik, in der es aussah wie in einem Panoptikum, in das ein Wirbelwind gefahren ist. Aber so weit würde es nie kommen, auch im zwanzigsten Jahrhundert nicht. Und anderen Tags war wieder eine Maschine kaputt. Und zwar durch die

Hände derer, die von der Straße hereingeholt worden waren.

Zur gleichen Stunde aber (1885) verpflanzte der Marinesekretär William C. Whitney den „Taylorismus" in die Staatsbetriebe. Den Arbeitern fiel ein dumpfer Schrecken ins Hirn. Die Gefahr löste sich von ihrem Urheber, die Gefahr verselbständigte sich. Bald würde sie überall und unausweichlich sein. Ein Strich würde sich durch die Welt ziehen, über den es keine andere Auseinandersetzung gab, als daß man über ihn sprang, versteht sich, wie man über die Klinge springt. Ja, hatte man bisher denn nicht gearbeitet? Auf Grund welcher Notwendigkeit wurde das Leben zum Spießrutenlauf? Die Arsenalarbeiter meuterten. Daraufhin kam es zu einer Probevorführung vor Vertretern der Repräsentantenkammer. Die einfältigen Leute hielten den Atem an. Der Marinesekretär William C. Whitney hatte einen Ausdruck im Gesicht wie Rockefeller, als er seinen Oeltrust zerlegt hatte. Die Regierungsleute bewahrten Haltung und untersagten die Anbringung von Leistungsmeßinstrumenten in den staatlichen Betrieben. Der Marinesekretär ging zur Tagesordnung über; es gab andere Möglichkeiten, das Tempo zu halten. Hier ging es nicht um Marotten, hier ging es um den Geist der neuen Zeit.

Dem man folgen mußte, wollte man nicht auf der Strecke bleiben. Dagegen gab es weder Petarden noch ein Klarinettensolo. Jedenfalls hatte sich abermals herausgestellt, daß das Steuer der Dinge aus den Händen der Politiker in die der Wirtschaftsleute überging. Aber das war nicht erstaunlich, hob man den Blick von diesen Senaten auf Europa hinüber, dem man noch seine Eisenbahnen schuldig war. Selbst die Japaner hatten im

18

letzten Jahrzehnt ihre Ausfuhr glatt verdoppelt und zwar zur Hauptsache in die Union herein. Das enorme Tempo aber wurde noch immer von dem alten Kontinent vorgelegt. England und Deutschland führten im Jahr (1888) für 400 Millionen Mark Maschinen aus, Amerika für 70 Millionen. Dort drüben wurden die Leistungen tumultuarisch aus dem Boden gestampft; dieser Boden, mit all seinen 52 Souveränen, war also bei weitem noch nicht morsch. Im Gegenteil, fast war es, als wüchsen in den Deutschen die Römer des technischen Zeitalters heran. Ihr Land, das gestern noch ein Gefälle von Aeckern gewesen war, mit armen Obstbäumen drin, verkrustete sich rapid zu Eisen und Rauch. 70 Millionen Tonnen Kohlenförderung gegen 30 Millionen vor fünfzehn Jahren. Dazu den Fuß schon in Afrika, die Hand in Brasilien. Deutschland war ein aufbrodelnder Kessel der Vermehrung von jeglichem: von Menschen, Material und Macht. Und manchmal war es, als meldeten sich hinter dem dröhnenden Geschwärm bereits die Kriegstrompeten an. Man gönnte den Engländern diese Bremse im Genick, wie sie sie den Franzosen gönnen mochten. Wie lange noch aber wollte Amerika, zwischen einem solchen Europa und jenem Asien, auf seiner splendiden Monroereserve und seinen ungehobenen Naturschätzen sitzen bleiben? Das Nie-dagewesene schaukelte mit diesem kommenden Jahrhundert herauf, allein die Witterung für die revoltierenden Kräfte besaßen hier, neben den Wirtschaftsleuten, bestenfalls nur noch die Militärs. Der deutsche Doktrinär Clausewitz hatte festgestellt: der Krieg ist die Fortsetzung der Politik. Hier verstand man den Kettenschluß schon in seiner modernen Abwandlung: und die Politik war die Fortsetzung der Wirtschaft. Man würde das allmählich auch den Presbyterianern in den Senaten begreiflich machen. Wie es Mr. Havemeyer (Zucker & Whisky) mit legerer Unerschrockenheit neulich getan hatte, als er die Frage, ob er mit seinem Geld die Kongreßbeschlüsse beeinflußt hätte, mit der Wendung beantwortete: Zweifellos (Undoubtedly, that is what I have been down here for).

Ohne Frage, die Politiker waren zu Sinnbildern ohne Sinn herabgesunken. Es war ihnen die Mitte ihres Kreises, der absolute Kern abhanden gekommen. Sie gaben mit ihrer lendenlahmen Feierlichkeit eine Erscheinung ähnlich den Arbeitern ab, die (seit 1889) am ersten Mai mit roten Fahnen herumzogen. Wie die sich an eine Utopie hängten, die niemanden gefährdete, weil sie eine Katheder-angelegenheit war, so meinten die Politiker noch immer, von veralteten Illusionen zehren zu können. Das im Zeitalter der baren Zahlung und der wieder akut gewordenen Frage, wer in der Reihe der Welt(markt)beherrscher Spanien, Holland, Frankreich, England der nächste sein sollte. Dabei hatte die Phantastik der Proletarier immerhin eine moderne Methode. Schließlich waren sie die Mitgeburten der Maschinenära, die blauen Schemen, die die Stahlblüte der Erde mitausgeschlagen hatte, und ihr Traum wurde aus einer gewissen Not hochgepreßt, die man ihnen nicht ersparen konnte. Ja, seit Louis Blanc, Friedrich Engels und dem in London exilierten Professor (1847: Proletarier aller Länder, vereinigt euch!) hatte ihr Programm sogar eine Pointe. Den Mühlenstuhl und die Windsägemühle im 17. Jahrhundert hatten sie noch zertrümmert, desgleichen die Wollscher- und Kardiermaschine im 18. und schließlich den Dampfwebstuhl; heute, da nicht nur Wind, Wasser und Dampf die Räder trieben, da Heiß-

20

luft, Druckluft, Gas und Elektrizität die Kolben vorwärts-
stießen und die Treibriemen die Erde zu umspannen begannen, heute hatten sie den Einfall der Enteignung. Die
Welt wachsen zu lassen, um die fertige in die Tasche
zu schieben. Aber das Gesetz von der Gewalt der Wenigen über die Vielen hatte, seit der Planet um seine Achse
schwang, seine Geltung gehabt; nun wurde es auch durch
die Form des Wirtschaftsprozesses erzwungen. Der Wirtschaftsprozeß, zumal der in den Produktionsmitteln, war
auf weite Sicht angelegt und dergleichen war nie anders
als autokratisch durchgesetzt worden.

Im übrigen war diese ganze Handlangerbewegung
ebenso einfältig wie letzten Endes unbedeutend. Was hieß:
unentrinnbares Elend durch die Schuld des Kapitals?
Durch den Dampfwebstuhl waren in England achthun-
derttausend brotlos geworden und der Gouverneur von
Indien hatte zu der Bemerkung Anlaß gehabt: die Knochen
der Baumwollweber bleichen die Ebenen Indiens. Unbe-
stritten. Doch waren in der maschinellen Weberei heute
nicht ungleich mehr Menschen beschäftigt, als vor sechzig
Jahren durch sie brotlos geworden waren? Und dann: war
nicht auch Andrew Carnegie der Sohn eines solchen
Webers, den die Maschine aus Schottland vertrieben
hatte? Auch Carnegie hatte Kinderarbeit getan, hatte
als zwölfjähriger Klöppeljunge fünf Schilling die Woche
verdient, Carnegie, der Stahlkönig. Und J. J. Astor, der
Herr des Bodens von New York, war ein Walldorfer
Schlächterssohn und Cornelius Vanderbilt, der Lieferant
der Flotten der USA, hatte mit einer Fähre und 100
Dollar angefangen. Das bewies alles und bewies noch mehr.
Diese Männer hatten die Gesundheit und Moral gehabt,
mit der Entwicklung zu gehen, statt ihr Fußangeln zu

legen. Solch eine Normaltype zu sein, stand auch fürderhin jedermann offen. Man war hierzulande doch zweifellos noch liberaler als die in Manchester.

Mit den Anarchisten aber und ihren pseudobürgerlichen Traktätchenhammeln, die von den Gracchen bis zu den Enzyklopädisten immer wiederkehren, würde die Entwicklung selber fertig werden. Das Bürgertum hatte nicht abstehen können, die ganze Erde, als es ihrer Stoffe bedurfte, zu unterjochen und einen ganzen Kontinent, als es seiner Arbeitskräfte nicht entraten konnte, zu versklaven. Eine auf Erden nie erhörte Sachlichkeit bestimmte den Gang der Dinge. Und nun ging es augenfällig um die letzte Etappe dieser Entwicklung zur Ordnung, zur größtmöglichen Ordnung: um die Ueberwindung der überkommenen nationalen Gegensätze innerhalb des Weltwirtschaftsapparates, um die Etablierung der Erde unter e i n e m Verwaltungskörper. Kurz, um die neue Weltherrschaft, die die endgültige sein würde. Gewiß, die Menschheit würde diesen Zustand nicht ohne schwere Krämpfe erreichen, das kommende Jahrhundert würde ein Weg der Katastrophen sein. Aber das war der Gang der Dinge und Amerika hatte wie jedes Land dem Unentrinnbaren zu dienen. Nur daß Amerika, das das Neunfache der Menschen fassen konnte, die es jetzt zählte, — daß Amerika, das drei Viertel des Oels der Erde, drei Fünftel des Eisens, die Hälfte der Baumwolle und des Kupfers, zwei Fünftel der Kohle, der Wasserkräfte und des Bleis und ein Viertel des Weizens in die Waagschale werfen konnte und die unbeschwerteste Rasse besaß, — nur daß Amerika berufen war, bei der bevorstehenden Entscheidung den hervorragendsten Part zu verwalten. Von allen Völkern der Erde hat das unsere die

Zukunft für sich! rief im April 1894 der beliebte Abgeordnete Theodor Roosevelt, the most dynamic man of the United States.

Und Amerika diente dem Unentrinnbaren. Es erhöhte die Zölle und protegierte seine Trusts und die Einwanderung. Es sorgte sich um republikanische Präsidenten (Cleveland, McKinley, Roosevelt) und verhängte über streikende Arbeiter den Belagerungszustand. Es unterstützte alle Religionen, mit Ausnahme der der vielweiberischen Mormonen in Utah, und erstickte jede Freigeisterei. Und es nahm Kurs auf den Imperialismus, indem es über die Sandwichinseln das Protektorat aussprach und auf die spanischen Antillen, auf Kuba, die Philippinen, die Samoa-Inseln, gewisse Strecken Alaskas und das strategisch bedeutsame Kolumbia sein Augenmerk richtete. Im übrigen garantierte es den Robusten unter seinen Staatsangehörigen uneingeschränkte Bewegungsfreiheit und verließ sich auf das, was ihm die Vorsehung geschenkt hatte.

So stieß der Abenteurer William A. Clark auf eine Mine, die ihm in zwei Jahren 30 Millionen Pfund Kupfer abwarf. Da zog er in seinen Wirkungskreis auch Zuckerrübenfarmen, Kaffeeplantagen, Goldminen, Kohlenbergwerke, Bauholzlager, Viehfarmen und Zeitungen. Der Cowboy und Goldgräber Edward L. Doheny fragte einen Nigger, wo er das Pech auf seiner Karre herhätte, worauf nach zwei Jahren an dem Pechloch in Westlake-Park (Los Angeles) 200 Gesellschaften um 2300 Oelquellen saßen. Doheny aber ging wie mit einer Wünschelrute weiter nach Kalifornien und von da nach Tampico, wo er das Oel, von Indianern und Spaniern unbeachtet, auf der Straße liegen fand. Er gründete mit einem Kapital von 10 Millionen Dollar die Mexican Petroleum Co., indes der

Apothekerssohn Harry F. Sinclair seine Petroleumröhren durch alle Staaten legte, durch Mexiko und Kuba, Kolumbia und Kostarika. Rockefeller ließ seine Prospekte in 120 Sprachen drucken und brachte einige Millionen Lampen nach China, damit die Chinesen das Petroleumbrennen lernten. Carnegie legte seinen Stahlfabriken Bergwerke, Banken und Dampferflotten zu, man gründete, über den ehemaligen Bellaktien, das Riesenunternehmen der General Electric Co., die Schlachthäuser in Chikago führten das laufende Band ein (1890) und der Kohleneinkäufer Henry Ford baute in einer alten Scheune eines der ersten Autos Amerikas. Die Manufacturing Investment Co. jedoch berief Mr. Taylor als Reorganisator in ihre Papiermachéfabriken nach Madison und Appleton, womit sie eine bedeutende Aenderung in seinem Leben anbahnte. Als Mr. Taylor 1893 von ihr zur Simonds Rolling Machine Co. hinüberwechselte, hatte die Wissenschaftliche Betriebsführung eine solche Beachtung gewonnen, daß er sich von da ab, für einen Tagesverdienst von 37 Dollar, der rein beratenden Tätigkeit widmen konnte.

Die sonntägliche
Welt

In diesem Augenblick (1893) kam auch Karl Lakner zur Welt.

Im Findelhaus des 17. Wiener Gemeindebezirks, in Hernals. Mithin 6000 Kilometer von Mr. Taylor entfernt und nach 37 Jahren in der Generationenfolge. Der entwicklungsgeschichtliche Abstand betrug mindestens ein Jahrhundert. Denn die Mutter Karl Lakners war ein zwanzigjähriges, kleines Weib, ein vom Land eingewanderter Dienstbote, der zwar schon mit der Eisenbahn gefahren war, aber von der Dampfmaschine bis an das Ende seiner Tage keine Vorstellung gewinnen sollte. Diese Frau fand mit 600 Wörtern in allen Lebenslagen ihr Auskommen, indes Mr. Taylor 14 000 benötigte. Der Unterschied zwischen den beiden Lebensebenen war so groß, daß es angezeigt ist, hier nicht einfach zu sagen: im Jahr 1893 kam Karl Lakner zur Welt, sondern: einer von den 40 Millionen schreienden Würmern, die damals geboren wurden, war der Anfang eines Menschen, der sich später seiner als Karl Lakner bewußt wurde.

Vorläufig hieß er übrigens Karl Windisch, da er ein uneheliches Kind war. Sein Vater, der einundzwanzigjährige Josef Lakner, im Zivilberuf Maurergehilfe, diente eben als Fahrkanonier beim Feldartillerieregiment Nr. 3 seine dreijährige Militärpflicht ab. Das tat jedoch nichts

zur Sache, das Leben war gut. Karl war zwar eine Zangen-
geburt gewesen, wobei man ihm das linke Ohr ein wenig
verdellert hatte, aber er wog 3,70 Kilo. Und seine Mutter,
das kleine Weib, war so gesund in den Geweben und Ge-
fäßen, daß sie von ihrer Milch an andere Säuglinge, die
minder bemittelt waren, noch abgeben konnte. Sie hatte
rauhe blonde Haare und lebhafte blaue Augen. Die
Schwangerschaft hatte sie den Posten gekostet und sie
wußte, daß es noch eine Not werden würde mit dem
kleinen Frosch und den drei Jahren, die der Mann beim
Militär zu bleiben hatte. Aber das verdarb ihr keineswegs
die Heiterkeit. Sie war mit elf Jahren, nach dem Tode
des Vaters, von daheim in den Dienst weggekommen und
hatte es sich bisher gefügt, so würde es sich auch weiterhin fügen.

Das kleine Weib ging mit ihrem Kind auf dem Arm am
neunten Tag aus dem Findelhaus hinaus und ruhig in den
Sonnenschein hinein, von dem alle Straßen vollgeweht
waren. Sie suchte für ihre paar ersparten Kreuzer eine
Untermiete und lebte die nächsten Wochen nur ihrem
Jungen. In dieser Zeit hätte sie arg gehungert, wäre nicht
einige Male von ihrer Mutter ein Paket gekommen. Für
ihre Mutter war das nicht einfach, denn sie fristete sich,
obgleich sie nahe an den sechzig war, im Tagewerk durch.
Sie sparte sich, was sie schickte, vom Mund ab, aber sie
schickte es gern. Die Dinge ordneten sich schon irgendwie. Eines Tages freilich bemerkte das kleine Weib, daß
ihr Junge offenbar schielte, und zwar nach außen. Sie
weinte zwei Nächte und besah ihn sich immer wieder.
Dann tröstete sie sich damit, daß der Fehler sich geben
würde; sie wußte niemanden in der Verwandtschaft, der
ihn gehabt hatte. Ihr Junge aber war der kleine Kerl nun

seltsamerweise nur noch mehr. Später legte sie ihn — da sie keine Wiege hatte — in eine Kommodenlade und lief um eine Heimarbeit. Tag und Nacht saß sie und drehte Papierblumen und Zigarettenhülsen. Nur am Nachmittag, wenn die Sonne reif über der Stadt stand, als wollte sie unverrückbar da bleiben, ging das kleine Weib mit dem Kind auf eine Wiese hinunter. Da hatten die Nachbarinnen, weitaus feistere Frauen schon, ihre Wäsche zum Bleichen aufgehängt, und sie sahen das kleine Weib mit ihrem Bankert scheel an. Aber das hinderte nicht, sich seitab zu setzen, das Kind auf den Knien zu wiegen und ins Blaue zu schauen.

Wenn das kleine Weib ins Blaue sah, dachte sie manchmal an die Größe der Welt. Sonst dachte sie nie daran, denn die Welt war zu groß für sie. Sonst wußte das kleine Weib nur, daß sie in der Oesterreichisch-ungarischen Monarchie lebte, in der Haupt- und Residenzstadt Wien, im 5. Bezirk Margareten. Und das kleine Weib wäre nicht wenig verwundert gewesen, hätte sie die Diplomaten von diesem Staat als von einer „Leiche" reden hören, „deren Verwesungsgestank schon auf beiden Erdhälften zu spüren sei". Von der Politik wußte das kleine Weib lediglich, daß es im Parlament mit den Tschechen oft Scherereien geben sollte. Ihr blieb auch fern, daß ein Professor Wellner in der Stadt lebte, der eine Maschine, mit der man fliegen konnte, gebaut hatte. Gar nichts wußte das kleine Weib vom VI. Weltfriedenskongreß, der im Augenblick in Antwerpen tagte und diese Flugmaschine als einen weiteren Schritt, Kriege zu vermeiden, begrüßte. Das kleine Weib wußte auch nichts von den drohenden Gewalten, die die Erde immer enger umgürteten: vom Großindustrialismus, vom Weltkommerzialismus, von der Kolonialexpansion,

27

von Englands Seeherrschaft und Gleichgewichtspolitik auf dem Kontinent, vom Nationalismus, vom Panslawismus. Sie wußte nichts vom Frankfurter Frieden, seit dem Frankreich nach Revanche verlangte, nichts vom Berliner Kongreß, auf dem Deutschland sich Rußland zu entfremden begonnen hatte (1878), nichts von der Aufhebung des Rückversicherungsvertrages der beiden Staaten (1890), nichts vom Anschluß Rußlands an Frankreich (1891—93), nichts von den künstlichen Diamanten und Teslaströmen dieses Jahres und kaum etwas von Amerika. Vom Petroleum wußte das kleine Weib nur, daß es jetzt, der halbe Liter für sechs Kreuzer, ruhig in der Lampe brannte, während es daheim bei der Mutter noch manchmal explodiert war. Aber das kleine Weib wußte nichts vom Benzingehalt und der Destillation des Oels, wie sie schließlich auch von Frederick W. Taylor, der zur Zeit bei Cramp & Sons, Ship and Engine Building Co. (Philadelphia) seine Metallschneideversuche fortführte, bis an ihr Lebensende nichts erfahren sollte. Die Hapag gab, den Briten ins Gesicht hinein ihre Parole bekannt: Mein Feld ist die Welt! Dem hätte das kleine Weib nie folgen können. Wenn sie, die rauhen blonden Haare in der Stirn, ins Blaue sah, war das wie Musik, wie das Sausen in einer Muschel oder in den Telegraphenstangen, oder es war wie Schläfrigwerden.

Als der kleine Kerl ein Jahr alt war, zeigte sich die Rachitis. Das kleine Weib versuchte es mit Schleimsuppe aus Kalbsknochen, dann schrieb jedoch die Großmutter, sie solle mit dem Kind aufs Land hinauskommen. Es würde schon gehn. Und es ging. Der Schmied, bei dem die Großmutter eine Stube hatte, warf den Zuwachs nicht hinaus. Das kleine Weib nahm wieder eine Haue und ging

28

in die schrägen Weinberge mit und der kleine Kerl rutschte im Hof zwischen den Hühnern umher. Japan führte gegen China seinen ersten imperialistischen Krieg, in Amerika begann man elektrisch zu pflügen, elektrisch zu rechnen und elektrisch zu heizen. Auf dem Hof um den kleinen Kerl aber roch es nach Sommer und Honig. Ueber die Zeit dann kam auch einmal ein Soldat das Dorf herunter. In der braunen Artillerieuniform, mit Schnüren von der Achsel zur Hüfte, mit fünf baumelnden roten Puffen vor der Brust, mit einem Pferdehaarbusch am Tschako und mit dem gewaltigen Faschinenmesser an der Seite. Und der Soldat stemmte den kleinen Kerl, der ungeheuerliche O-Beine hatte, triumphierend in die Luft. Dieser Soldat wußte auch einiges von der Welt. In der Tat knisterte es in der Welt, die so sonntäglich aussah, fortwährend wie in einer überladenen Atmosphäre. Einmal hieß der absonderliche Anlaß Hull, einmal Venezuela, einmal Casablanca. Die Spanier unternahmen eine Expedition nach Kuba, die Amerikaner eine nach den Philippinen, die Italiener schlugen sich mit dem Afrikaner Menelik herum und der englische General James marschierte gegen die Buren. Die Franzosen jedoch schossen vor Antananarivo auf die unbotmäßigen Howas zum erstenmal mit der neuen Schnellfeuerkanone, mit dem Maschinengewehr (1895).

Die Welt war aber auch voll Besinnung. Der erste Film flimmerte über die Leinwand und es waren Strahlen entdeckt worden, mit denen man das Innere des lebenden Menschen photographieren konnte. Und in Amerika hatte der Abgeordnete Sherman im Senat eine Vorlage eingebracht, die von der Regierung Schritte zur Errichtung eines internationalen Schiedsgerichtes verlangte. Damit es auf Erden nie mehr zu Kriegen käme. Das gleiche forderte der Belgier Descamps, während der französische Sozialist Déjeante die Kammer zwecks Anregung einer Abrüstungskonferenz interpellierte. Damit waren allerdings nur drei schöne Gebärden gegen Gebirge dagegenstehender Tatsachen getan. Denn abgesehen davon, daß die Franzosen an ihren Straßburg-Denkmälern nur mit geschlossener Faust vorübergingen, wollten in China die Engländer und Russen nicht im guten voneinander weichen, in Westafrika die Engländer und Franzosen nicht, auf dem Balkan die Russen, die Oesterreicher und die Türken nicht und vor der Läuseinsel Kreta weder die Griechen und Türken noch alle gepanzert demonstrierenden Großmächte Europas. Lediglich die Deutschen lavierten vorsichtig zwischen den Vulkanen, weil sie ihrer beiden offenen Grenzen wegen schwer bekümmert waren. Dafür trat Amerika, das Land Shermans und der Feind Englands, um Kuba gegen Spanien in den Kriegszustand. Dessenungeachtet maßen die Friedensfreunde in allen Staaten den drei Gebärden jenen heiligen Wert bei, den sich jeder neu und nachhaltig in die Welt tretende Gedanke erwirbt. Man mußte nur Geduld haben. Schließlich waren auch Sklaverei und Ketzerverbrennung nicht mit einem Tag unpopulär geworden. Noch glücklicher als diese Optimisten waren die kleinen Leute, die sich einen Krieg gar nicht vorstellen konnten, weil die Sonne schien und jedermann seinem Tagewerk nachging.

Der kleine Karl Windisch, der erst ins dritte Jahr trippelte, schwebte noch wie ein Halbschlafender durch diese guten Tage. Doch er hatte, an einem lieben schwarzen Hund, der sich ganz plötzlich immer wieder einfand, bereits das Ungeheure seines Daseins erfahren. Er wußte nun, daß er und der schwarze Hund zwei waren, und von da an wurde auch der Hof mit seiner gelben Sonne und den Hühnern immer deutlicher. Bis eines Tages alles in den großen Trubel einer Eisenbahnfahrt geriet. Dann löste sich aus den vielen Leuten und der fliegenden Landschaft ein Mann, mit einem blonden Bart und Augen, wie sie die Mutter hatte, und der Mann blieb da und war der Vater. Der Vater, der seine Militärzeit abgedient hatte und das kleine Weib mit dem Kind in die Stadt hineinholte, wo er bei der Pferdestraßenbahn als Schaffner angestellt war.

Der kleine Kerl ahnte nicht, was das für Tage waren. Es erreichte ihn auch nicht, daß er nun ab eines Mittags Karl Lakner hieß. An diesem Mittag stand Wein und Selchfleisch auf dem Tisch der Großen und Vater und Mutter ergingen sich mit den zwei Leuten, die außer ihnen noch da waren, in übermäßigem Lärm. Um diese Zeit waren die Erwachsenen reicher als der kleine Kerl. Während ihm die kahle Wohnung, in der in jeder grauen Frühe eine Weckeruhr raste, zu sehr ohne Sträucher und Sonne war, bedeutete sie den Großen eine unwahrscheinliche Erfüllung. Das schien sich allerdings bald zu ändern. Der kleine Kerl sah seine Mutter oft weinen — dann saß sie immer auf der gleichen Stelle der Bettkante und die blonden Haare verschütteten ihr Gesicht — und den Vater in der Uniform sah er schwer umhertaumeln, so daß man fürchten mußte, er werde einen zertreten. Aber was den kleinen Kerl vollends erreichte, war nun die Einsamkeit. Er wurde auf ein sonderbar gestreiftes Tuch gesetzt, das auf den Boden gebreitet war, und saß dann unendliche Zeiten in dem verlassenen Raum, in dem die paar Möbel immerzu stillhielten und schwiegen. Immer das gleiche

31

Licht kam vom Fenster und die ganze Welt zog sich auf das sonderbar gestreifte Tuch zusammen. Vor dem Fenster freilich baute die Welt, der der kleine Kerl auch jetzt schon auf seinem Teppich des Schweigens entgegenfuhr, voll Unrast an den Bewegungen weiter, in die dereinst auch er eingereiht werden sollte. Der jährliche Wert der industriellen Produktion der USA bezifferte sich bereits auf 7000 Millionen Dollar, während England erst bei 4100 und Deutschland bei 2915 Millionen hielten. Es wurden das Radium entdeckt und der Dieselmotor und die Dumdumgeschosse erfunden. Und am oberen Nil standen sich englische und französische Offiziere mit gezogenem Säbel gegenüber. Deutschland aber ließ sich dreimal von dem britischen Kolonialminister vergeblich um ein Bündnis anrufen. Schließlich kam für den kleinen Kerl jedoch etwas Neues. Er wurde nachts aus dem Bett geholt, wo er zwischen den Eltern seinen Platz hatte, und lief dann an der Hand der Mutter durch gewaltige Gassen, durch den Schnee unter den Laternen und hinab in einen stockschwarzen Keller, in dem eine Lampe brannte. Hier wurde er auf einen Haufen Wäsche gesetzt. Dann gab es nichts Auffälliges mehr, als daß manchmal undurchsichtige Wolken kamen. Die Wolken gefielen ihm und es war auch wärmer hier als zu Hause, ganz zu schweigen davon, daß die Mutter, die die Wolken machte, immer in der Nähe war. Den Vater sah der kleine Kerl nur abends, bis wieder eine Aenderung eintrat.

Eines Tages sah sich der kleine Kerl nicht mehr in den Keller und die Dampfwolken gebracht, sondern in die Sonne hinaus. Die Mutter führte ihn auf die Gasse in einen Kreis von seinesgleichen. Dieser Kreis stand um eine Pfütze herum, in die eine verletzte Maus geworfen

32

worden war, deren Gekribbel die Jungen mit Gerten und Holzscheiten dirigierten. Es stellte sich nun für Karl heraus, daß er O-Beine und schielende Augen hatte. Als sich der Spott an seiner Willfährigkeit stumpfgewetzt hatte und ihm, unter dem Namen Bimmerling, erlaubt war, bei jeder Partie seine Dienste zu tun, offenbarte sich der Eintritt in die Welt jedoch als etwas Großartiges. Es war klar, daß alles Bisherige bloß der Alp der Unausgebackenheit gewesen war, während nun das Leben ausgespreitet dalag. Begrenzt, wie man bald wußte, durch eine geteerte Planke auf der einen Seite und eine Friedhofsmauer auf der anderen. Darum, selbstredend, vollzog sich das Leben jenseits der Mauer, im Friedhof drinnen. Welches Reich, dieser Friedhof! Schon die Mauer war ein eindrucksvolles Bild, es ragten Bäume und Kreuze über sie hinaus. Und drüben zwischen den Gräbern und riesigen Gebüschen wuchs das Gras hüfthoch und es sirrte, wenn man hindurchstrich. Aber da waren auch die gigantischen Laternen, die immer verschlossene Kapelle und die verstreut im Rasen und in der Sonne knienden steinernen Engel, und das alles waren verbotene Orte, aber zugleich lauter prickelnde Hinterhalte. Hier spielte man Griechen und Türken, die auch in Wirklichkeit eben Krieg miteinander führten. In Wahrheit aber spielte man nicht, man trank einen heißen Tag nach dem anderen aus und taumelte ins Dasein hinein. In diesem Garten der Verwegenheiten ließ sich vieles lernen: der Schauer vorm Tod und die Zärtlichkeit, die alles Lebendige zu sich selber hegt, die Inbrunst des Krieges, das Schwärmerische der Gefahr und der Gebrauch aller Sinne, vor allem aber die Liebe zu allem Seienden, zu den Halmen, den Schmetterlingen, dem Himmel, der Sonne. Die Sonne schien nun unaufhörlich.

Karl baute zwar eines Tages ein schattiges Zelt an die geteerte Planke, doch nur deshalb, weil die geteerte Planke in der Sonne so unbeschreiblich roch. Hiezu kam, daß man für alles Höhlenhafte eine geheimnisvolle Begeisterung hatte. Mit dem Zelt machte Karl auch eine seltsame Erfahrung. Während jeder, der hineinwollte, einen Knopf zahlen mußte, erlaubte er einem Mädchen, das noch etwas kleiner war als er selbst, den Eintritt umsonst. Es gab Mädchen! Und es gab besonders dieses eine, das Augen hatte, als betete es damit, auch wenn es einen nur so ansah.

In der Tat, das Leben wurde für Karl mit jedem Tag rauschvoller. Es füllte sich so mit famosen Dingen an, daß die Beziehung zu den Eltern dahinter an Wichtigkeit verlor. Er sah die Eltern auch nur abends, wenn die Mutter das „richtige" Essen heimbrachte. Für mittags stellte sie ihm bloß eine Flasche Kaffee und zwei Semmeln bei einer Nachbarin ein. Lediglich zwei Tage in der Woche hatten ein anderes Gesicht. Der Sonntag, wenn die Mutter daheim war, und der freie Tag des Vaters. Dieser Tag, der etwas Festliches besaß, weil man für ihn die Schuhe anziehen mußte, hatte anfangs die Großartigkeit von Entdeckungsreisen. Man ging neben dem Vater an hunderten Häusern vorüber, an hunderten Wagen und tausenden Menschen. Und man trat mit dem Vater in die Kirche ein, die das Herrlichste war, das man bisher gesehen hatte. Hier liebte man die farbigen Fenster, den Weihrauchgeruch, die Orgel und die ungeheure Höhe des Raumes. Trat man dann wieder hinaus, hatte man nach allen Dingen der Welt zu fragen. Schließlich langte man geh- und wissensmüd in einem großen Garten an, in dem der Vater braunes Bier trank und man selbst ein Stück

34

Speck bekam, mit einer scharfen roten Kruste darauf, schwarzes Brot und ein Wasser, das auf der Zunge wie tausend Nadeln schmeckte. Die Heimreise durfte man in der Pferdebahn machen, ans fahrende Fenster gekniet und über alles erhaben.

Trotz dieser Herrlichkeiten aber gab es etwas, durch das sich Karl mehr zu seiner Mutter gezogen fühlte. Es tat ihm nicht nur leid, daß sie nie auf den weiten Gängen dabei war, er meinte auch die Schuld des Vaters daran zu ahnen. Das machte ihm den Vater rätselhaft und im gleichen Maß fremder, als ihm die Mutter bemitleidenswert und süß erschien. Er richtete auch nur an sie die Frage, die ihm bejaht wurde: ob seine Beine schon gerade und seine Augen etwas weniger ungleich seien. Selbst das Schielen hatte sich bis auf eine Kleinigkeit gegeben. Und in den Wirtshausgärten prunkte der Vater damit, daß der Junge schon seinen Namen schreiben konnte. Karl aber war das, angesichts der Größe der Welt, viel zu wenig. Da hatte das kleine Weib nun seine Mühe, an den Sonntagnachmittagen und den Abenden, ihren Jungen das Alphabet zu lehren, wie man es schreibt und liest. Vor allem aber wollte er malen, die farbigen Kirchenfester und — eine brennende Lampe. Weiß Gott, wie Karl ausgerechnet auf eine brennende Lampe verfallen war; er erinnerte sich ja selbst nicht mehr der Waschküchen, in denen er gesessen hatte. Jedenfalls gelang die brennende Lampe niemals und das kleine Weib hatte seine Schmerzen, denn Karl ließ nicht ab. Allein auch sie konnte keine brennende Lampe malen. Da erzählte sie, denn sie erzählte gern von ihrem Jungen, diese Geschichte einer Dame, bei der sie die Wäsche wusch, während der junge Herr, der Sohn der Dame, dabeistand. Dem machte die Geschichte sozusagen einen fachmännischen Spaß. Er klärte das kleine Weib auf, daß die Schwierigkeit bei der Lampe nur in dem weißen Papier läge. Man müsse, sagte er, schwarzes Papier nehmen, denn es stünde ja auch die Lampe in einem dunklen Zimmer. Und er gab ihr ein Paket mit. Wurde das ein Abend! Das kleine Weib hatte sich trotz der Erklärung die Sache nicht vorstellen können, Karl aber sah das schwarze Papier, das sie ihm mitgebracht hatte, sah die gelben und roten Kreiden, und nach einer Weile strahlte eine prächtige gelbe Lampe aus der dunklen Fläche. Ach, diese Lampe strahlte noch weit toller als alle wirklichen Lampen und Karl war nun bereits auch innerlich der Anfang eines Menschen.

In diesen Tagen glaubten auch die Völker in eine lichtere Aera einzugehen. Der Erfolg, der sich den Friedensrufern Sherman, Descamps und Déjeante versagt hatte, war dem russischen Zaren zuteil geworden. Verwunderlich, da jene aufrichtig das Ideal gemeint hatten, während Nikolaus II. nur an einen Hemmschuh der österreichischen Artillerierüstungen dachte. Immerhin versammelten sich im Haag (1899) die Vertreter von 42 Staaten und man mußte in aller Oeffentlichkeit viele Reden halten. Die Deutschen begingen dabei wie gewöhnlich den Fehler, das herauszusagen, was die anderen dachten. Das zeugte um so mehr von Charakter, als Deutschland nach wie vor bestrebt war, nirgends anzustoßen, schon weil das in seinem Interesse lag. Aber selbst der belgische Abgeordnete Beernaert nahm zur Idee des Völkerbundes — man sagte Schiedsgerichtshof — mit der Bemerkung Stellung: das ergäbe eine Küche, in der die Schwachen gekocht werden würden (ce sera une belle cuisine pour

36

cuire les petits états). Jedenfalls stand England vom Verhandlungstisch auf, um seinen Krieg gegen die Buren zu führen. Die Russen marschierten weiter nach China hinein und die Franzosen nach Marokko. Auch rüstete Rußland für den unausbleiblichen Krieg mit Japan und schloß, da man sich allgemein auf den Weltkrieg vorbereitete, eine Militärkonvention mit Bulgarien, die gegen das mit Oesterreich und Deutschland verbündete Rumänien gerichtet war. Zugleich festigte Delcassé das franko-russische Militärabkommen. Lediglich England, durch das Wachstum der europäischen Kräfte aus seiner „glänzenden Absonderung" (splendid isolation) herausgepreßt, wußte noch nicht, auf welcher Seite es stehn würde. Und Deutschland ermaß noch nicht das heraufkommende Unheil. So nahmen die Bündniserörterungen der beiden Staaten den entsprechenden Verlauf. England meinte sich Deutschlands, dessen Werbung es (1876—79) mißachtet hatte, als seines kontinentalen Schwertes gegen die ihm in der Kolonialpolitik hinderlichen Franzosen und Russen bedienen zu sollen, Deutschland wiederum begehrte für solche Bereitschaft, mit der es endgültig jede Brücke zu Rußland abgebrochen hätte, den Beitritt Englands zum Dreibund. Herr von Holstein beharrte auf diesem ebenso billigen wie im Augenblick brüsken Preis, weil er einerseits Chamberlains Drohung, daß England sich andernfalls an Rußland anschließen würde, und koste es seine chinesischen Ziele und den Persischen Golf, als Bluff betrachtete, und weil er anderseits ein gutes Ruhekissen hatte: wir glauben, äußerte er, daß der Strom der weltgeschichtlichen Entwicklung doch aller Wahrscheinlichkeit nach Deutschland und England einstmals auf dieselbe Seite drängen wird. England aber hatte über diesen Dreibund,

dem es beitreten sollte, seine besondere Meinung. Lord
Balfour deutete sie an, als er dem Fürsten Bülow die
Aufteilung Oesterreich-Ungarns vorschlug (1899). Und
im übrigen fand England bald heraus, auf welche Seite
es durch seine seit Wilhelm von Oranien bewährte
Gleichgewichtspolitik gewiesen wurde. Es machte seine
Drohung sofort wahr. Ein Bündnis schloß es zwar vor-
erst nur mit Japan, doch es lud auch Frankreich behufs
Bereinigung aller Kolonialdifferenzen zu Verhandlungen
ein (1902).

Mittlerweile hatte die Zeit, die an dieser Jahrhundert-
marke alles zu jedem und jedes zu allem in Beziehung zu
setzen begann, auch den Lebensfaden des kleinen Karl
Lakner in das große Netz gefädelt. Im Gesichtswinkel der
Pointe äußerte sich das darin, daß er im Jahr der Haager
Weltfriedenskonferenz schulpflichtig geworden war. Für
ihn selbst freilich bedeutete der Eintritt in die Schule ein
ungeduldig erwartetes, adelndes Ereignis. Da seine Eltern
in die Nähe der Schule übergesiedelt waren — unter
bösem Geraune, das Karl jedoch ebensowenig aufgriff wie
das Rätsel der Speisen, die ihm seine Mutter täglich heimbrachte — sah er jeden Morgen die Straße schwarz von
Kindern. Er stand mit schwimmenden Augen hinter der
Scheibe und es preßte ihm das Herz ab, nicht mit ihnen zu
sein. Bis der Tag gekommen war und seine vorausgeeilte
und ungemeine Lernbegierde sich in ein viel zu schmales
Bett geleitet fand. Da wurde er ein Vielleser. Das kleine
Weib sah damit gern den Malrummel abflauen, denn sie
hatte sich schon die Sorge gemacht, ihr Junge könnte zu
einem Künstler heranwachsen, zu einem Menschen also,
der seine Eltern nicht ehrt und dermaleinst standesgemäß
verhungern muß.

38

Das kleine Weib machte sich viele Sorgen, weil es viele hatte. Der Mann war zwar zur elektrischen Straßenbahn übernommen worden, doch hatte das für die Familie nur eine Steigerung des Elends zur Folge gehabt. 1900, im Jahr des höchsten Reallohns aller Zeiten. Denn nun war es bei der Straßenbahn so eingerichtet, daß die Schaffner erst alle acht Tage, jeden Dienstag, die Fahrkarten abrechnen mußten. Das gab Gelegenheit zu eigenmächtigen Entlehnungen vom Erlös, die bei Josef Lakner die durchschnittliche Höhe von 10 Gulden — oder der anderthalbfachen Wochenlöhnung — erreichten, welche Summe der Mann nun wöchentlich vertrank. Was das kleine Weib mit dem Wäschewaschen verdiente, reichte nicht einmal für den Lebensunterhalt. Das einzige Gute dabei war, daß sie die Kost, die einen Teil ihres Lohnes ausmachte, ihrem Jungen heimbringen konnte. Die zehn Gulden jedoch, die dem Mann an jedem Dienstag in der großen Ledertasche fehlten, mußten ausgeborgt werden. Das führte nicht nur dazu, daß man immer den Schulden nachhinkte und in schlechten Ruf kam, sondern das Leben war auch von einer entsetzlichen Ausweglosigkeit. Das kleine Weib war bestrebt, in der Primitivität wahrhaft edler Naturen, die Dinge unbedingt auf gerade zu bringen. Sie hungerte noch über das hinaus, was sie für den Jungen absparte. Sie stand jeden Tag in einer anderen Waschküche, gegen Abend mit vor Plage zitternden Gliedern, und hungerte sich in jede Nacht hinein. Natürlich magerte sie dabei ab und ihr Gesicht unter dem rauhen blonden Haar wurde herb wie das einer Fünfzigjährigen. Das kleine Weib war dabei nicht traurig, weil sie sich eines eigenen Gefühlslebens geschämt hätte. Nur manchmal — wenn ihr die Sonne einen blitzenden Keil über den Trog

39

hereinschob, daß der Dampf in hellen Ballen drin zitterte
— dachte das kleine Weib an die weißen Landstraßen
draußen auf dem Land. Doch dauerte das nur eine kurze,
scheue Sekunde; und welche Macht der Welt hätte das
kleine Weib wieder hinausführen sollen unter den großen
Himmel?

Der prosperierende Erdball nahm das kleine Weib mit
in seine ferneren Schicksale. Im Augenblick (1902) hielt
der Gang des Unentrinnbaren dort, daß die Kohlenförderung Deutschlands von den 30 Millionen Tonnen vor
dreißig Jahren auf 120 Millionen gestiegen war und daß
sich der Wert seiner Maschinenausfuhr von 50 Millionen
Mark vor fünfzehn Jahren auf 220 Millionen vergrößert
hatte. Der Wert der Maschinenausfuhr Englands war in
der gleichen Zeit von 212 nur auf 370 Millionen angewachsen, während Amerika die Spanne von 30 auf 260 Millionen durchlaufen hatte. Doch war dies hier mehr als
irgendwo sonst nur ein Anfangswegstück. Soeben schlossen
Rockefeller und Morgan ihre Aktion ab, die Carnegie für
1775 Millionen Dollar die Stahlwerke entwand, damit sie
mit zehn anderen Großunternehmen zur United States
Steel Corporation zusammengeschlossen würden. Zum
Billionentrust, dessen Präsident Charles M. Schwab — vor
zehn Jahren noch Verkäufer in einer Eisenhandlung — den
Satz nun aussprach, der in allen Ländern nachgesprochen
wurde: Dieses Land kann nicht stillstehn. Im Staate
Michigan sah das so aus, daß Henry Ford seine Ersparnisse
mit denen zweier Mechaniker und eines Buchhalters zusammenlegte, was 28 000 Dollar ergab, und die Ford Motor
Co. gründete. Im Staate Ohio, in Applecreek, verließ abermals ein Kommis einen Verkaufsladen. Diesmal war es
eine Drogerie, der Mann hörte auf den Namen Harvey

40

S. Firestone und sein Ziel hieß Gummi. Obgleich die Staaten kaum über das erste Tausend ihrer Jahreserzeugung an Autos (1894: 3 Stück) hinausgekommen waren, sah dieser Mann die Dinge reif, zur Herstellung von Pneumatiks überzugehen und die amerikanische Kautschukindustrie zu starten. Der Anlauf zum ersten Welttrust aber war die Gründung der United Harvey Steel Co., die die Interessen aller führenden Panzerplatten- und Kanonenfabrikanten der Erde vereinigte, sowohl die der Bethlehem Steel Co. in den USA und der Vickers Ltd. und Armstrong Ltd. in England, als auch die von Schneider-Creuzot in Frankreich, Krupp in Deutschland, Skoda in Oesterreich, an welche sich im mittelbaren Zusammenhang auch die Putilow-Werke Rußlands, die Terni-Werke Italiens und selbst die Panzerplattenfabrik von Mutoran in Japan reihten. In Queensland wurde zur gleichen Zeit die erste Arbeiterregierung der Welt gewählt und Wladimir Iljitsch Lenin spaltete auf der Londoner Konferenz (Sommer 1903) von der russischen Sozialdemokratie eine radikale Mehrheit ab, die die Ansicht vertrat, die Revolution in Rußland sei auch ohne die Voraussetzung einer kapitalistisch industriellen Epoche möglich. Der Mann, der zweieinhalb Jahrzehnte später als der Beherrscher eines Sechstels der Erde dieses maßlose Programm zu verwirklichen haben sollte, der Schusterssohn Soso Dschugaschwili aus Gori, der Messerheld und Priesterseminarist aus Tiflis, der jetzt vierundzwanzigjährige professionelle Revolutionär Stalin, wanderte soeben aus dem Gefängnis von Batum nach Nowaja-Uda in seine erste sibirische Verbannung. Die Tabor Manufacturing Co. aber (USA), die Link Belt Co. und andere Unternehmen sprachen sich bereits als hundertprozentige Taylorbetriebe an und Mr.

41

Taylor selbst, der eben bei der Bethlehem Steel Co. seine weltberüchtigten Schaufel- und Erzladeversuche durchgeführt und, nach 40 000 Experimenten, den Schnelldrehstahl erfunden hatte, Mr. Taylor selbst trat, mit hundert Patenten in der Tasche, ins Privatleben über. Das will sagen, er widmete sich mit den Worten: Ich kann es mir nicht mehr leisten, für Geld zu arbeiten, von jetzt ab ausschließlich der theoretischen Förderung seines Systems. Collins führte Guglielmo Marconis drahtlose Telephonie weiter, die beiden Männer Berson und Süring erhoben sich in einem Ballon bis in den 10 800. Meter über den Erdboden und ein Brasilianer umflog im lenkbaren Luftschiff den Eiffelturm, während Graf Zeppelin bereits die Konstruktion in Händen hielt, der die Zukunft gehörte.

Die Kunde von den letzten Ereignissen drang sogar bis zu Josef Lakner, dem Straßenbahnschaffner Nr. 1345. Er fand sie in der Zeitung, die auch die Verlängerung des Dreibundvertrages zwischen Deutschland, Oesterreich-Ungarn und Italien mitteilte. Da die Presse aber nicht in der Lage war, über den bedeutsamsten Umstand bei dieser Vertragsverlängerung zu berichten, nämlich über den, daß das von Paris schikanierte Italien, wenn auch vergebens, die Aufnahme einer Klausel verlangt hatte: es übernähme keine Verpflichtung, die es in Gegensatz zu Frankreich bringen könnte (1902), erlitt die Begeisterung Josef Lakners keine Einbuße. Somit war wieder einmal offenbar, daß die Welt sich mit jedem Tag erstaunlicher vervollkommnete, aber es stand auch abermals fest, daß das eigene Vaterland, daß man selbst die Vormacht in dieser Welt innehatte. In der Tat, Josef Lakner empfand die Erfindung wie einen persönlichen Wertzuwachs, den Rekord wie eine persönliche Leistung, die Koalition wie eine persönliche Versicherung. Denn er war ein Kind seiner Zeit und war Patriot. Er war nicht ängstlich vor den Dingen wie das kleine Weib, sondern er hatte sein Behagen an ihnen, wie er an allem sein Behagen hatte, weil er auch im übrigen ein Kind war. Ein Kind mit starken, schwarzen Brauen und einem blonden Bart. Mit schönen Zähnen, mit einem verfetteten Alkoholikerherzen und 96 Kilogramm Körpergewicht. Fromm, jähzornig und gütig, eitel, freigebig, voll Phantasie und Humor und haltlos. Gleich elementar in der Leidenschaft, in der Unterordnung und in der Kindlichkeit, und beneidenswert verschont von sich selber. Dieser Mann gewann nie Distanz zu sich oder zur Welt, denn er war von allem gleich stark besessen. Er war ebenso erfüllt von den Schwüren, mit denen er sich an jedem Dienstag vom Trinken lossagte, wie von der Unbekümmertheit, mit der er sie am Mittwoch wieder brach. Das kleine Weib liebte er über alle Maßen, allein er hätte sie erschlagen können, wenn sie sich, statt vernünftig an der Beschaffung der fehlenden Summen mitzuwirken, in Tränen ergoß und lange Standreden hielt. Nachher weinte Josef Lakner jedoch vor Reue, wie er auch, auf dem pendelnden Wagen und während des Markierens der Fahrscheine, mit redlicher Inbrunst zur Mutter Gottes beten konnte. Mit der gleichen Innigkeit atmete er zwischen den Begriffen Gott, Kaiser, Fortschritt und Ordnung und zu seinen großen Augenblicken gehörte es, wenn er beispielsweise bei einem Leichenbegängnis in das Spalier eingereiht wurde, das neben dem Sarg mit umflorten Fackeln einherging. Er trug auch das Richtabzeichen, das er sich bei der Artillerie erworben hatte, auf der Schaffneruniform weiter. Er putzte es täglich so lange, bis es wie eine kleine Sonne gleißte. Dieses bescheidene Chargenemblem war wie eine symbolische Sonne im Leben Josef Lakners, denn sein Leben verlief trotz gewisser Schwierigkeiten allerwege als Idyll.

Im Augenblick war Josef Lakner bettlägerig, da er einen Unfall gehabt hatte. Er war mit seinem schweren Körper, als er von einer Weichenstelle dem Wagen nachgelaufen war, rücklings vom Trittbrett gefallen. Das hatte ihm irgendeine Verstauchung im Kreuz verursacht und einen schönen Urlaub geschenkt. Er lehnte also in den hohen Kissen, neben sich ein Krügel Bier und den Aschenbecher, und las die Märchen der Brüder Grimm wieder, die Karl, der schon über Robinson Crusoe, Onkel Toms Hütte und den Lederstrumpf hinaus war, hinter sich gelegt hatte.

Das Unentrinnbare
auf dem Marsch

Der neunjährige Karl führte nun ganz sein eigenes Leben. Er hatte herausgefunden, daß weder der Vater noch die Mutter multiplizieren konnte; das war wie eine Bestätigung gewesen, daß er auf eigenen Beinen in die Welt vorstoßen mußte. Er lebte nun, so weit er nicht frisch und entschlossen auf der Schulbank saß, ganz auf der Gasse. Hier hatten sie, mit einem ausgestopften Strumpf als Utensil, einen Fußballklub gegründet, der den aktuellen Namen Transvaal führte. Des ferneren wurde mit den heimischen Milchkannen nach dem Wiener-Neustädter Kanal aufgebrochen, wo man fingerkleine Lauben und Karauschen fing. Die wurden daheim mit Ameiseneiern, die sie nicht fraßen, gefüttert und stoben den ganzen Tag in den Gurkengläsern auf und nieder. Da waren die Schmetterlingssammlungen anregender. Auch Karl hatte eine Hutschachtel mit doppeltem Boden, in der auf Nadeln mit farbigen Glasknöpfen die Nachtpfauenaugen und Admirale staken. Sein Leidwesen dabei war bloß, daß er es nie zu einem unlädierten Totenkopfschwärmer, dem König aller Schmetterlinge, brachte. Dafür hatte Karl die schönste Markensammlung, weil er die Namen der Länder in einer reich überwucherten, ornamentalen Schrift hineinmalte. Welche Schauer, eine Madagaskar, eine Neufundland, eine Siam in Händen zu halten! Das waren Clous, für die man schon ein Dutzend Mexiko und Türkei hergeben konnte. Das Wort Clou war Karl bereits ebenso geläufig wie etwa die Ausdrücke Trick, Palisade, Memme, Bungalow, Prairie, Dschunke, Goal und ein Schock andere. An dem sonnigen Nachmittag (1904), an dem Karl die Madagaskar, die Neufundland und die Siam eintauschte, einigten sich, unter der gleichen Sonne, auch die Vertreter Frankreichs und Englands über diese Gebiete. Allerdings waren sie ihnen keine Abenteurerparadiese, sondern vornehmlich Märkte. Die Vertreter nahmen auch die Neu-Hebriden, Aegypten und den Sudan noch hinzu, und das Ergebnis ihrer Verhandlungen war nicht nur ein herzliches Einvernehmen (entente cordiale) zwischen ihnen selbst, sondern es begann sich damit auch, zumal ein neuerlicher Versuch Berlins, das alte Bismarckbündnis mit Rußland wieder aufzurichten, versandete, der Gewitterhorizont um Deutschland zu schließen. Karl aber hatte, zufolge seiner größeren Entfernung von ihr, noch ein unschuldigeres Verhältnis zur Schöpfung. Wenn er die Eingeborenen auf seiner Madagaskar ansah, wie sie den Europäer in der Sänfte nach dem Strohdächerdorf trugen, dann hörte er die Tiere im Dschungel brüllen und den Wind durch die Palmen gehen. Wie ihm überhaupt in diesen Jahren die Welt mit allen Inseln und Buchten, Savannen und Wäldern in einer Verschwendung allgegenwärtig war, wie sie Spinoza bestimmt nur in seinen begnadetsten Augenblicken erreicht hat.

Ach, das Leben war gut und es war am verheißungsvollsten, wenn man nach Schule, Fußballmatch und Kugelspiel vom Vater die zwei Kreuzer ergattert und eines jener 24 Seiten starken Hefte erstanden hatte, über denen man alles vergaß. Karl las diese Hefte immer auf

46

einen Sitz aus, und zwar saß er dann im benachbarten Park immer an der gleichen abgesonderten Stelle auf dem niederen Eisenrahmen, der das Gras einfriedete. Der Rahmen drückte sich ihm ins schmächtige Sitzfleisch, so daß er nachher kaum aufstehen konnte. In seiner Benommenheit und im Bann der kolossalen Phantasien fiel es ihm auch so schwer, seinen Kontakt mit der Umwelt wieder herzustellen. So erhielt Karl Kunde von Hadschi Loya und Nena Sahib, von Tippo Tipp und Manolescu, von Buffalo Bill und Stenka Rasin, von den chinesischen Boxern, den Bukaniern und der Mafia, von Klaus Störtebecker, Schinderhannes und Nat Pinkerton. Hier wurde ihm die Kenntnis von Opiumhöhlen und Taifunen, von Büffelherden und Pfeilgiften, von Safes, von Aussätzigeninseln und Katakomben vermittelt. Hier wurde ihm Aufschluß über die Begriffe Kukluxklan, Aequatorgelage, Tropenkoller, Totem, und hier erhielt er den vertiefenden Unterricht über die Phänomene Treue, Ehre, Großmut, Heroismus, Selbstverleugnung, Hinterlist, Blutrache, Rivalität und Meuchelmord. Aus Mädchen, aus Squaws, machte sich Karl in dieser Zeit nichts. Dagegen trank er mit zweien aus der Gasse Blutsbrüderschaft, indem sie sich über einem Glas voll Wasser in die Daumen schnitten. Im größeren Zirkel gründeten sie einen Geheimbund, die Ogilalla, der eine Geheimsprache schuf und für jeden Tag ein anderes Losungswort ansetzte. Einmal war es Missouri, einmal Grizzly, einmal Vendetta. Der Geheimbund verwaltete einen Fonds zur Erweiterung der gespendeten Bibliothek und rächte, so weit es in seinen Kräften stand, jede Unbill, die einem der Mitglieder widerfahren war. Ansonsten hatte sich jeder Angehörige allmorgens mit Tintenstift einen Totenkopf auf den linken

Unterarm zu „tätowieren"; auch wurden Tagemärsche
zur Erkundung einer Höhle oder Ruine im Umkreis der
Wienerberger Lehmgruben unternommen. Ueberflüssig an-
zumerken, daß jedem Mitglied bei Todesstrafe Schweige-
pflicht auferlegt war. Die Formen wurden mit einem
Fanatismus gewahrt, als rolle die ganze Weltgeschichte
um dieser Formen willen ab. Bis sie eines Tages vergessen, das will sagen, durch neue Formen abgelöst
wurden.

Dieser Uebergang gestaltete sich für Karl ein-
schneidend. Auftakt dazu war, daß er zum erstenmal in
Berührung mit der wirklichen Welt kam. Das geschah
im Grand Bio-Kino, wo er Naturaufnahmen aus dem
russisch-japanischen Krieg zu sehen bekam: die Kronstadt-
flotte, die der Admiral Roschdestwenskij in sieben-
monatiger Fahrt um Südafrika und Asien herumführte.
Genau genommen konnte Karl nur Panzerschiffe wahr-
nehmen, die irgendwo in der Ferne samt dem Horizont
hin- und herschaukelten. Aber dieses Ergebnis bedeutete
weniger als sein parabolischer Sinn. Mr. Rockefeller sah
an diesem Abend sein Vermögen auf eine halbe Milliarde
und sein jährliches Einkommen auf 72 Millionen Dollar
angewachsen; ein statistisches Amt in Chikago stellte fest,
daß sich der jährliche Wert der industriellen Produktion
Amerikas in den letzten sieben Jahren, seit 1897, von
7 Milliarden Dollar auf 15 Milliarden erhöht hatte,
und die amerikanischen Ingenieure ernannten Mr.
Taylor in der American Society of Mechanical Engineers
zum Vorsitzenden. Das kleine Weib aber eröffnete ihrem
Jungen, daß er sich den Traum, wie der und jener seiner
Kameraden in das Gymnasium überzutreten, aus dem
Herzen reißen müsse. Sie weinte dabei die Bitternis ihres

ganzen Lebens heraus. Also trat Karl, der sie tröstete, in die Bürgerschule über. Er wiederum wurde von seinem Lehrer getröstet. Was ein richtiger junger Mann ist, sagte der Lehrer, bringt es auf jedem Weg zu etwas, und er, Karl Lakner, sei doch ein richtiger junger Mann. Jedenfalls bekam Karl in diesem Winter seine erste lange Hose. Nun dachte das kleine Weib auch, daß er alt genug sei, ihr mittags in die Waschküchen nachzukommen, wo er auf diese Weise sein Essen frisch haben konnte. Karl folgte ihr, er war willig und hatte von all dem nur beiläufige Vorstellungen. So wurde dieser Mittag zum Wendepunkt seiner Knabenjahre. In London empfahl an diesem Mittag, dem 3. Februar 1905, der Lord Lee in öffentlicher Rede einen Vernichtungsschlag gegen die deutsche Flotte, ohne Kriegserklärung. Die britische Admiralität bekam dazu die Hand zwar nicht frei, aber sie demonstrierte, indem sie den Großteil ihrer Schiffe nach der Nordsee schickte. Karl Lakner aber mußte jetzt feststellen, daß seine Mutter, der das Haar von Schweiß klebte und deren Atem rauchte, von den ihr vorgesetzten Speisen nur die Suppe nahm, die er selbst nicht mochte. Und er überblickte erschüttert, daß das durch all die Jahre so gewesen war. Dieser Mittag wurde zu einem aufreibenden Kampf zwischen dem kleinen Weib und ihrem Jungen, der ihr heute bedeutend gewachsen vorkam. Jeder wollte den anderen zwingen, alles zu essen, bis Karl schließlich den Kohl und das Fleisch und die Mehlspeise haarscharf in zwei Hälften teilte und jeder seine Ration als etwas hinabwürgte, das er dem anderen vorenthielt. Als Karl die dunkle Kellerstiege wieder hinauftappte, war seine Stellung in der Welt von Grund auf verändert. Eine bodenlose Scham vernichtete ihm alles, was ihm bisher wert gewesen war, und er begriff als die einzige Möglichkeit, die große Schuld, die auf ihm lastete, abzutragen, daß er nun alle erdenklichen Anstrengungen machen müsse, der Mutter zu helfen. Einen Weg sah er sofort vor sich. Er würde vor die Bahnhöfe gehen und Koffer tragen. Das hatte auch der Leixner Thäddl getan, als es zu Hause schlimm geworden war. Später hatte der sich allerdings auf die Wieden verfügt, ganz zeitig am Morgen schon, und hatte die Milch und die Semmeln fortgetragen, die in den vornehmen Häusern dort vor den Türen standen. Zu solchen Auskunftsmitteln würde er, Karl Lakner, der Klassenerste, nie greifen, wenngleich auch das Koffertragen anrüchig genug war. Doch mußte das egal sein, wo es um die Mutter ging.

Nun trat das in Karls Seele, was die Erwachsenen das Pathos nennen, das Pathos des Leidens und das Pathos des Selbstgefühls. Er meinte, seinen Entschluß nur dann rückhaltlos durchzuführen, wenn er den ganzen Menschen in sich umstellte. So schied er aus der Kameraderie, aus dem Leben der Gasse, wie ein Häuptling, der sich härteren und höheren Jagdgründen zuwendet. Er verschenkte seine Bibliothek, seine Schmetterlinge und Marken, seine Fische und seine Kugeln. An diesem Tag demonstrierte Kaiser Wilhelm im Hafen von Tanger für die Unantastbarkeit der internationalen Verträge. Das war, wie die Dinge in Marokko lagen, sein gutes Recht, wenngleich er England und Frankreich damit inniger zusammendrängte. Wenn Karl aber gedacht hatte, durch seine Entäußerungen könnte das Geschick seinen bevorstehenden Unternehmungen freundlicher gestimmt werden, dann hatte er sich geirrt. Er fand die Straßenbahnhalte-

50

stelle vor dem Ost- und Südbahnhof, eine ideale Halte-
stelle für seine Zwecke, mehrfach besetzt. Unter solchen
Umständen gelangte er überhaupt zu keinem Engagement,
aber er wurde, da er hartnäckig war, blau geschlagen.
Da faßte Karl einen Entschluß, der zwar nicht seinem
Charakter, wohl aber seiner Verzweiflung und seinem
augenblicklichen Weltbild entsprach. Er realisierte den
Wert seiner Opfer, indem er seine Lage jenen darlegte,
die er daran beteiligt hatte. Am folgenden Tag, als bei
Tschuschima unter dem japanischen Feuer die Flotte
Roschdestwenskijs innerhalb weniger Stunden in die Luft
flog, besetzte der aufgerufene Heerbann aus Karls Gasse
die Haltestelle vor dem Ost- und Südbahnhof. Die Kämpfe,
die sich entspannen, waren blutig und dauerten tagelang.
Es ging mit dieser Haltestelle, da sie die einzige ihrer Art
war, genau so wie in der großen Weltgeschichte mit der
mandschurischen Kohle, den Eisenbahnen zwischen Sam-
sun und Siwas und dem lothringischen Stahl. Doch behielt
Karls Gasse den ergiebigen Platz in Händen. Für ihn
allerdings zeitigte das Umstände, die ihn zum erstenmal
auf volkswirtschaftliche Ueberlegungen brachten. Er hatte
zwar die Möglichkeit der Nutznießung, aber nur insoweit,
als er sie auch seinen Prätorianern zugestand, was seinen
Ertragsanteil entsprechend verminderte. Die Welt war unleugbar kompliziert eingerichtet. Immerhin bedeutete die
Wendung einen Gewinn. Das Koffertragen wurde zu einer
Kollektivpassion der Gasse; das garantierte den Besitz
der Eldorado-Haltestelle auf Monate. Ein organisierter
Betrieb hob an.

Zwischen den Geschäften aber saß man tarockierend
unter den Bäumen, die die strengen Straßen in das
Weichbild des Maria-Josepha-Parks hinüberführten. Oder

man saß auf dem Parkgitter und las. Auch Karl las wieder, denn diese Arbeitstage dehnten sich und Lektüre war reichlich vorhanden. In Heften, die bereits 32 Seiten stark waren und zehn Heller kosteten oder die überhaupt zu einem Monumentalwerk gehörten, das in 120 Fortsetzungen erschien. Die Welt bereicherte sich in diesen Tagen (1904—1905) um den Offsetdruck und den Kreiselkompaß, um die Gasturbine, die Zenitkamera und den extraperitonealen Kaiserschnitt, sie ließ einen Registrierballon in 26 000 Meter Höhe steigen und eröffnete feierlich den Simplontunnel. In Karls Lektüre aber webten farbigere Dinge. Da handelte es sich um einen Zigeunerkönig Naschado, der der Sproß eines deutschen Fürsten und einer rothaarigen Zigeunerin war und sein Leben in tausend Abenteuern aufs Spiel setzte, seinem zerjagten Volk im Lande seines Vaters einen Staat und eine Heimat zu gewinnen. Oder der Pariser Arzt Ferlier, der durch ein Verbrechen in den Besitz eines märchenhaften Schatzes gelangt war und dann eine seelische Läuterung erfahren hatte, scheute tausend Gefahren nicht, um diesen Schatz wieder loszuwerden. Was ihm aber auf der Teufelsinsel bei Cayenne so wenig wie in den Londoner Slums oder auf der obersten Galerie des Kölner Doms gelang. Oder der Dogensohn Marino Grimani vermochte das höchste Erbe Venedigs erst im Kampf wider seinen teuflischen Bruder Luigi zu erringen, in tausend Abenteuern, die ihn unter die Bleidächer führten und auf die Seufzerbrücke, unter Sbirren und Bravi und vor die Hohe Inquisition, in Astrologen- und Alchimistenstuben, auf Galeeren, auf Pirateninseln und in einer Taucherglocke hinab bis zum Meeresgrund. Das Aufregendste aber waren die Lebensläufe jener großen

52

Männer, die als Schmiede, Förster, Gutsverwalter und dergleichen ehrsam anfingen, um, von irgendeinem gesellschaftlichen Unrecht zu Boden geschmettert, als Rachewerkzeuge der Vorsehung, als gefürchtete Banditenchefs den Reichen zu nehmen und den Armen zu geben, bis sich nach tausend Fährnissen ihre gräfliche Herkunft herausgestellt hatte und sie, mit Gott und Menschheit versöhnt und mit der Geliebten vereint, in den Frieden des väterlichen Schlosses einkehren konnten. Da waren der Räuberhauptmann Hanns Kugelmann, genannt der Rote Schrecken, und seine Geliebte Adelheid, die Tochter des Scharfrichters von Prag, genannt Prinz Heide; da waren Lipps Tullian und der Hiasl in Bayern, Georg Grasl im Kamptal, Rozsa Sandor in der Pußta und Rochus Pumpernickel im mittelalterlichen Westfalen; da waren die Räuber von Maria Kulm, Heinrich Anton Leichtweiß, der mit seiner Geliebten dreizehn Jahre in einem Felsengrab lebte, und Klara Wendel, die schöne Mordbrennerfürstin aus dem Schwarzwald. Da gab es auch Wanda, die Geliebte des Fremdenlegionärs, Harriet Bolton, die Meisterspionin, Felicitas Fé, die Königin der Pariser Unterwelt, Sonja, die giftmischende Jagellonenbraut, Mabel, die Diamantenhexe von Kimberley, und Aimée, die Bettlerin von Notre Dame, ein Bourbonenkind.

Das Neue an dieser Literatur war die Rolle, die schöne Frauen in ihr spielten. Es gab darin Kapitel Liebeshaß, Liebesrache, Liebeswahnsinn, Wendungen wie schöne Teufelin, feile Metze, blondes Reh und es gab darin Sätze von feuchtglänzenden und grausamen Augen, von taufrischen Lippen und verderbten Mündern, von Raubtiergebissen und einem verwirrenden Schmelz der Stimme, von knospenden Busen, von alabasterweißer Haut und

53

lasterhaften Händen und von einem berückenden Schwung der Linien. Auch kamen die Wörter Dämonie, Fluidum, Faszination und Wollust zum Vorschein und die Ausdrücke Seele, Trieb und Sehnsucht erhielten eine bisher nicht gekannte Glut. Das Wichtige für Karl aber war, daß diese Schilderungen einem Bedürfnis in ihm begegneten. Wenn er aus dem Heft in seiner Hand aufsah, also aus einer Szene etwa, in der eine rote Ampel brannte, ein Frauenarm vom Balkon winkte, eine Nachtigall seufzte, glühende Lippen sich fanden und dann nichts mehr in der Welt war als der Duft von Frauenhaar ..., wenn er aus einer solchen Schilderung aufsah, auf die unwandelbare Häuserfront vor sich, die Straßenbahnen, in die helle Luft und den Staub, dann vermochte all dies Profane das Schwebende in ihm nicht niederzuschlagen. Es war, als ob die Häuser und Straßenbahnen ein heimliches Blühen entfalteten, etwas Verheißendes wie reiche Schreine, und als ob ein Zauber zwischen Trottoir und Himmel stünde, den man nicht nennen, aber fast schmecken konnte. Und das Zärtliche hinter den Druckzeilen verband sich mit jedem Mädchen, das vorüberging.

Die Mädchen waren nun nicht mehr gewöhnliche Menschen wie man selbst, sondern sie trugen etwas überirdisch Feines mit sich, vor dem man bei aller Entschlossenheit zu tausend Abenteuern seltsam arm erschien. Ein Leben hatte begonnen, das die Träume von den fernen Eilanden abzog und auf die Mädchen richtete. Aber nicht nur auf die Mädchen, auf alles, was Frau hieß, auf das andere Geschlecht. Dies war in Wahrheit das inhaltsschwere Wort, das mit einemmal da war. Und Karl konnte das Wort nicht ohne einen dunklen Schauder denken. Es umfaßte zu Ungeheures. Welche Wirrsal:

54

jetzt vor einem Mädchengesicht wie vor der Monstranz demütig zu sein, und dann sofort danach die Großherzogin aus dem Hanns Kugelmann-Roman vor sich zu haben, wie sie durch den Marmorsaal geht, barfuß, und über den großen nackten Körper nur einen schwarzen Schleier geworfen. Besonders diese Großherzogin nahm Karl alle Ruhe. Sie wurde mit einem mächtigen Körper geschildert und das traf ihn mit elementarer Gewalt. Nachts träumte er von ihr. Aber da er noch keine Frau gesehen hatte, träumte er sie als Hermaphrodit. Ach, dieser Zustand war eine Marter, weil es aus ihm keinen Ausweg gab und weil es auf der Hand lag, daß er verwerflich war. Das glaubte Karl, der jeden Sonntag das Hochamt hörte, abgründig zu begreifen. Und zwar nicht nur vom Begriff der Sünde her, sondern aus der Tiefe seiner Menschlichkeit, die ihm gleichfalls in diesen Tagen wärmend und bange machend bewußt wurde. Die Liebe, meinte er zu überblicken, hatte das Heiligste in ihm geweckt, aber darüber war auch alles Böse zum Aufruhr gekommen. Der Mensch war eben voll Verruchtheit, und das wurde offenbar — beim Erwachsenwerden. Aber das Böse vermochte der himmlischen Helligkeit, die einem zart in die Seele gefallen war, nichts anzuhaben. Nie — das empfand Karl mit Beseligung — hatte sich die Begierde auf ein Mädchen selbst gerichtet, wenn es wunderbar vor einem stand. Die Begierde richtete sich nur auf etwas in der Einbildung oder auf die unfaßbare Gesamtheit Weib. Das bewies aber, daß das kühle Himmlische, das man in den Augen der Mädchen sah, unantastbar war und daß das Böse einem selbst angehörte. Hier philosophierte Karl hinter seinem weißen, besinnlichen Gesicht nicht mehr weiter. Hier stand schon das fromme Feuer

in ihm auf, daß er „reiner" werden müsse. Irgendwo hing
ja die Gewißheit in ihm, daß das, was jetzt Sünde war,
mit dem unaussprechlich Zarten in Zusammenhang stand.
Selbstverständlich würde es beisammen sein bei einem
Wesen, das einen liebte. Doch war das vorderhand nicht
vorstellbar.

So sah sich Karl, wie alle Generationen vor ihm, von
der Pubertät als einem Aussatz befallen, und er hing nun
dem Traum nach, von einem Mädchen geliebt zu werden.
Denn das mußte der Anfang eines neuen Lebens sein.
Karl kannte die Legende vom Armen Heinrich nicht, doch
er litt sie im Herzen nach und verlangte mit ehrfürchtiger
Inbrunst, nach dem Lichten hin erlöst zu werden. Das
irdische Leben aber, dem eine tiefe Idee innewohnen muß,
zwang ihn, seinen Zwiespalt zwischen den Realitäten
auszutragen. An einem Abend, an dem in den russischen
Städten die Revolution raste, wurde Karl von seiner
Mannbarkeit überrascht. Er lag mit dem Titelblatt der
Dr. Ferlier-Erzählung „Die Leiche Nr. 213" zu Hause
auf dem Diwan. Der Diwan war ein unheilbar abgedientes
Möbel, aus dem, wider alle Anstrengungen des kleinen
Weibes, durch alle Flicken die gesprungenen Stahlfedern
barsten. Die Leiche Nr. 213 aber war auf jenem Titelblatt
zu sehen, und zwar in der Gestalt eines herrlichen Weibes,
das nackt auf einem — wie es Karl schien — Marmor-
tisch lag. Nun hatte ja der Zeichner einen der Aerzte
in den weißen Mänteln so aufgestellt, daß er die Liegende
halb verdeckte. Aber Karl starrte mit einer Hingabe, die
die Figur des Arztes wie mit Zauberformeln aus dem Bild
bannte, so lange darauf nieder, bis plötzlich ein unerhört
inwendiges Zucken seinen Bauch aufwühlte und seinen
ganzen Körper mit einem nie empfundenen Segen über-

56

goß. Die Nacht nach diesem Abend wurde die zerquälteste in Karls bisherigem Leben. Bis in die Morgenstunden ließ ihn die Angst nicht einschlafen, er hätte an seiner Gesundheit einen schweren Schaden genommen. Am nächsten Vormittag aber führte ihn das Leben einen weiteren Schritt ins Gegenständliche herab. Karl sah einen Klassenkameraden eine Prozedur an sich vollziehen, die ebenso niederschmetternd wie verwunderlich war. Der Effekt, mit dem die sonderbare Uebung endete, — die dann bei bestimmten Insassen der Klasse Mode wurde, und die Witze einiger Erfahrener erledigten, was an Aufklärung nottat, in wenigen Minuten. Für Karl aber folgten daraus Monate des Fegefeuers. Er konnte es nicht vermeiden, an der Verseuchung seiner Welt, wie er es verstand, mitschuldig zu werden, aber er ermaß auch erst daran, wie sehr ihn ihre Reinheit beschwingte.

Diese Zerrissenheit wurde noch gesteigert durch eine Broschüre zur Verhütung der Geschlechtskrankheiten, die Karl nun gleichfalls in die Hände fiel. Diese Broschüre arbeitete mit zwei erstaunlichen Gedanken. Mit dem unübertrefflichen, daß Selbstbefleckung die Lues nach sich zöge (folgten Tafeln mit sehr rünstigen Darstellungen des dritten Stadiums) und dem ganz gescheiten, daß mit der Geschlechtsreife eine geheimnisvolle, dämonische Kraft im Menschen erstünde, durch deren Verschleuderung er sich der größten Chance für das Leben begäbe. Diese zweite These traf mit einer Gewalt auf Karls Charakter, daß er noch daran festhielt, als sein Respekt vor der ersten längst verflogen war. Obgleich die Anleitungen des heiligen Loyola Karl keineswegs erreicht hatten, legte er sich einen Raster an, in dem er jeden enthaltsamen Tag mit einem roten Dominoauge, jeden

rückfälligen mit einem schwarzen verbuchte. Es wäre
einfacher gewesen, die Felder der enthaltsamen Tage
glattwegs weiß zu lassen, allein es bedeutete einen
triumphalen Genuß, die großen roten Punkte hinzumalen.
In diesen Tagen (1905) begegneten sich, nachdem Rußland
im Frieden von Portsmouth Korea, Port Arthur und Dairen
an Japan verloren hatte, vor dem finnischen Björkö in
einer Schiffskajüte Kaiser Wilhelm und der Zar, um ein
Bündnis zu schließen, das den Kabinetten in Petersburg
und Paris nur ein Lächeln ablockte. Der britische Außenminister Sir Edward Grey aber antwortete dem französischen Botschafter in London, Herrn Cambon, auf die
Frage: ob England bereit sei, Frankreich Waffenhilfe zu
leisten, falls es auf der bevorstehenden (Marokko-)Kon-
ferenz in Algeciras zum Bruch zwischen Paris und Berlin
käme, daß die öffentliche Meinung in England bestimmt
dafür wäre. Die beiderseitigen Militär- und Marinestäbe
gingen daran, Pläne für gemeinsame Aktionen auszu-
arbeiten. Der deutsche Botschafter in Rom, Graf Monts,
notierte sich indes: daß das Bündnis mit Italien unfruchtbar sei, da auf einen Beistand im Kriegsfall nicht zu
rechnen wäre. Er erhärtete damit nur abermals, was bereits zehn Jahre vorher der Graf Wolkenstein gegenüber
dem Botschafter Eulenburg festgestellt hatte: ein Bündnis mit Italien sei nur in Friedenszeiten möglich. Jedenfalls
standen auf der Konferenz in Algeciras, die im Januar 1906
stattfand, Frankreich, England, Rußland und Italien bereits
geschlossen gegen Deutschland. Eine Konstellation, die
den britischen Generalstab noch im gleichen Monat ver-
veranlaßte, sich mit dem belgischen über die gemeinsame
Abwehr eines deutschen Angriffes zu verständigen (Con-
ventions anglo-belges). Deutschland gab den Bau seines

58

ersten Tauchbootes in Auftrag, während in Aldershot zum erstenmal der Kettenschienenwagen (Tank) zur Vorführung gelangte, dessen Prinzip allerdings bereits auf eine Idee von 1770 zurückging.

Wenn in Karls Jesuitenraster die roten Tage überwogen, dann war dies noch kein Zeichen seines eisernen Willens. Er besaß nur aus dem Erbe beider Eltern, aus dem Autoritätsglauben des Vaters und aus der Rechtschaffenheit der Mutter, einen Sinn für das Korrekte, der ihn ungeachtet seines starken Gefühlslebens zu einem Idylliker der Ordnung machte. Die Dinge der Erwachsenen traten früh in Karls Bewußtsein, doch hatte er in seinem optimistischen Temperament das Vermögen, diese Dinge freundlich zu sehen. Ja, sein Vertrauen in die Zukunft war so träumerisch sicher, daß er das erwachsene Leben herbeiwünschte, weil er die allgemeine Besserung von ihm erwartete, vor allem für seine Mutter. So dachte Karl mit seinen zwölfeinhalb Jahren, da er unter dem blonden Haar noch ein großäugiges Knabengesicht hatte, bereits an Frau und Hausstand, an Beruf und Weiterkommen. Diese Einstellung wurde noch mehr als durch seine etwas spießige Veranlagung durch den Lebenskampf bestimmt, in dem er bereits stand. Es war ja niederdrückend, um wievieles zu wenig er mit dem Koffertragen verdiente.

Die großen Räuber, die den Reichen nahmen, um den Armen zu geben, hatten seinen Blick für die sozialen Unterschiede geöffnet. Wenn er hinter einem noblen Mädchen mit dem Gepäck der Eltern nach dem Bahnhof trottete, dann war das Mädchen nicht nur ein überirdisches Wesen, sondern auch eine junge Dame, der es sichtlich besser ging als ihm. Das machte Karl, der die Welt in der Perspektive des Geschichtsunterrichtes sah, nicht rebel-

lisch. Schon deshalb nicht, weil er sich in seiner eigenen
Haut restlos wohl fühlte. Aber es regte ihn an, sich allen
Ernstes um den Weg zu bekümmern, der ihn hinauf-
führen sollte. Bis vor kurzem hatte er noch Kapitän oder
Forschungsreisender werden wollen, oder zumindest ein
Polizeioffizier, der mit einer silbernen Patronentasche auf
dem Rücken durch die Straßen reitet. Nun verblaßten
diese Hoffärtigkeiten, um den tatsächlichen Möglichkeiten Platz zu machen. Da war es vor allem die Malerei,
die Karl neuerdings reizte. Die Bürgerschule mit ihrem
breiten Zeichenunterricht gab ihm Gelegenheit, sich aufs
neue seines Talents zu versichern und damit zu glänzen.
Er war der einzige in der Klasse, der die Dante-Gips-
maske zeichnen und die ausgestopften Papageien malen
durfte. Aber die Mutter redete ihm diese Laufbahn aus.
Schon die Ausbildung dauere zu lang und dann wäre alles
dabei ungewiß. Am nachhaltigsten traf Karl unter diesen
Einwänden der von der zu langen Ausbildung. Denn war
er auch nicht ernstlich gewillt, auf der Malerlaufbahn zu
beharren — weil er insgeheim selbst eine zu hohe Achtung
vor der Kunst, wirkliche Bilder zu malen, hegte —, so
war er doch entschlossen, nur einen Beruf zu wählen,
der eine längere Ausbildung voraussetzte. Aus einem
tiefen Grund nämlich, den Karl selber nicht hätte nennen
können, erschien ihm jeder Beruf, der mit der allgemeinen Schulung zu erreichen war, als Handlangertum.
Auf diese Weise stand für ihn zu einer Zeit schon fest,
daß er studieren würde, da er im entferntesten noch nicht
ahnte, was.

1907—1914

Der Ernst der Dinge

Eines Tages hatte Karl unversehens den Einfall, Lehrer zu werden. Der Gedanke kam ihm mit einer Gemütsbewegung, die ihn erstaunen ließ, diese Lösung nicht längst gefunden zu haben. Er saß, wie gewöhnlich nach der Schule, auf dem Parkgitter bei der Eldorado-Haltestelle. Da sprang er stürmisch auf beide Füße.

Im gleichen Augenblick sah er jedoch seinen Vater vor sich. Sein Vater stieg von einem Wagen der O-Linie, die hier vorbeiführte. Dieses Zusammentreffen erschreckte Karl, weil es ihn im Unterbewußtsein traf. Aber er wußte auch sofort, worum es nun gehen würde. Denn ebenso groß wie seines Vaters Empfindlichkeit auf seinen Ruf oder, wie er es nannte, auf sein Angeschriebensein, war seine, Karls Entschlossenheit, von diesem Platz hier nicht zu weichen. Sein Vater war eine weiche Natur, er bedeutete Karl vorderhand bloß, daß er nicht erwarte, ihn beim nächsten Vorbeikommen noch anzutreffen. Karl aber blieb hartnäckig, und so wurde dies ein aufreibender Tag. Er wurde es um so mehr, als Karl seine Zukunft durch nichts als diesen Vater gefährdet sah. Sooft sein Vater die Haltestelle passierte, gab es eine gehetzte Auseinandersetzung, deren Hartnäckigkeit von einem zum anderen Mal zunahm. In diesen Stunden empfand Karl zum erstenmal die Welt in ihrer monumentalen Fremdheit, die bewirkt, daß man sich nicht in ihr stehen,

61

sondern in sie ausgesetzt fühlt. Die ganze sanfte Erbarmungslosigkeit des Schöpfungsalltages trat in seine Seele und das war ein Geburtserlebnis von der gleichen Tiefe wie jenes, da er sich an dem schwarzen Hund seiner selbst bewußt geworden war. Aber hatten ihn damals die Erde, der Sonnenschein, das eigene Blut zum erstenmal warm berührt, so fühlte er nun die Ausschaltung alles Warmen, die vollständige Regungslosigkeit außen und innen, den ersten Anhauch des Unendlichen. Karl erlebte an dem Haß gegen den Vater, der ihn schmerzte, auch zum erstenmal das, was man den Abstand zum eigenen Ich nennt. Die Welt erschien ihm wie ein ungeheuer ruhender, steinerner Spuk, vor dem er wunderlich einsam wurde. Wunderlich, weil die Verlassenheit auch anhielt, wenn er an die Mutter dachte, an — das kleine Weib. Sein Vater aber war nun fast ein fremder Schaffner, den nur die gespenstige Automatik dieser Straßenbahnlinie jede fünfte Viertelstunde zu ihm führte.

Als es zum letzten Mal geschah, bei Nachtanbruch, waren sie beide mit ihrer Haltung zu Ende und der Ausbruch war unvermeidlich geworden; vor dem Auditorium des überfüllten Straßenbahnwagens, der auf seinen Kondukteur warten mußte. Karl bekam zwei Ohrfeigen ab, dafür schrie er es in die Welt, daß er hier nicht Koffertragen und den Anschein eines Strolches auf sich nehmen würde, wenn sein Vater nicht alles versöffe und wenn sich nicht irgendwo in einer Waschküche seine Mutter zu Tode schinden müßte. Nachts dann wurden die Parteien des Hauses, in dem Karls Eltern wohnten, aus dem Schlaf gestört. Der Schaffner Josef Lakner hatte, spät und nüchtern vom Dienst heimkommend, seinen Sohn aus dem

Bett gerissen, um ihn, wie er schrie, zu erschlagen. Dieser Auftritt, in dem Karl mit seiner Mutter in Front gegen den Vater stand, in dem sein Vater, nachdem er das kleine Weib geschlagen hatte, vor Gekränktheit weinte und das kleine Weib sich aus dem Fenster werfen wollte, — dieser Auftritt verlief, trotz später Schlafenszeit, in aller Oeffentlichkeit. Zwei Stunden drang das Geschrei durchs Haus und die Hängelampe in der Wohnung unterhalb der Lakner pendelte wie auf einem Schiff. Am nächsten Morgen, nachdem der Anlaß der wilden Szene bekannt geworden war, leitete der Nachbar Petrinak eine Wendung in Karls Leben ein. Er bedeutete dem kleinen Weib, daß die Blumenhandlung, in der er Geschäftsdiener sei, eine junge Hilfskraft suche, so neben den Schulstunden her, und daß er gern bereit wäre, Karl mitzunehmen. Karl selbst stand in diesem Augenblick mit fest aufeinandergepreßten Lippen vor seinem Lehrer. Er erkundigte sich nach den Bedingungen des Lehrerstudiums, entschlossen, diesen Weg zu gehen, und führte er durch den Feuerofen der biblischen Jünglinge.

Von nun ab sah die Eldorado-Haltestelle Karl nicht mehr. Nun trabte er täglich in die Stadt hinein, in die Blumenhandlung Yushi, wo es zwischen Lawinen von Blüten und Bergen von Körben, zwischen der Firma, den vornehmen Kunden und mehreren Bahnhöfen eine Unmenge zu tun gab. Damit war auch das aus Karls Leben fort, was er bisher immer besessen hatte und was sich ihm erst jetzt zum Begriff abgrenzte: die Behaglichkeit. Doch empfand er das den Umständen angemessen. Ja, die zehn, zwölf Kilometer, die er täglich zurücklegte — mit dem Hin- und Rückweg, dem Austragen der bestellten Bukette und dem Handwagentransport der Engrossendungen nach den Bahnhöfen — warum ihm eine Art Frottage. Er betrachtete sie als eine Leistung, die ihm auch seelisch zugutekam. Er war nun für vieles verantwortlich; er verkehrte mit Schalterbeamten, man vertraute ihm Güter an und er lebte nun in der riesigen Arena aller Straßen. Jeder Schritt, den er lief, hatte seinen Sinn in dem großen Ganzen. Es hatte sich ihm bei allen ersten Schwierigkeiten die Erfahrung bestätigt, daß er ein helles Element in sich hatte, ein Rad, das gern lief, eine Luft, die in Bewegung und Spannung sein wollte. Diese Gewißheit, zu sich Vertrauen haben zu dürfen, war Karls erstes persönliches Glück. Es richtete ihn auf wie eine höhere Gnade, denn seit jener Auseinandersetzung mit dem Vater war seine Stellung zur Welt in einer Weise verändert, die ihn um diese Gewißheit hatte bangen lassen. Wenn er nun durch die Straßen lief, zumal an Tagen, da die Sonne schien und alle Fenster gleich flügelschlagenden Vogelschwärmen hinter ihm herleuchteten, war das nicht minder famos als einst, aber über allem war auch schon das andere wirkend, der unbestimmte Druck aus dem Unbekannten. Der Schwerpunkt der Dinge, der bis zu jenem Nachmittag in ihm geruht hatte, war in die Welt, in das Außen verlegt worden. In einem Tagebuch, das Karl um diese Zeit begann, tastete er sich mit den Worten hin: der Straßen sind zu viele, die Stadt ist zu groß, die Welt ist zu uferlos, als daß man sich ihr schlechthin anvertrauen könnte. Man muß sich, schrieb er, in ihr durchsetzen. Natürlich färbte dieses neue Daseinsgefühl auf alle seine Erlebnisse ab. Karl konnte die Dinge nun nicht mehr hinnehmen, wie sie zu sein schienen, er mußte sich mit ihnen auseinandersetzen.

64

Als ihm eine Sängerin, der er Chrysanthemen brachte, durch ihre Zofe eine Torte schenken ließ (von der nur eine einzige Schnitte fehlte), war ihm das peinlich. Obgleich er sofort an seine Mutter dachte, die soetwas, wie er zu wissen glaubte, nie gegessen hatte. Auch die Unbefangenheit gegenüber dem Geld stand Karl nicht mehr zu. Mit den zwei Kronen, die er wöchentlich von der Blumenhandlung erhielt, hatte es wohl seine Ordnung; die Trinkgelder jedoch waren ihm, so sehr er sie begrüßen mußte, jedesmal eine neue Verlegenheit. Ohne sein Zutun war ein deutlich ausgeprägtes Gefühl für Würde in ihm entstanden. Das befähigte ihn zwar zu einer besonderen Haltung in allen Strapazen — so wurde er, wider alle Müdigkeit, abends bei der Petrollampe auch seinen Schulaufgaben noch gerecht —, aber es machte ihn auch zu einem feinfühligen Instrument. Als dieses wurde er nun von einer wahren Drangsal überfallen. Es zeigte sich nämlich bald, daß sein Vater mit seinem Verdienst rechnete, daß er nun um die paar Kronen mehr vertrank und daß er sich sogar darauf berief. Und als sich Karl eines Abends zu schreienden Anklagen hinreißen ließ, warf ihn sein Vater, den das Gewissen aufs äußerste peinigte, mit einem Tritt vom Stuhl, indem er zugleich das Essen, das man ihm vorhielt, mit einer einzigen Armbewegung über ihn hinhieb. Während einer solchen Szene holte das kleine Weib einmal einen Schutzmann in die Wohnung. Der Polizist klopfte dem Schaffner, den er vom Dienst auf der Straße her kannte, auf die Schulter und sagte: machen Sie keine Dummheiten. Jedenfalls war die Familie Lakner die Skandalpartei im Haus. Es kam auch vor, daß der Mann bei Nachbarsleuten eindrang und schwere Drohungen ausstieß, wenn sie ihm die zwanzig Kronen nicht borgten, die ihm jeden Dienstag zur Verlosung der Fahrkarten fehlten. Und schließlich stand er nachts manchmal auf, um sich in der Unterwäsche auf dem Abort draußen zu erhängen. In solchen Augenblicken starrte das kleine Weib mit versteinertem Gesicht in die Lampe und sagte: es ist kein Schaden um ihn. Karl aber war es, als wäre er bei diesen Aufregungen nur zufällig anwesend. Augenscheinlich hatte sein junges Herz die Fähigkeit, auf dem Scheitel der Not in Abgeklärtheit umzuschlagen. Er spürte dann plötzlich die Größe der Welt, als stünde er im Nachtwind draußen, und in diesen Sekunden tröstete ihn die Größe der Welt. Der Welt, die sich soeben (1906) die Höhensonne und die Fernphotographie erfand. Und in der Rußland, nach seiner Revolution, 45 000 Menschen nach Sibirien verschickte.

Nur wenn sein Vater die Säuferwahnsinnsanfälle bekam, die sich im Winter auf 1907 einstellten, stand Karl wie angewurzelt an der Wand. All das aber nährte seine Unrast, selbst in die Dinge eingreifen zu können. Allein gerade damit geriet er erst in die verzweifeltste Bedrängnis. Fünf Jahre Lehramtsstudium waren wohl kaum die kürzeste Brücke zu diesem Ziel. Und seine Mutter hatte, als er ihr einmal davon sprach, ein Gesicht von solcher Hoffnungslosigkeit gemacht, daß es ihm nicht mehr von der Seele wich. Ach, das Leben hatte sich zu einer seltsamen Folterkammer verengt oder, wie Karl es in seinem Tagebuch ausdrückte: aus allen Dingen war der Krieg gegen ihn aufgestanden. Es war, als ob die häusliche Wirrnis sich über alles fortpflanzte. Die Dinge schienen ihm nicht mehr gütig zu sein. Je tiefer er in die Welt eindrang, um so mehr entzog sie sich ihm, um so drohender sah er sich von der Unzahl der Häuser und

Straßen und Menschenschwärme umdonnert, überwältigt und — abgelehnt. Und eines Tages, als er vor einer Tür lange warten mußte, weinte Karl in einen Korb großer Remontantrosen hinein. Der alte Herr, der ihm endlich öffnete, zog ihn in ein langes Gespräch und schenkte ihm, ehe er ihn wieder entließ, ein Buch. Es war der Oliver Twist von Charles Dickens, dem auch eine Lebensbeschreibung des Dichters beigefügt war.

Karl las das Buch während der Schulpausen, während des Mittagessens, das er sich in der Regel selbst aufwärmte, auf den Wegen, sobald es ihm nicht hineinschneite, und in seinen Wartezeiten auf den Bahnhöfen. Immer schwebte ihm dabei das stille, weißbärtige Gesicht des alten Herrn vor und ein neuer glimmender Faden spann sich aus seinem Herzen in die Welt. Er lernte an dem Buch eine neue Frömmigkeit, ein neues Weltvertrauen. Und am 28. Februar (1907), dem letzten Tag vor Fristablauf, reichte er heimlich sein Gesuch ein: um die Zulassung zur Aufnahmeprüfung am Landeslehrerseminar in Wien. Am gleichen Tag konnte sein Vater den Fahrkartenerlös tatsächlich nicht mehr abrechnen. Er erlitt einen Jähzornsanfall, in dem er das kleine Weib, das sich bei einer bekannten Familie versteckt hatte, schwer mißhandelte, und wurde auf eine Beobachtungsstation abgeführt. Karl begriff in der Nacht nicht, warum seine Mutter weinte. Er empfand die Luft im Zimmer seltsam gereinigt und war überzeugt, daß nun alles besser werden würde. Das gab ihm auch den Mut, sich am nächsten Tage von der Heimlichkeit des Gesuches zu entlasten. Aber er schwor seiner Mutter, daß er nur so lange daran würde festhalten wollen, als es ihm gelänge, neben dem Studium so viel an Verdienst sicherzustellen, daß der Ausfall nicht spürbar sein würde. Das kleine Weib strich ihrem Jungen, der bereits größer war als sie, abwesend übers Haar. In der gleichen Minute verließ Eduard der Siebente enttäuscht Wilhelmshöhe, weil er mit seiner Ansicht, die britische Flotte müßte unter allen Umständen um zehn Prozent größer sein als die zweier anderer Staaten zusammen, nicht durchgedrungen war.

Die englische Journalistik stellte Betrachtungen darüber an, welche Folgen es hätte, wenn die Deutschen die Bank von England in Beschlag nähmen und die afrikanischen Golddistrikte eroberten; der Alldeutsche Verband und der Deutsche Flottenverein bewiesen Tag um Tag, daß für das kommende deutsche Weltreich, von der Waterkant bis Bagdad, eine der britischen ebenbürtige Flotte unerläßlich sei. Jedenfalls baute England seine ersten Dreadnoughts und auch Tirpitz beantragte für die Jahre 1908—1911 je drei Dreadnoughts und zwei kleine Kreuzer. England aber tat noch ein übriges. Es betrieb die Einberufung der zweiten Haager Abrüstungs- und Weltfriedenskonferenz, um dem Ausbau der deutschen Seemacht auch moralische Hindernisse in den Weg zu legen. Rußland berief Iswolski zum Außenminister, der der konsequenteste Feind der Oesterreichisch-ungarischen Monarchie war, und Conrad von Hötzendorf, der österreichische Generalstabschef, forderte in einer Denkschrift an seinen Kaiser einen Präventivkrieg gegen Italien. Die deutschen Waffenwerke in Karlsruhe ließen durch eine französische Waffenfabrik in den Matin, den Figaro und das Echo de Paris Aufsätze über die Güte und die große Zahl an Maschinengewehren, über die das französische Heer verfügte, lancieren, mit welchen Zeitungsartikeln in der Hand dann ein deutscher Abgeordneter, der von der

68

Rüstungsindustrie bestellt war, vom Reichstag eine Verbesserung auch der deutschen Heeresbewaffnung verlangte und einstimmig zugesprochen erhielt. In diesen Tagen legte der vierzehnjährige Karl Lakner seine Aufnahmeprüfung am Lehrerseminar ab. Vorher besuchte er seinen Vater in der Trinkerheilanstalt. Mach mir keine Schande, sagte sein Vater gerührt, dann winkte er noch lange vom Gitter.

Karl trat verwundert über seines Vaters normales Wesen in das Gebäude des Lehrerseminars. Das kleine Weib begleitete ihn und wartete jeweils vor den Türen der Klassen, in denen die Prüfungen stattfanden. Sie fühlte sich nicht wohl dabei, weil gleich ihr viele Frauen warteten, von denen die meisten aufgedonnert angezogen waren und einen aufdringlichen Geruch von Vornehmheit in den kahlen Gängen verbreiteten. Als sie bei der Gesangsprüfung Karls Stimme hörte — er sang das Kaiserlied — mußte sie weinen. Denn sie wußte keinen anderen Ausweg als den Wunsch, daß er durchfallen möge. Im Raum drinnen aber sagte der examinierende Professor, als Karl mit dem „Gott erhalte" an eine bestimmte Stelle gelangt war: Schluß. Immer der gleiche Fehler, das ganze Volk singt seine Hymne falsch; es heißt nicht: Ewig bleibt mit Habsburgs Throne Oesterreichs Geschick vereint, sondern ve—ereint. Da ist ein Vorschlag von Haydn geschrieben worden. Karl stand das Herz still. Bei der schriftlichen Deutschprüfung schöpfte er jedoch wieder Hoffnung. Man stellte ihm als Thema das Zitat: Es bildet ein Talent sich in der Stille, sich ein Charakter in dem Sturm der Welt. Peinlich dabei war bloß, daß Karl von Torquato Tasso nichts wußte. Aber er konnte mit der Lebensbeschreibung des Charles

Dickens aufwarten, die ihm für beide Teile der Aussage hinzureichen schien. Und da ihm das Gesicht des alten Herrn wieder vorschwebte, faßte er sein Glaubensbekenntnis der letzten Monate in dem Schlußsatz zusammen: Mag das Leben auch hartherzig sein und mag den Gewalten der Welt auch Böses innewohnen, das schließlich Obsiegende bleibt immer ein reines Herz, ein frommer Wille, eine hohe Idee. Zur Stunde, da Karl diesen Satz schrieb, unterlagen die Vereinigten Staaten von Amerika einer Wirtschaftspanik, einer der periodischen Krisen des kapitalistischen Systems. Auf die Expansion der neunziger Jahre war die Kontraktion gefolgt. Durch diesen Zustand, und die Enthüllungen des Abgeordneten La Follette, war ein neuerlicher Sturm wider die Trusts entfacht worden. Und ein Gericht hatte sich bemüßigt gesehen, Rockefeller wegen Schädigung der Allgemeinheit eine Strafe von 27 Millionen Dollar aufzuerlegen. Als Karl unter seine Prüfungsarbeit den Schlußstrich setzte, quittierte Rockefeller das Urteil mit der Bemerkung, es werde lange dauern, bis man dieses Urteil vollstrecken würde. Sein Bewußtsein, dem Unentrinnbaren zu dienen, hatte durch den Zwischenfall keine Trübung erfahren. Besonders da er eben im Begriff stand, seine Interessen mit denen von Baku — zusammenzulegen.

Karl aber, der sich durch jenen Schlußsatz die Aufnahme in das Institut gesichert hatte, verschaffte sich zu dem Verdienst aus der Blumenhandlung noch einen Sonntagsjob. Als in der Gastwirtschaft des Hauses, in dem er wohnte, der Fußballklub „Sturm 1907" gegründet und Herr Petrinak zu seinem Zeugwart bestellt wurde, machte er sich sofort erbötig, bei dem Transport der Dresses, Schienbeinschützer und anderen Utensilien nach den

70

jeweiligen Spielplätzen zu helfen. Noch wichtiger war, daß ihm der Centreforward der Mannschaft, der in einer Pfandleihanstalt beschäftigt war, versprach, ihn dort über den Sommer als Hilfskraft unterzubringen. Tatsächlich trat Karl, nachdem er ein Offert in Rundschrift eingereicht und der Centreforward für ihn gesprochen hatte — denn es handelte sich um einen Vertrauensposten —, am 6. Juli, dem ersten Ferialtag dort ein. Am gleichen Tag erfuhr sein Vater, der aus der Trinkerheilanstalt entlassen worden war, daß er zum Weichensteller degradiert sei. Der Mann konnte vor Scham eine Woche das Gesicht nicht heben. Denn nun fuhren seine früheren Kollegen, deren Zügen er den Wechsel stellen mußte, von morgens bis abends an ihm vorüber und das machte aus diesem Posten eine Art Pranger. Auch das kleine Weib ging mit entzündeten Augen herum. Karl aber hatte kein Verständnis für die angebliche Schande des Weichenstellens. Für ihn war einzig von Belang, daß man seinem Vater die große Ledertasche mit dem Fahrkartengeld abgenommen hatte. Selbstredend war seinem Vater auch der Lohn gekürzt worden. Doch alterierte das Karl weniger, weil er nun selbst 9 Kronen in der Woche verdiente. Dafür mußte er von sieben Uhr früh bis sechs Uhr abends mit den Pfandscheinen in der Hand im Lift in die Magazine hinauffahren und die zur Auslösung gelangenden Wäschepinkel, Herrenanzüge, Fahrräder, Wandspiegel, Penduluhren, Ziehharmoniken, Bücher und was da sonst noch war, in den Ausfolgeraum hinunterschaffen. Das war unleugbar eine Plage, ein atemloses Hetzen und Schleppen, aber diese Pfandleihanstalt hatte auch ihre Vorteile. So konnte Karl bei einer Versteigerung eine Geige erstehen, indem man mit dem Kaufpreis sein Lohnkonto belastete.

Für eine Einbuße von nur zwei Kronen sechs Wochen lang nannte er nun eine herrliche, bernsteinfarbige Geige sein eigen, deren Wirbelkopf überdies nicht eine Schnecke, sondern ein geschnitztes Löwenhaupt war. An diesem Abend hätte sich Karl seiner Mutter vor Glück weinend an den Hals geworfen, wäre nicht sein Vater berauscht und ohne Geld nach Hause gekommen. Er hatte auch seinen ersten Weichenstellerlohn vertrunken. Die Wirte hatten ihm die Woche über auf Kreide ausgeschenkt und der Samstagrausch hatte das Maß vollgemacht. Das war ein fatales Signal. Denn bestand nun auch der Trost, daß man die Summe am Dienstag nicht mehr würde borgen müssen, so lag doch auf der Hand, daß dieser Mann zeitlebens zu erhalten war.

Das kleine Weib, dasselbe kleine Weib mit dem rauhen blonden Haar, das vor vierzehn Jahren mit ihrem Kind aus dem Hernalser Findelhaus lächelnd in die Sonne hinausgegangen war, lief nun zu den Gastwirten und beschwor sie, ihrem Mann nichts mehr auf Kredit zu geben. Die Wirte freilich dachten, auch der Weichensteller Lakner sei ihnen sicher, da sie schlechtestenfalls seinen Lohn pfänden lassen könnten, und ansonsten sahen sie auf ihr Geschäft. Das kleine Weib mußte weiter in den Waschküchen stehen, da die Welt zumindest nicht unmittelbar durch einen frommen Willen zu beeinflussen ist. Die Welt ist etwas Milliardenfältiges von Gesetzen, die auch in nebensächlichen Partien durch einen ängstlichen Herzschlag nicht aufzuhalten sind. Und schon aus einiger Entfernung erscheinen die vielen kleinen Runen am Bau der Welt, in denen es unablässig von Tränen rinnt, nur mehr wie Nuancierungen, wie heroische Verzierungen. So verstehen es wenigstens die ästhetischen Beschauer. Und die Sonne gibt den Aestheten recht. Die Sonne schien in diesem Sommer 1907 unverwandt auf die Welt und die Welt erfand sich den Betonguß, damit ihre Riesenstädte noch rassiger wüchsen, den Staubsauger, damit in den funkelnden Zimmern nicht nur der Komfort, sondern auch die Wartung eine zeitgemäße sei, und sie ging zur Chemotherapie über, weil das ihrer gesteigerten Subtilität entsprach. Im Haag fanden sich diesmal 44 Staaten zur Befriedung der Zivilisation zusammen. Sie taten es allerdings unter Iswolskis Parole: Wir werden dem britischen Antrag ein Begräbnis erster Klasse bereiten. Welcher Einstellung zu sekundieren diesmal sogar Deutschland keines besonderen Aufwandes an Tumbheit bedurfte.

Die Friedensfreunde, die anschließend ihren XVI. Weltfriedenskongreß abhielten, beklagten, daß der Haag nur eine Konvention über die Gesetze und Bräuche des Krieges zu Lande zustandgebracht hatte, trotzdem verliehen sie Eduard dem Siebenten das Epitheton: der Friedensstifter (the peacemaker). Durch die gesamte mitteleuropäische Presse tobte der Sturm gegen die Einkreisungspolitik, während Iswolski am 31. August, nachdem er sich am 30. Juli mit Japan verglichen hatte, seine Verständigung mit England über Tibet, Afghanistan und Persien unter Dach und Fach brachte. Damit war die Entente gegen Deutschland fertig, obzwar zwischen England und Rußland noch immer Differenzen in der Frage der türkischen Meerengen bestanden. Der Zeitpunkt für die letzte Konsequenz, für den Krieg war noch nicht reif. Als Oesterreich (1908), an seiner sogenannten historischen Aufgabe leidend, das 1 Million Serben umfassende Bosnien annektierte und seine Monitore die Donau hinabschickte,

73

wurde der konfliktlüsterne Iswolski von England sehr deutlich zurückgepfiffen. Das Eingeständnis, daß Rußland einen Krieg noch nicht wagen könne, kostete den Kriegsminister in Petersburg zwar das Amt, doch änderte das nichts an der Tatsache, daß man noch nicht so weit war. Man blieb aber nicht müßig, dem hohen Ziel näherzukommen. Eduard der Siebente traf sich am 9. Juni 1908 in Reval mit dem Zaren. Bei dieser Gelegenheit tat der britische Staatssekretär Harding die prophetische Aeußerung: Es ist in sieben bis acht Jahren mit dem heftigsten Gegensatz zu Deutschland zu rechnen. Lord Fisher empfahl den Russen, ihre Westgrenze möglichst stark zu machen und alle Kraft an das Landheer zu wenden. Deutschland, vereinsamt und schon von seinem Schicksal überschattet, führte nach den Manövern 1907 die feldgraue Uniform ein. In den USA erzeugte Henry Ford mit 2100 Arbeitern bereits jährlich 6400 Autos zum Einheitspreis von 1000 Dollar.

Von all diesen Begebenheiten erfuhr der Lehramtszögling Karl Lakner fast nichts. Er wußte lediglich um den fälligen Krieg gegen Serbien und war, wie sein Vater, seine Mitschüler und Professoren, dafür begeistert. Wenigstens so weit, als sein Temperament für derlei ursprüngliche Impulse noch Raum hatte. Denn er war in eine Tristheit hinabgerissen worden, die ihn nicht einmal zum Gefühl der Seßhaftigkeit in der Klasse gelangen ließ. Anfangs hatte sich alles ganz ermunternd angelassen. Er hatte seinen Bedarf an Lehrmitteln decken können und außerdem noch etwas für Schule und Lebensunterhalt übrig gehabt. Auch war ihm ein Revers vorgelegt worden, laut dem er sich verpflichtete, durch mindestens sechs Jahre dem Lande Niederösterreich (einschließlich Wiens) seine Dienste zu widmen. Widrigenfalls er das Schulgeld von 1500 Kronen noch nachträglich zu bezahlen hätte. Damit war Karl dargetan worden, daß er nun in eine mächtige, auf Bedürfnissen aufgebaute Organisation eingegliedert war, die seine Zukunft in der bündigsten Weise sicherte. Allein weder die innere Festigung, die er dadurch gewann, noch das Bewußtsein, mit jedem Schritt die steile Bahn zum Ziel nun abzukürzen, hatte ihn vor dem Zusammenbruch seiner praktischen Regie bewahren können. Eines Tages war es offenbar gewesen, daß er schlechthin nichts verdiente. Der Samstagnachmittag in der Pfandleihanstalt, für den allein ihn der Lehrplan freigab, und die paar Nachhilfestunden, die er Kindern von armen Leuten hielt, brachten gerade ein, was er zum Studium und für seine gestärkten Kragen brauchte. So mußte Karl nach wenigen Wochen fassungslos feststellen, daß alle seine guten Gedanken und Bestrebungen ihn nur ins Absurde geführt hatten: daß seine Mutter nun auch ihn erhalten mußte. Dem aber nicht sofort abzuhelfen, war ein Verbrechen. Ein Verbrechen, das Karl jedoch auf sich nahm. Denn hätte er jetzt noch ausspringen und Kontorist, das hieß also: Handlanger werden sollen? Karl wurde kein Handlanger. Er sah, in schweißig durchwachten Nächten, dem Unentrinnbaren ins Auge. Er lernte den Egoismus, an dem man wie ein Gepfählter leidet, lernte den Haß gegen den Vater und lernte die Einsicht in die Unerbittlichkeit des Weltlaufs, an der auch er nun sein Teil hatte. Da er aber keine Persönlichkeit war, die aus Nöten zur Philosophie gelangt, warfen sich ihm diese Probleme nicht zur Frage auf: was, und selbst über einen Leichnam hinweg, sein Recht sei, sondern die Bäume standen für ihn nicht mehr im Schulhof und die Sonne schien ihm nicht mehr.

Aber Karls Nöte waren damit noch nicht erschöpft. Die neue Gesellschaft, in der er sich nun täglich aufhielt, die Welt seiner Mitschüler, züchtete, wie er sich in seinem Tagebuch ausdrückte, einen „schlangenbehangenen Urwald der Triebe" in seinem Blut. Die lyrischen Liebeskorrespondenzen seiner Kollegen und ihre Zigarettentabatieren, ihr Kleidersnobbismus, ihre Zechereien und Bordellbesuche, aber auch ihre Dilettantenaufführungen und Akademien, ihre Sports und Klubgründungen bewiesen ihm: daß er vom Leben nichts hatte. Allein wie konnte er, während er seine Mutter opferte, Genüsse beanspruchen? Wodurch war ihm die fromme Kraft, die ihm die Zeit der Blumenhandlung nun als einen parzivalischen Frühling erscheinen ließ, verloren gegangen? Karl fand auf diese Frage eine Antwort, die sein Leid abermals erhöhte und sein Schuldbewußtsein noch mehr fanatisierte. Das genießerische Blut seines Vaters, sagte er sich, sei in ihm aufgestanden und treibe ihn ins Böse. Karl meinte dies auch daran erfahren zu haben, daß er nun wieder sehr an seiner Sinnlichkeit litt. Seit ihn eines Abends die Anrede eines Straßenmädchens wie der Blitz getroffen hatte, trug er die Sucht wie brennenden Schwefel im Blut. Das war es: über jener Zeit der Blumenhandlung hatte als symbolisches Licht das Antlitz des alten Herrn geschwebt, die Weisheit, und er, Karl, hatte ein reines Herz und gerechte Ziele gehabt; nun glühte das geschminkte Gesicht eines Freudenmädchens durch seine Nächte und er trat, da er seinen Schwur nicht halten konnte, nicht vom Studium, das damit zur Geckerei wurde, zurück, sondern er hielt an der unheilvollen Verschwörung fest, die ihn an die Seite seines Vaters stellte, und verlangte darüber hinaus noch Genüsse. Ach, Karl fühlte

76

sich so voll von Schuld, daß er nun oft an Selbstmord dachte.

Bis das Leben gleich einem Profosen seine Hand auf ihn legte und die Regelung der Dinge, die von innen nicht kommen wollte, von außen erzwang. Eines Tages fand der Weichensteller Josef Lakner keinen Geschmack mehr an seinem Beruf. Er hatte sich ausgerechnet, daß mit dem Unfall aus dem Jahr 1902 eine frühe Pensionierung zu erreichen sein müsse und daß er als junger Pensionist seinem ehemaligen Gewerbe, dem des Maurers, wieder nachgehen könne, was ihm sozusagen doppeltes Geld einbringen würde. Da Josef Lakner eine lebhafte Phantasie besaß, ruhte er nicht, bis das Ziel erreicht war. Er ließ sich von Karl Eingaben schreiben, klagte bei den zuständigen Stellen über neuerliche Schmerzen im Kreuz, wurde zu den Aerzten geschickt und schließlich, als man die Komödie satt hatte, mit 6 Kronen Unfallsrente und 22 Kronen Ruhegehalt entlassen. Nun stellte sich heraus, daß er nach einer sechzehnjährigen Arbeitspause, und zumal er nur Maurergehilfe gewesen war, keinen Posten finden konnte. Er pilgerte wochenlang von Bauplatz zu Bauplatz. Das einzige Ergebnis der neuen Ordnung blieb, daß sich die Summe, die er zum Unterhalt der Familie beitrug, abermals vermindert hatte. Da das kleine Weib zur gleichen Zeit an Halsabszessen erkrankte, stand die Familie vorm Hunger und der Obdachlosigkeit. Nun trat Karl vor seinen Ordinarius hin und kündigte seinen Austritt aus dem Seminar an. Er tat diesen Schritt allerdings nicht, ohne die Nacht vorher ein Gelübde abgelegt zu haben, in dem er den Lebenswandel eines Heiligen versprach, falls er vor dem furchtbaren Sturz bewahrt bleiben sollte. Und er blieb davor bewahrt. Der Ordinarius ließ seinen, wenngleich nicht begabtesten, so doch fleißigsten Schüler nicht ziehen. Er vermittelte ihm eine Reihe gut bezahlter Nachhilfestunden und, trotz seiner Jugend, die Stelle eines Instruktors in einem Knabenhort, für die Karl allein 40 Kronen monatlich erhielt. Das Leben ging weiter. In noch verschärfterer Drangsal als bisher, aber es ging. Und Karl mußte sich nicht einmal allzusehr in die Angeln der Askese legen. Der Ernst der Umstände griff ihm mit einer Kälte ins Blut, die ihn zu Skrupeln und ausschweifenden Betrachtungen gar nicht kommen ließ. Er wuchs in eine abwechslungsarme, hagestolzige Arbeitsjugend hinein, die ihre Spannkraft einzig aus dem Bewußtsein zog, daß dieser Zustand nur von begrenzter Dauer sein würde.

Indessen rangen auch im großen Weltschicksal die guten und üblen Kräfte miteinander. Oesterreich zahlte für Bosnien und die Herzegowina 2½ Millionen türkische Pfund an die Pforte, in Petersburg aber sagte zur gleichen Zeit (Januar 1909) Iswolski zu dem deutschen Botschafter: Vergessen Sie eines nicht, die orientalische Frage kann überhaupt nicht anders als durch einen Konflikt gelöst werden. Dieser Ansicht war auch Conrad von Hötzendorf. Er verfaßte mit den Gefühlen eines verkannten Genies seine zweite Eingabe, diesmal an Aehrenthal, in der er nicht nur die Vorherrschaft an der Adria für Oesterreich forderte, sondern auch die Einverleibung Serbiens und Montenegros. Deutschland wieder machte Frankreich im Februar bezüglich Marokkos große Zugeständnisse, sein Legationsrat jedoch, den es um eine Verständigung nach London geschickt hatte, kehrte unverrichteter Dinge zurück. Man war dort im Augenblick nicht nur dabei, eine Kalibervergrößerung der Dreadnoughts vorzunehmen, sondern man begann auch die Handelsflotte zu armieren. Es

78

gab wohl einige Leute in England, die wie Lord Rosebery es lächerlich fanden, Deutschland gegenüber eine Politik zu betreiben, als ob es sich um ein Land wie Serbien handelte; aber die Redakteure der Morning Post, der National Review und des Fair Play verfügten über eine suggestivere Sprache. Trotzdem fand das Buch des Engländers Norman Angell: Die falsche Rechnung (The great illusion), in dem die Zwecklosigkeit aller modernen Kriege dargetan war, Echo in der ganzen Menschheit. Der Satz: Der Eroberer muß, will er nicht selbstmörderisch vorgehen, das Eigentum des Feindes achten, und dann wiederum ist die Eroberung wirtschaftlich wirkungslos, — wurde bis in die Urdu-, die Tamil- und Bengalensprache übersetzt. Das zeigt, daß in der Menschheit, die am 6. April dieses Jahres Peary auf dem Nordpol und am 25. Juli Louis Blériot überm Kanal sah, die Sehnsucht nach der erlösenden Formel wach war. Aber es war zuviel Chemie, zuviel Metallurgie, zuviel Konstruktionstechnik in der Welt und die Jahresproduktion an Roheisen hatte sich seit 1870 von 12 auf 70 Millionen Tonnen vermehrt. Am gleichen Tag, als Andrew Carnegie, von der Sorbonne gefeiert, der französischen Regierung einen Scheck auf 1 Million Dollar für Helden der Humanität überreichte, empfing der Zar Herrn Krupp, Herrn Schneider-Creuzot und Herrn Skoda, um ihnen Kanonenaufträge zu erteilen. Es gab mithin auch ein übernationales Interesse an Kriegslieferungen, bei dem das Fatalste die engen Beziehungen der Rüstungsindustriellen zu den Regierungen waren. Diese Beziehungen gingen so weit, daß, wie in Deutschland im Fall Stumm, e i n e Familie den Panzerplattenkönig und den tonangebenden Mann im Auswärtigen Amt stellte. In England war ein Bruder des Generalstabschefs Lyttelton

Direktor bei Armstrong. Andere Armstrongdirektoren waren Zivillords der Admiralität oder Sekretäre des Committee of Imperial Defense. In der National Service League saßen acht Präsidenten und Direktoren der Waffenindustrie. Schneider-Creuzot in Frankreich beschäftigte in Privatdiensten zwei Admirale und einen Bruder Clemenceaus, überdies nahm er stärksten Einfluß auf die Ernennung des jeweiligen Marineministers. In Rußland waren die Generale geradezu die Agenten der Rüstungsindustrie. Aber diese Ringe wären nicht geschlossen gewesen, hätten sich ihnen nicht auch die Banken in allen Ländern eingefügt. So stellten beispielsweise in diesem Jahr die Niederösterreichische Eskomptegesellschaft und die Bodenkreditanstalt in Wien der chinesischen Regierung eine Anleihe nur unter der Bedingung zur Verfügung, daß sie einen Teil davon für Aufträge an die Cantiere Navale Triestino und die Skoda-Werke verwendete. Das Bankhaus Cassel in London oder Périer in Paris verfuhren anderen Regierungen gegenüber nicht anders.

Als die Türkei für Ostrumelien 82 Millionen Franken Schadenersatz verlangte, übernahm Rußland an Stelle Bulgariens die Belastung. Dafür hieß es in dem Militärabkommen der beiden (Dezember 1909): In Anbetracht dessen, daß die Verwirklichung der hohen Ideale der slawischen Völker auf der Balkanhalbinsel, die dem Herzen Rußlands so nahestehn, nur nach einem günstigen Ausgang des Kampfes Rußlands mit Deutschland und Oesterreich möglich ist, übernimmt Bulgarien die feierliche Verpflichtung usw. Noch zwingender als die Ideale aber waren gewisse Tatbestände. So hatten England, Frankreich und Deutschland seit den achtziger Jahren hunderte Millionen englische Pfund in der Türkei angelegt. Einem deutschen

Konzern aber war 1903 die Erbauung der Bagdadbahn übertragen worden. Das hatte zur Folge, daß zur Zeit (1910) die Handelsbeziehungen Deutschlands zur Türkei (seit 1901) um 166 Prozent gewachsen waren, während die Englands nur eine Steigerung von 25 Prozent und die Frankreichs nur eine solche von 17 Prozent erfahren hatten. Dieser Entwicklung mußte unbedingt Einhalt geboten werden. Dafür waren in erster Linie eingenommen die Schwerindustriellen Mittelenglands, die Kleinasien als Ausfuhrgebiet für ihren Stahl, ihre Schienen, ihr rollendes Material zu verlieren fürchteten, die Eisenherren Nordfrankreichs, die Schiffahrtsunternehmen der beiden Staaten, die ihren Entgang an Frachten berechneten, der anglo-indische Handel, der die nahe Konkurrenz scheute, und natürlich die beiderseitigen Militär- und Flottenbürokratien mit der in ihnen vertretenen Rüstungsindustrie. Noch schicksalshafter, vermeintlich als alle diese Kräfte drängte Rußland nach dem Orient. Das Reich hatte an die 50 000 Meilen neue Eisenbahnen gebaut, hatte seine Eisengewinnung in den letzten zehn Jahren nahezu vervierfacht, seine Textilindustrie nahezu verdreifacht. Wo, wenn nicht in Kleinasien, sollte Moskau seine Fabriksartikel absetzen? Hierzu aber war es nötig, daß zwischen Erzinjan und Diarbekir auch weiterhin die Maulesel liefen und nicht eine Eisenbahn, selbst keine französische. Hier stieß die Interessenvereinigung des russischen Handelskapitals, des Feudaladels und der Militärbürokratie auf einen wunden Punkt. Die Dinge mußten noch reifen. Man brauchte noch Zeit, auch Deutschland gegenüber. Und als dieses Deutschland durch Iswolskis Nachfolger Sasonow die russische Neutralität für den Fall eines englisch-deutschen Konfliktes zu erneuern versuchte, konnte der Zar (der Zar von Björkö) im Hinblick auf diese Verhandlungen feststellen: Wir gewinnen Zeit.

Als Karl am Lehrerseminar in den letzten Jahrgang eintrat, okkupierten die Franzosen Fez, womit sie abermals eine internationale Vereinbarung brachen. Die Spanier besetzten Alkassar und die Italiener eröffneten den Krieg gegen die von allen Mächten getretene Türkei um Tripolis und die Cyrenaika. Hier wurden (1911) zum erstenmal aus Aeroplanen Bomben abgeworfen. Conrad von Hötzendorf beeilte sich zu einer dritten Eingabe, der italienische Futurist Marinetti veröffentlichte seine Schrift: Der Krieg als einzige Heilung der Welt, und Deutschland schickte, abermals gegen Frankreich demonstrierend, den Panzerkeuzer Panther nach Agadir. England aber sandte, zum Krieg entschlossen, seinen Generalstabschef Wilson nach Paris, damit er mit seinem Kollegen Dubail die Maßnahmen für das gemeinsame Vorgehen treffe. Europa klirrte, Banken und Börsen registrierten die Verwirrung in den internationalen Handelsinteressen, Vermögen gingen verloren und tausende wurden ruiniert. Zum erstenmal offenbarte sich die Empfindlichkeit des Zivilisationsgebäudes und das Ungeheure der Gewalten, die dagegenstanden. Der Anlaß für die Entfesselung der Katastrophe wäre aber zu unpopulär gewesen. Frankreich hatte in Marokko schließlich nur 73 Millionen Pfund angelegt, Deutschland bloß 20 Millionen und die russischen Bahnen nach der deutschen Ostgrenze waren größtenteils noch eingeleisig. So kam es zu einer Verständigung, auf Grund deren Deutschland zur Abrundung seiner Kolonie Kamerun einen Strich des französischen Kongos erhielt, wofür es Frankreich in Marokko freie Hand ließ. Die Erfahrung aber, die Deutschland in diesen Wochen mit England gemacht hatte, wirkte weiter. Der Konservative Heydebrand, the most dynamic man of Germany, rief im deutschen Reichstag Ende 1911: Jetzt wissen wir, wo der Feind steht! Und er rief es im Vollgefühl der Tatsache, daß die Zeiten vorüber waren, in denen Palmerston den Deutschen hatte raten können, sie möchten mit den Wolken segeln, im übrigen aber hübsch zu Hause bleiben. In den USA stellte währenddessen der Regisseur Al Christie zum erstenmal eine Filmkamera in Los Angeles auf, ließ sich Rockefeller, als man ihm während eines Golfmatch die gerichtliche Auflösung seines Trusts mitteilte, nicht davon abhalten, das Match zu gewinnen, und veröffentlichte die Hearst-Presse, anläßlich der bevorstehenden Wahlen, die Photographie einer Quittung, die Roosevelt den Trustees für Bestechungsgelder ausgestellt hatte, der gleiche Roosevelt, der die Trusts eben in allen Straßen wieder als die Uebeltäter am Gemeinwesen verdonnerte. Zur Zeit liefen in den Staaten bereits über eine Million Autos und an der Tuck School in Dartmouth tagte eine dreitägige Konferenz über die Wissenschaftliche Betriebsführung, auf der Mr. Taylor den Einleitungsvortrag hielt.

Die zeitungslesende Menschheit befaßte sich gleich Kindern, die keine Sorgen haben, mit anderen Aufregungen. Als sie von der Entdeckung des Vitamins erfuhr, verfiel sie dem Schock, sich durch soundsoviele Generationen falsch ernährt zu haben. Die Arbeiter in allen Ländern, die sich in diesem Jahrzehnt erst das Wahlrecht erstritten hatten, kannten diesen Kummer auch ohne den Hinzutritt mikrochemischer Komplikationen. Der neunzehnjährige Lehramtskandidat Karl Lakner aber litt unter der abergläubischen Angst, seine Mutter würde den Tag nicht mehr erleben, an dem er ihr sagen könnte: nun hast du alles überstanden. Er hatte keinen Anlaß zu dieser Sorge, denn das kleine Weib fühlte sich durchaus gesund. Sie war nur sehr abgemagert und abgezehrt und die Füße schmerzten sie oft. Aber Karl hatte den Berg nun fast hinter sich. Es war ihm gelungen, ein schweres Jahr nach dem anderen zu überbrücken, obgleich der Vater auch weiterhin bloß eine Belastung gewesen war. Er hatte bestenfalls Hilfsarbeiterstellen gefunden und noch mehr getrunken. Da er aber die Mengen Bier nicht mehr bezahlen konnte, die er hätte konsumieren müssen, um den grauen Alltag zu vergessen, war er zu den konzentrierteren Schnäpsen und zu Rum übergegangen. Der Mann machte keinen guten Eindruck mehr, wenn er die Straße herunterkam. Dafür war Karl zu einem leistungsfähigen Menschen herangewachsen. Sein mageres Gesicht, aus dem die leichte Hakennase nun ausgesprochener vorstand, hatte zwar das Ebenmaß verloren und erinnerte, unter dem glatten, blonden Haar, an ein Vogelprofil, das Nachdenkliche aber gab ihm einen gehaltvollen Ausdruck. Diese Mischung aus innerer Gediegenheit und unzulänglichem Aeußeren galt für Karls ganze Erscheinung. Seine Gestalt war schmal geblieben, sein Gang unbetont, seine Geste gehemmt und sein Auftreten bescheiden. Ja, hätte sich seine Persönlichkeit nicht innerlich mit einer schönen, steten Glut gesättigt und nach idealen Gerechtsamen abgerundet gehabt, er wäre wohl ein etwas fadenscheiniges Exemplar Mensch gewesen. Nun wirkte er jedoch wie ein junger Mönch, der, was ihm an Körperrelief abgeht, in Ergriffenheiten gesammelt hat und inwendig voller Substanz und Figur ist. Der Weg, den Karl hinter sich hatte, war auch fast der eines Mönches gewesen.

84

Dieser Weg hatte die Frömmigkeit des Rasters mit den roten und schwarzen Dominoaugen wiederholt und es hatten Karl nicht zuletzt die Bücher von Mystikern und Asketen dabei geholfen. Er war von der Möglichkeit, die Umwandlung der sinnlichen Triebe in geistige Energie erzwingen zu können, überzeugt worden. Aber Karl war auf diesem Weg oft genug zusammengebrochen, denn es war wohl eine Vergewaltigung, als das Kind des Maurergehilfen Josef Lakner sein Herz mit Hilfe des Hermes Trismegistos und des Franz von Assisi aufrechtzuhalten. Der Areopagita, Duns Scotus und Jakob Böhme versagten in dieser Welt der Unterernährung, die das Heil zu einer Schulstunde über die Alkaloide, die Habeaskorpusakte oder Comenius herabminderte. Und die im übrigen nur aus Asphaltflächen, Mauerschächten, Straßenbahnen und Bogenlampen bestand, dahinter aber, als vermöchte jedes Atom der Luft entzündend zu wirken, unverwandt voll Betörung lag. So hatte Karl mit seiner Armut gehadert und einige Male sogar das Geld, das dem kleinen Weib zum Leben fehlte, zu Prostituierten getragen und jede Zuversicht und jeden guten Traum verloren. Allein über diesen Sündenfällen war sein junges Herz nur heftiger an das Gute verhaftet worden und sein redlicher Wille hatte sich schließlich durchgesetzt. Er war kein Heiliger geworden, doch hatte das auch nicht in seiner Absicht gelegen. Er liebte das Leben und das Leben hatte sich ihm auch wieder gütig zugewandt. Nicht im Gegenständlichen, wo es zwischen den Schnapsbudiken und Waschküchen, den Freitischen und Gelegenheitsverdiensten nach wie vor schlecht bestellt gewesen war, wohl aber im Gesamten, in der Atmosphäre. Dort hatte es den milden Schein wieder angenommen, der eine Verheißung umgibt.

Das war es: mit der Läuterung war der Glaube in Karl groß geworden, daß allem in der Welt und somit auch seinen eigenen Nöten und Sehnsüchten ein tiefer Sinn und eine unanfechtbare Gerechtigkeit zugrundelägen. Mit dieser Ueberzeugung war es nun gut durch die Straßen gehen und es war etwas Namenloses, dem kleinen Weib übers Haar zu streichen und zu scherzen, daß man nun bald zu dritt — hier dachte Karl an eine junge Blonde —, oder zu viert — hier dachte er an ein Kind — in ein Dörfchen draußen einziehen würde, wo Kinder zu unterrichten wären. Es gab also doch eine Macht, die das kleine Weib noch einmal unter den großen Himmel hinausführen sollte, und wahrhaftig, Karl Lakner, der sich durch die Haltung, mit der er seinen Drangsalen widerstand, eine nicht alltägliche Frische bewahrt hatte, ging in diesem Frühling 1912 wie ein Novize des Glücks durch die Straßen. In Berlin scheiterte um diese Zeit der letzte Verständigungsversuch mit London, Rußland schickte den Revolutionär Stalin, den Plünderer von Eisenbahnzügen und Banken, zum fünften Male nach Sibirien, das Hobart College in Geneva im Staate New York ernannte Frederick W. Taylor zum Ehrendoktor und die White Star-Linie kommandierte die Titanic gegen die Eisberge. Karl aber wurde von der Rauchfahne einer Lokomotive mit der Lieblichkeit berührt, die sie in Kinderbüchern hat. Sein Vertrauen in die sonnige Sicherheit der Welt war so groß, daß er selbst ihren drohenden Stimmen gegenüber eine verlegen weise Ungläubigkeit bewahrte. Als einige Zeitungen, die offenbar nicht auf der Höhe der Zeit standen, den Untergang der Titanic ein Strafgericht Gottes nannten, dachte er weder, daß das nicht die richtige Art sei, seiner Zeit ins Gewissen zu reden, noch daß ihr überhaupt

86

ins Gewissen zu reden wäre, sondern er betrachtete das Ereignis als einen Unglücksfall, an dem selbst die keine Schuld trügen, die den Rekord gewollt hatten. Denn, meinte er zu verstehen, Rekorde oder, gerechter ausgedrückt, große Geschwindigkeiten gehörten so sehr zu dieser Welt, daß man sie nicht abschaffen konnte, ohne diese Welt in ihrem Wesen zu treffen, das zweifellos imposant war. Auf diese Weise war Karl Lakner ein sehr williges Mitglied dieser Welt. In den USA, wo auf Grund einer tayloristischen Untersuchung gegen die Eisenbahnen die Anklage erhoben worden war, sie verschwendeten täglich eine Million Dollar, — was zur Folge gehabt hatte, daß der Taylorismus zum nationalen Schlagwort, zu einer Konjunkturangelegenheit geworden war, die zu nützen sich nun in jeder Straße „Reorganisationsingenieure" etablierten, — in den USA veröffentlichten der Konteradmiral John R. Edwards und andere originell denkende Männer Bücher gegen die Wissenschaftliche Betriebsführung. Sie sprachen von ihr als einem Fetischismus, in ihren Schriften standen Sätze wie: Die Rationalisierung, diese Hypertrophie des Strebens nach der Höchstleistung, ist bloß eine greisenhafte Entartung des Industriekörpers; oder: Die Rationalisierung ist der müde Ausklang einer Technik, die sich der Erschöpfung ihrer Problematik nähert. Von diesen Ansichten, die man als Nachgeburten der überwundenen Fin de siècle-Stimmung hinstellte, wurde Karl so wenig erreicht wie von der Sache, gegen die sie gerichtet waren. Aber er hätte sie als ungerecht empfunden. Seine Liebe zu allem Existierenden war schrankenlos und einfältig und bis zum Ende von gutem Willen beseelt. Im übrigen fügte er sich wie alle kleinen Leute gern in die Ueberzeugung, das große Getriebe würde durch die dazu Berufenen schon geordnet werden. In dieser Weise hatte sich Karl mit den Nachrichten auseinandergesetzt, die im Januar über das Scheitern der Verständigungsverhandlungen mit Sir Ernest Cassel aus Berlin gekommen waren, und so dachte er jetzt über den Abbruch der Besprechungen mit dem englischen Kriegsminister.

Dem Lord Haldane aber schoß für eine Sekunde ein tragisches Pathos in den Blick, als er von Berlin schied. Er hatte die unbedingte Neutralität nicht zuzusichern vermocht, auf der Deutschland bestand, falls es sich mit der englischen Seeüberlegenheit abfinden sollte, aber er hatte ganz Angola geboten, das Kaufrecht über den belgischen Kongo und, für eine britische Beteiligung an der Bagdadbahn, Sansibar und Pemba. Die Kräfte machten die letzten Anstrengungen, den Abgrund unter sich zu überbrücken. Allein: hatte sich jemals eine wachsende Macht mit der Ueberlegenheit einer anderen abgefunden? Wäre das, wie man die Dinge zu verstehen gewohnt war, nicht Widernatur gewesen, und hatten sich jemals, die zuerst am Platz waren, nicht gegen jene gekehrt, die nach ihnen heraufdrängten? In diesem Sinn waren die Bülow und Bethmann Hollweg, die Delcassé und Poincaré, die Aehrenthal und Berchtold, die Iswolski und Nikolaijewitsch, die Lord Grey und Lloyd George, die Pasic, Talaat, Enver Pascha und Sonnino alle nur Handlanger des Unvermeidlichen. Wie es Disraeli, Bismarck und Gortschakoff zu ihrer Zeit nicht anders gewesen waren. Augenscheinlich aber erfaßt die Menschen, wenn sie sich dem Unentrinnbaren nähern, ein rauschvoller Eifer. Schon Hegel hat sie die Geschäftsträger des Schicksals genannt und in jenen Tagen waren sie nicht mehr Handlanger, sondern fanatisierte Akteure. Als Karl mit Auszeichnung die Maturitätsprüfung

ablegte, fertigten Frankreich und Rußland ihre Marine-
konvention, verpflichtete sich England, die französische
Westküste zu schützen, und trug Poincaré den Wunsch
seines Generalstabs nach Petersburg, man möge sofort an
den Bau eines zweiten Geleises aller Bahnen schreiten,
die nach Deutschland führten. Bei dieser Gelegenheit
einigte man sich auch über die Kriegsziele, unter denen
Konstantinopel und die Meerengen die russische Gegen-
forderung für Elsaß-Lothringen bildeten. Wie sehr man
sich über seine Absichten im klaren war, zeigte auch
der Trinkspruch des Großfürsten Nikolai Nikolaijewitsch
auf dem Bankett, das die französischen Herbstmanöver
abschloß. Auf Wiedersehen, meine Herren, in Berlin,
sagte er.

Als Karl am 30. September endgültig wußte, daß er
in diesem Jahr wegen Ueberfüllung des Berufes keine
Anstellung mehr erhalten würde, waren alle Mächte
scheinbar ganz davon beansprucht, den drohenden Balkankrieg abzuwenden. Am gleichen Tag erhielt das
Sechste russische Armeekorps in Warschau die Weisung,
daß ein telegraphischer Befehl zur Anordnung der Mobil-
machung in den europäischen Militärbezirken gleichzeitig
als Befehl zur Eröffnung der Feindseligkeiten gegen
Oesterreich-Ungarn und Deutschland aufzufassen sei.
Hinter dieser Order stand die Erklärung Poincarés, daß
Rußland auf einen Angriff Serbiens durch Oesterreich mit
der Kriegserklärung antworten müsse und daß Frankreich ihm beispringen würde, sobald ein militärisches
Eingreifen Deutschlands erkennbar wäre. Aber es kam
nicht so weit, obgleich Serbien, Montenegro, Bulgarien
und Griechenland die Türkei in zwei Monaten geschlagen
hatten und das nicht nur eine Niederlage der preußischen

Militärs bedeutete, die die türkische Armee seit zwanzig Jahren geschult hatten, sondern der ganzen Orientpolitik, die dahinter stand. Es kam trotz der lebhaften Akklamationen in den Ententeländern nicht zur Entfesselung des Chaos, weil Deutschland, das seit zwanzig Jahren zwischen Besorgnis und Ueberhebung schwankte, noch einmal mehr zur Besorgnis neigte. Umso eifriger trieb man im Verborgenen die Minen vor. Als im Januar 1913 Fallières abtrat, wurde der Wahl Poincarés mit russischen Pressegeldern nachgeholfen, mit 3 Millionen Francs, die an den Gaulois ebenso abgegeben wurden wie an Millerands L'Aurore oder Clemenceaus La Lanterne. Die Franzosen beriefen den bedachtsamen Georges Louis aus Petersburg ab und sandten an seine Stelle Delcassé hin, der überdies mit Mitteln für den Bau der strategischen Bahnen versehen war. Zur gleichen Zeit beschloß die französische Kammer die Einführung der dreijährigen Militärdienstpflicht. Und am 6. Mai schrieb Sasonow, anläßlich zu weit gehender serbischer Ansprüche aus dem Balkankrieg, an den russischen Belgrader Gesandten, Baron Hartwig: Serbiens verheißenes Land liegt im Gebiet des heutigen Oesterreich-Ungarn.

Karl indessen stärkte sein Herz mit guten Gedanken gegen das neue Ungemach. Daß er im Herbst nicht sofort angestellt worden war, wirkte sich schließlich nicht sehr aus, weil er sofort wieder, wie in den Ferienzeiten der Seminarjahre, ganztägig in den Dienst der Pfandleihanstalt eintrat. Zu beklagen war nur, daß das kleine Weib nun ernstlich erkrankte. Ein heftiger Gelenkrheumatismus warf sie in einer Weise nieder, daß es den Anschein hatte, ihr Körper versage in dem Augenblick, da er es endlich tun zu dürfen glaubte. In diesem Winter

90

betete Karl es sich an jedem Abend vor, daß die Unsumme Leid im Leben seiner Mutter ohne einen guten Ausgang nicht denkbar wäre. Er unterließ auch nichts, der Kranken jede Erleichterung zu verschaffen. Er täuschte sie über das, was er aß, um zu sparen, und er übernahm jede Arbeit, deren er neben der Pfandleihanstalt habhaft werden konnte. Er schrieb bis in die Nacht hinein Noten ab und bemalte Kinderspielzeug. Karl dachte auch manchmal, wenn sich die lautlosen Stunden unter der Petrollampe schon in die graue Frühe hinüberzogen und er innen ganz hohl und kalt war, daß sich bisher noch immer etwas zwischen ihn und sein Leben geschoben hätte. Hernach sah er freilich zu der Kranken hinüber, wie man auf ein Kind schaut, und ihr blondes Haar ergriff ihn mit tiefer Rührung. Ihr Gesicht war von allen Säften verlassen, es war bräunlich wie das einer Mumie, aber zugleich herb zerklüftet, und die noch immer zärtliche Haarfarbe stand dazu in einem wehen Gegensatz. In solchen Augenblicken war Karl schon glücklich, wenn das kleine Weib schlief. Sie tat es freilich selten, schon weil seine Nachtarbeit sie peinigte; wie es auch täglich Kämpfe kostete, sie am Aufstehen zu hindern. So lag sie dann in den rot und weiß gestreiften Kissen und ihre Augen schwammen manchmal in Tränen. Karl konnte sie nicht hindern, in diesem langen Liegen auf ihr Leben zurückzublicken. Zurück auch bis in jene Nächte vor zwanzig Jahren, da es umgekehrt gewesen war. Da er als ein schielender Säugling in der Kommodenlade gelegen, in dem Kabinett drüben in Margareten, während sie die Zigarettenhülsen und Papierblumen gedreht hatte. Es war nicht besser geworden in zwanzig Jahren. Bei diesem Gedanken sandte das kleine Weib manchmal einen entsetzlich verarmten

Blick nach dem Mann hinüber, der in schwerem Schlaf in dem Bett neben ihr lag. Auch Karl ließ seine Augen mitunter zu dem schlafenden Mann hinüberwandern. Aber er empfand keinen Groll mehr. Er hatte sich damit abgefunden, diesen Mann als Opfer seiner Leidenschaft zu betrachten. Ja, er bedauerte und entschuldigte ihn. Und zwar tat Karl dies mit einem so einfachen und unbeeinträchtigten Gefühl, daß er eines Nachts den Einfall hatte, diese beiden Menschen wären, jeder in seiner Weise, seine Kinder geworden.

Karl glaubte auch zu entdecken, daß er die Welt, daß er den Sonnenschein, die funkelnden Straßen, das Menschengetriebe, den Himmel und das Laue in der Luft, kurz, daß er alles, das Leben, nur deshalb so liebe, weil es ihm das Elternhaus ersetzen müsse. Da er ein Daheim nicht gehabt hatte, suchte er es in der Welt, vertraute er sich dem Unendlichen an. Karl empfand die Richtigkeit dieser Erkenntnis so sehr, daß er den Atem anhielt und in die Lampe starrte. Seine Zuversicht wurde wieder inniger, als sie es die letzte Zeit gewesen war, denn sein Herz wähnte die Gerechtigkeit der Dinge durch diese Mutterschaft der Welt aufs neue bestätigt. Mit Hilfe dieser Gewißheit fand sich Karl auch mit dem Schlag ab, der ihn im Frühjahr in der Form der Assentierung traf. Seine Augachsen standen längst parallel, er wurde militärdiensttauglich befunden und hatte im Herbst beim Festungsartillerieregiment Nr. 1 zum Einjährigenjahr einzurücken. Du liebes Leben, Karl war auf alles andere eher eingestellt als auf das Soldatenspiel, aber er wollte gern seine Pflicht tun, wenn ihm nur die Mutter bis dahin erhalten blieb. Tatsächlich besserte sich der Zustand des kleinen Weibes über den Sommer und Karl ließ auch

Ersparnisse zurück, die sie wenigstens für eine Zeit des Arbeitens überhoben. Er selbst rückte im September in das Wiener Arsenal ein, in das Objekt 5. Er führte die 36 Briefe des französischen Toussaint-Langenscheidt im Gepäck, denn er hatte den Vorsatz, sich über das Jahr, damit es nicht ganz verloren sei, auf die Staatsprüfung in dieser Sprache vorzubereiten. Das würde ihm, nach dem zweijährigen Volkschullehrerprovisorium und der Ablegung der Lehrbefähigungs- und Bürgerschullehrerprüfung, die Möglichkeit geben, an der Bürgerschule auch Französisch zu unterrichten. So war Karl trotz allem im Herbst 1913 voll der besten Hoffnungen und auch die Welt, auf die er vertraute, beschäftigte ihre schärfsten Hirne noch mit dem Atommodell und den Jupitermonden, dem Echolot und ähnlichen Subtilitäten. Sie war überdies auf der äußersten Höhe ihres Gedeihens angekommen.

Sie förderte im Jahr fast eine Milliarde Tonnen Kohle und nahezu eineinhalb Milliarden Zentner Brotgetreide. Der Schiffsraum, der die Waren über die Meere trug, umfaßte 47 Millionen Bruttoregistertonnen, an denen Großbritannien mit 18,5, die Vereinigten Staaten mit 5,5 und Deutschland mit 5 Millionen teilhatten. Der gesamte Reichtum dieser Welt wurde auf 4000 Milliarden Mark geschätzt. Ein volles Zehntel davon war in Aktien und festverzinslichen Effekten erfaßt und nahezu ein halbes Prozent lag in der Hand Rockefellers. Wie Amerika, in das seit 1900 fünfzehn Millionen eingewandert waren und wider das die europäischen Kabinette bereits eine Schutzzollunion erwogen, überhaupt schon in dem Bewußtsein schwelgte, Gods own country zu sein. Seine jährliche Petroleumgewinnung betrug nun 250 Millionen Barrels (die Rußlands 63 Millionen), der Wert seiner industriellen

Produktion bezifferte sich jährlich bereits auf 20 Milliarden Dollar und Carnegies Witz, daß die Reichen der Fünften Avenue ihre Vermögen augenscheinlich ins Grab mitnähmen, da sie so wenig hinterließen, war überholt. Die Fordaktie war von 100 auf 50 000 Dollar gestiegen und der ehemalige Goldgräber William A. Clark wohnte in New York in einem Palast mit 121 Zimmern und 3 Kunstgalerien. Kurz, die USA, die ein Gesamtvermögen von 840 Milliarden Mark aufwiesen, zählten 4500 unanzweifelbare Millionäre.

Deutschlands Jahreseinkommen betrug 8,8 Milliarden Mark, sein Kapitalüberschuß, den es im Ausland angelegt hatte, 25 Milliarden. Deutschland war die atmende Brust Europas. Es war der beste Kunde von Rußland, Oesterreich, Italien, der Schweiz, Belgien, Holland und Norwegen, der zweitbeste von England, Dänemark und Schweden und der drittbeste von Frankreich. England führte nur nach Indien mehr aus und jedenfalls so viel nach Deutschland als nach Kanada und Südafrika zusammen. Allein Deutschland vermehrte auch ununterbrochen seine Menschenzahl, 1870: 40 Millionen, 1892: 50 Millionen, 1913: 68 Millionen. Und da dies, beim Charakter seiner Rasse, auch eine Steigerung in der Stoßkraft und im Anspruch bedeutete, war dadurch das Gesicht Europas nicht nur wirtschaftlich, sondern auch politisch verändert worden. Die erbeingesessenen Großmächte nannten Deutschland den Parvenü, aber sie fürchteten es auch als solchen. Demgemäß waren auch die europäischen Rüstungsausgaben in den letzten Jahren angewachsen. In Oesterreich für Heer und Marine von 378 auf 720 Millionen Mark jährlich, in Frankreich von 954 auf 1326 Millionen, in England von 1125 auf 1491 Millionen, in Rußland von 958 auf 2049 Millionen und in Deutschland von 965 auf 2110 Millionen. In den britischen Summen figurierten die Marineausgaben mit 625 und 925 Millionen, in den deutschen mit 321 und 481 Millionen. Diese Aufwendungen bedeuteten eine Mehrbelastung der Bevölkerung für Kopf und Jahr in Deutschland von 16 auf 31 Mark, in England von 20 auf 32, in Frankreich von 24 auf 33, in Oesterreich von 8 auf 14, in Rußland von 6 auf 11 Mark. Doch wurden diese Beiträge in jener Reibungslosigkeit geleistet, mit der jede Welt gemäß den ihr innewohnenden Kräften funktioniert.

Der deutsche Kavalleriegeneral Bernhardi veröffentlichte sein Buch: Deutschland und der nächste Krieg, im Jahr 1912. Er bewies darin, daß Deutschland der angreifende Teil sein müßte. Der Durchmarsch durch Belgien stand nach Graf Schlieffens Denkschrift (1892) seit 1898 fest. Aber erst 1914 brach die Konstellation zusammen, die die Lawine hielt. Nun allerdings wie ein Kartenhaus.

1914—1919

Die große Entladung

Ende 1913 gingen neuerdings 500 Millionen Francs für den Bahnbau nach St. Petersburg. Rußlands Schuld an Frankreich stieg damit auf 11 Milliarden. Der Revolutionär Stalin wanderte zum sechsten Mal nach Sibirien. Diesmal — da er aus Narym ebenso geflohen war wie aus Wologda und Ssolwytschegorsk — bis an das Ende der Welt, wo es Kureika heißt. Oesterreich stritt mit Rußland wegen dessen Bestrebung, Serbien und Montenegro zu vereinen, Deutschland geriet mit Rußland ob der Reformen in den armenischen Wilajets in Konflikt und die Tripel-Entente unternahm eine Demarche gegen die Militärmission des deutschen Generals Liman von Sanders in Konstantinopel. Als die gleiche jungtürkische Regierung den britischen Admiral Limpus zum Reorganisator der Flotte berufen hatte, war dies anders gelesen worden. Der Balkan blieb, trotz aller Verständigungen über die Bagdadbahn, das Trauma am Leib des Erdteils, den Daumier schon als eine auf einer Bombe balancierende Frau gezeichnet hatte. Im April 1914 wurde die dritte Haager Weltfriedens-konferenz auf 1917 verschoben, um welche Zeit bereits 8 Millionen Tote auf den Schlachtfeldern liegen sollten. Während der Begegnung des Zaren mit König Karol in Konstanza richtete Sasonow an Bratianu die Frage: wie sich Rumänien im Falle eines bewaffneten Zusammen-stoßes zwischen Rußland und Oesterreich-Ungarn verhal-

96

ten würde, wenn Rußland durch die Umstände gezwungen sein sollte, die Kriegsaktion zu eröffnen. An diesem Apriltag kehrte der einjährige Titular-Korporal Karl Lakner mit der Freiwilligenabteilung des Ersten Festungs- artillerieregiments aus Krakau zurück, wohin sie auf einen Monat zur Festungsdienstübung abkommandiert worden waren. Er sah mit Ungeduld dem September, dem Ab- schluß dieser ungewöhnlichen Abenteuer entgegen, denn zu Hause stand es nicht gut. Der Vater verwahrloste und das kleine Weib schleppte sich siech in die Waschküchen.

Da wurde am 28. Juni in Sarajewo der österreichische Thronfolger, der Mann des Trialismus, ermordet und damit war das Daseinsgefühl des Erdteils wie durch einen Blitzschlag verändert. Der Täter, ein serbischer Panslawist, war zwar österreichischer Staatsbürger, doch erwies sich dies als ebenso gleichgültig wie — zumal da man das erst später erfuhr —, daß Pasic um das geplante Attentat gewußt hatte und der eigentliche Drahtzieher in dem Obersten Dimitrijewitsch, dem Nachrichtenchef des serbischen Generalstabs, zu suchen war. Die europäische Menschheit, die Diplomatie und die Völker verzeichneten einfach die Explosion, auf die sie seit zwanzig Jahren mit Bangen und Ungeduld gewartet hatten. Die Kabinette fielen in die Hysterie und den Eifer eines rasenden Notenwechsels und die Völker schrien, eins ums andere, nach Krieg. Sie wurden daran auch durch die internationalen Institutionen nicht gehindert, durch die Kirche so wenig wie durch die Kunst oder die Wissenschaft. Auch über das Proletariat ging die Woge hinweg. Das Nationale, das mithin noch einen Sinn in der Welt haben mußte, erwies sich stärker als die sozialistischen Kongreßbeschlüsse von Stuttgart, Kopenhagen und Basel. Das Proletariat zauderte kaum bis zur Ermordung Jaurès' und der Aechtung Liebknechts und MacDonalds, die Kriegskredite zu bewilligen. Jede Nation ist mit der brennenden Fackel durch die Straßen Europas gerannt, sagte Jaurès, der beste Europäer jener Tage. Und Viktor Adler, der Führer der Sozialdemokratischen Partei Oesterreichs: Ich muß leider gestehen, der Krieg ist auch bei der Arbeiterschaft populär. Die Biologen fanden das natürlich, obgleich gerade ihr Hinweis: Krieg sei an das Phänomen der Vorratswirtschaft gebunden, ein schmerzliches Licht auf die allgemeine Entschlußfreudigkeit warf. Um so überzeugender war die Ansicht der Psychoanalytiker, die im Kriegsenthusiasmus den Wunsch erblickten, sich für die Hemmungen, die die Zivilisation auferlegt, schadlos zu halten. Denn bekanntlich ist der Mensch auch eine Bestie. Diese Erklärung hätte Karl empört, denn er war gleichfalls für den Züchtigungsfeldzug entflammt.

Er reagierte in der Tat durchaus gesund im zeitgemäßen Rahmen. Wenn ihn etwas dabei beeinträchtigte, war es lediglich die Sorge um seine Mutter. Allerdings redete man ihm die bald aus. Es sei selbstverständlich, erklärten ihm die Kameraden, daß das Vaterland für die Daheimgebliebenen zu sorgen hätte. Uebrigens würden sie, die Einjährigen, im Kriegsfall bald Offiziere sein und eine honette Gage beziehen. Und schließlich läge es auf der Hand, daß man zu Weihnachten wieder zu Hause sein würde. Selbst wenn die Moskowiter sich einmengten. Denn über die würden neben den Deutschen (Fürst Bülow: Nibelungentreue!) auch die Japaner herfallen. Auch könne ein moderner Krieg nicht länger als einige Monate dauern. Kein Staat, hätten die Nationalökonomen ausgerechnet, würde ihn länger bezahlen können; auch sei das erst kürzlich, in der Einjährigenschule, mit Bezug auf die weittragende moderne Artillerie und ihre Brisanz oft genug diskutiert worden. Das alles leuchtete Karl ein. Noch mehr aber als diese tröstlichen Hinweise beeindruckte ihn der festliche Drang, der alle ergriffen hatte. Treitschkes Satz vom Krieg, der ein Gesundbrunnen des Volkes sei, schien sich erstaunlich zu bestätigen. Wenn Karl seinen eigenen Zustand daraufhin untersuchte, fand er sich wie durch ein Mirakel und nun erst zum Leben erwacht. Er fühlte sich um zehn Jahre reifer und zugleich von einer siegfriedhaften Jugendlichkeit. Wie rundum plötzlich alle Probleme von gestern leicht wogen, so war auch von ihm der Druck gewichen. Mochte sich die Woge nur nicht wieder verlaufen.

Die Woge verlief sich nicht mehr. Der gewöhnliche Schulunterricht der Einjährigen des Festungsartillerieregiments wurde abgebrochen, man unterwies sie nun auch im Wundenverbinden. Und nachts beim Wachdienst hörten sie das unaufhörliche Rollen der Lastzüge, die mit Mobilisierungsmaterial in das Arsenal einliefen. Am 6. Juli umschrieb Franz Josef I. die Notwendigkeit, Serbien, falls man den Balkan unter das mitteleuropäische Protektorat bringen wolle, als politischen Faktor austilgen zu müssen, mit dem Satz: Das Streben meiner Regierung muß von jetzt ab auf die Isolierung und Verkleinerung Serbiens gerichtet sein, und Wilhelm II. hieb an den Rand eines Berichtes seines Wiener Botschafters Tschirschky, in dem dieser vom allgemeinen Wunsch der Oesterreicher sprach, mit Serbien endgültig abzurechnen, die inhaltsschwere Begutachtung: Jetzt oder nie! Am 22. Juli erzählte die Großfürstin Anastasia in Petersburg dem französischen Botschafter Paléologue, ihr Vater (der König von Montenegro) habe telegraphiert, vor Monatsende werde der

Krieg ausbrechen. Aus eigener Phantasie fügte sie hinzu: von Oesterreich wird nichts übrig bleiben, die Franzosen werden Elsaß-Lothringen zurücknehmen, Deutschland wird vernichtet werden. Tatsächlich mobilisierten am 25. Juli, noch ehe Oesterreich zu der Antwort Stellung genommen hatte, die ihm auf sein Ultimatum von Serbien zugegangen war, beide Staaten und am 26. wurde für das ganze europäische Rußland die Kriegsvorbereitung angeordnet. Am 28., dem Tag der Kriegserklärung Oesterreichs an Serbien, wurde Karl nach Krakau einwaggoniert. Er hatte Eichenlaub an der Kappe und Tränen der Erschütterung in den Augen, als er dem kleinen Weib auf dem Perron zum letzten Mal zuwinkte. Der Bahnhof, von Blumen überregnet und von patriotischen Liedern durchdröhnt, war sonntäglich wie eine Dult. Zur gleichen Zeit schlachtete in Aix-les-Bains, im Hotelzimmer eines französischen Diplomaten, eine nackte Frau, die Spionin „Gloria", einen Hahn. Sie signalisierte, während ihr der Hahn die Arme zerkratzte und der Marquis sich in Wollust wand, mit ihrem Geschrei ihre Komplizen, die den alten Herrn dann als offenbaren Lustmörder abführen ließen, allerdings nicht ohne ihm vorher im allgemeinen Wirbel jenes Papier aus dem Westenfutter geschnitten zu haben, mit dem Italien Frankreich zusicherte, daß es die Bedingungen des Dreibundvertrages nicht als gegeben erachte. Während der deutschen Flotte erst „Sicherung" angeordnet war, bezog die britische grand fleet ihre Kriegsstationen. Die Untersuchungen, ob der Krieg zu vermeiden sei, konnten nicht zu Ende geführt werden; an ihre Stelle traten die durch den Mechanismus der Militärapparate bedingten Entschlüsse. Am 1. August erklärte Deutschland an Rußland den Krieg, am 3. an Frankreich und Belgien und am

100

4. erfolgte die Kriegserklärung Englands an Deutschland. Den 118 Millionen Menschen der Mittelmächte standen 258 Millionen der Alliierten gegenüber. Im Pekuniären waren das 460 Milliarden Mark gegen 860 Milliarden, im Militärischen vorläufig 6 Millionen Soldaten gegen 10 Millionen.

Dessenungeachtet stand Anfang September die Siebente deutsche Armee vor Epinal, die Sechste vor Nancy, die Fünfte mit der Vierten fast im geschlossenen Kreis um Verdun; die Dritte, die Zweite und die Erste, über Arras, Amiens und Meaux hinauslaufend, hatten die Marne überschritten und kämpften im Festungsbereich von Paris. Allein es war schneller gesiegt worden — bei Mülhausen und in Lothringen, bei Lüttich, Brüssel, Mons, Solesmes und Le Cateau, bei Sedan und im Argonnerwald, bei Namur, Charleroi, Saint Quentin, Dinant, Givet, Rethel und Chalons —, es war schneller gesiegt worden, als die Heeresleitung mit ihren Anordnungen und die Transporte mit den Reserven und Materialien hatten nachkommen können und im Osten waren die Verbündeten hinter die Weichsel und hinter Lemberg zurückgeworfen worden. Das deutsche Oberkommando zog Kräfte von Westen ab und das österreichische stellte seine Formationen zwischen Magierow und Stryj, in einer von vornherein verlorenen Position, zum neuen Angriff. Hier wurde mit einer 12-cm-Kanonendivision auch der Kadett Karl Lakner eingesetzt. Bisher war er in Krakau Kommandant des Noyeau-Zwischenwerks Kawiory gewesen. Mit einem Gefühl der Beschämtheit, auf einem abgelegenen Platz Schanzarbeiten zu kommandieren, während durch den Bahnhof bereits die Verwundetentransporte rollten und Namen wie Krasnik und Komarow schon Ehrfurcht erweckenden Klang hatten.

Wahrhaftig, Karl war wie jeder voll Ungeduld, an den Feind zu kommen. Ihn beunruhigte das Wort Kaiser Wilhelms, daß die Heere, wenn die Blätter fallen würden, wieder zu Hause wären. Und dann war Karl nicht derselbe geblieben. Der Kommiß mit seinen Strapazen hatte das Animalische an ihm trainiert und aufgefüttert und der Offiziersrang hatte ihn vom Druck der proletarischen Kindheit befreit. Zudem war beim Militär alles so zum Apparat gedrillt, daß sich jeder auf seinem Platz sicher fühlte; so stand es Karl zu, seinen Rang mit allen Impulsen seiner einundzwanzig Jahre zu genießen. Der Krieg hatte ihm überdies die Sorge um die Mutter abgenommen. Da auch der Vater seiner Charge wegen eingezogen worden war, wenngleich vorläufig nur zu einem Kader in Kaiser-Ebersdorf bei Wien, bezog das kleine Weib den staatlichen Unterhaltsbeitrag. Das waren bloß ein paar Kronen, doch mit Karls Gage, die er fast unangetastet heimschickte, ergaben sie eine Summe, wie sie seiner Mutter nie zur Verfügung gestanden hatte. Vor allem aber fiel die Belastung durch den Mann nun weg. Karl war überzeugt, seine Mutter hatte es nie so gut gehabt wie in diesen Kriegstagen, und damit blieb auch für ihn nichts zu wünschen übrig. Es wäre denn das von der Stunde Gebotene gewesen: ein triumphaler Ausgang des Krieges und sein geziemender Anteil daran. Jenun, die Heeresleitung war im Begriff, ihn zumindest auf die Straße dahin zu stellen. Sie setzte ihre Festungstruppe in letzter Minute als schwere Feldartillerie ein. Der allgemeine Rückzug mußte aufgefangen werden. Für Karl begann das mit einer 48stündigen Bahnfahrt. In der zweiten Nacht, in der sich der Zug dem Bereich Lembergs näherte, erhielten die Offiziere unter dem heraufkommenden Rumoren der Artillerieschlacht ihre

102

Instruktionen. Auch Karl hörte das drohende Wrom..wrom, und er empfand es als einen unerhört männlichen Ton.

Schließlich wurde der Transport, vor Morgengrauen noch, außerhalb des Bahnhofs von Grodek abgesetzt. Die Nachtluft schlug ihnen unwirtlich entgegen, obgleich es erst Anfang September war, und der Ton der Kanonen stand lauter über ihnen. Während sie auf das Eintreffen der Geschütze warteten, stocherten wie immer einige in der Umgebung herum. Auch Karl ging in der Dunkelheit nach vorn. Da war der Bahnhof von Grodek bis in den letzten Winkel mit einer etwa vierzig Zentimeter hohen Schicht Holzwolle bedeckt und darauf lagen, Körper an Körper, jammernde Verwundete. Im Anblick dieser Ansammlung leidender Leiber fühlte sich Karl für eine Sekunde ganz gewichtlos werden. Er sah über den erbarmungswürdigen Trubel hin und empfand das Gerade der Pfeiler dazwischen und das Regelmäßige des elektrischen Lichts als eine aufreizende Armseligkeit. Schon diese Handvoll Krieg sprengte jeden Rahmen der Welt. Sie gingen verändert zurück. Mit der Erfahrung, daß ihre Phantasie vom Krieg, wie jede Phantasie, nicht einmal einen Berührungspunkt mit der Wirklichkeit gehabt hatte. Hier wurde in einer ungeheuren Einfachheit, aber in Massen und furchtbar zugrundegegangen. Hatten sie das nicht in Rechnung gestellt? Unversehens nahm das Frontgefühl, das Gefühl des Ausgesetztseins von ihnen Besitz. Der einzige Halt in dieser blauen Frühe, die die befremdlichste war, die sie je erlebt hatten, — der einzige Halt war nun plötzlich, daß es hier von ihresgleichen wimmelte. Aber wie der rumorende Himmel über allen hing, war das, als sei man an den Rand eines saugenden Strudels gestellt, in dem jede Zuflucht aufhören würde.

Karl konnte es nicht verhindern, sich unvermittelt als barfüßigen Jungen zu sehen. Neben einer anheimelnd verwitterten Friedhofsmauer, hinter der steinerne Engel im Gras und in der Sonne knieten. Wurden sie so klein, daß sie mit ihren Vorstellungen in die Kindheit flüchteten, daß sie sich bedauerten? Die Geschütze waren eingetroffen und man hatte wieder als Soldat zu funktionieren. Die 4000 Kilogramm schweren Dinger, die in Krakau mit Kranen in den Zug gehoben worden waren, mußten nun durch die Mannschaften über die Loriwände und auf die Straße hinausgeschafft werden. Karl wurde zwischen all der Plackerei das inwendige Zittern nicht mehr los. Wo war die Kampfbegier, mit der er vor 48 Stunden das Zwischenwerk Kawiory verlassen hatte? Er wankte in dem vernichtenden Bewußtsein umher, ein Versager, ein von seiner eigenen Natur Betrogener, eine Schande der Armee zu sein. Wo nur war das Bestimmende, das ihm wieder den inneren Halt geben konnte? Das Kommando war an die Dinge übergegangen und sie brauten ohne Aufenthalt an dem Verderben weiter.

Am Morgen stand die Batterie, formiert und auf ihre Pferde wartend, in einem nervenaufreibenden Rummel auf der Straße. Ueber ihr kreisten Flugzeuge, die an den Pfauenaugen als russische erkannt und lebhaft beschossen wurden. Neben ihr gingen mit Gehetz Munitionskolonnen vor. Auf einem Pionierparkplatz in der Nähe, der an den ausgeladenen Pontons zu erkennen war, explodierte, an einem der noch brennenden Lagerfeuer, eine Kiste Gewehrpatronen, was den gräßlichen Wirrwarr noch steigerte. Und von dem überhöhten Grodek fluteten unaufhörlich Verwundete zurück. Dort oben also verlief die Linie, an der die Welt aufgerissen war. Karl sah auf die verschreckten

104

Gesichter seiner Kameraden und empfand sie in ihrer Blässe als Spiegelbild seines eigenen. Wie aber konnte er hoffen, daß irgend etwas den Ablauf der Dinge unterbrechen würde?

Inzwischen wuchs das Gewimmel vor den Roten-Kreuz-Zelten auf den nahen Wiesen und über Grodek platzten die ersten Schrapnelle. Die Schlacht trat in den Gesichtskreis, die Schlacht rückte einem auf den Leib. Karl stand fassungslos neben seinem Pferd. Sein Kopf war wie von einem Film von Erinnerungsbildern durchregnet. Er sah seine Mutter, die Sonne über den Bänken des Lehrerseminars, seinen Vater, wie er aus dem Wagen der O-Linie sprang, das Gitter und die Bäume des Maria-Josepha-Parks. Und er dachte, daß dies nun alles von einem namenlosen Glanz übergossen, daß es aber für ein Leben zu wenig sei. Er wurde ganz dumpf dabei vor Scham, aber das Herz klopfte ihm bis in den Hals. Es war einfach nicht anders, als daß er sich wie ein wehrloses Tier vorkam, das zur Schlachtbank gezerrt wurde. Gegen Mittag kam der Befehl, die Batterie auf der ansteigenden Straße in den Schrapnellregen hineinzuführen. Zwei Minuten später fielen die ersten Leute von den Sattelpferden. Da übergab der Bespannungshauptmann, der bisher an der Tete geritten war, Karl, als dem feuerleitenden Offizier, das Kommando. Der Mann hatte keine Lust, sich für eine Verantwortung zu exponieren, die ihn im Augenblick nichts anging. Er ritt weg, für die Pferde Quartier zu machen. Karl aber befahl er, die Batterie wieder ein Stück zurückzunehmen.

Das bedeutete ein zweimaliges Umkehren mit sechsspännigen Fuhrwerken auf einer Straße, die nicht allzubreit war und auf der es in immer kürzeren Zwischen-

räumen wie von Hagelschauern in die splitternden Obst-
bäume hieb. Beim Train entstand eine Panik, die die
Straße unentwirrbar verstopfte. Karl erblaßte bis ins
Zahnfleisch. Ueber die Felder links und rechts knallten
leichte Feldhaubitzenbatterien vor, die er nun wie nichts
in seinem Leben beneidete. Und um das Maß vollzumachen,
pflanzte sich ein Generalstabshauptmann mit angeschla-
gener Pistole vor ihm auf, der ihn der Flucht verdächtigte.
Auf dieser Höhe des Wirrsals schlug Karls Erregung in
eine fatalistische Ruhe um. Er sah eine Sekunde schwermütig über alles hinweg nach dem Wald, der drüben
lichterloh brannte. Die Erkenntnis seiner Ohnmacht gegenüber den Dingen verschaffte ihm plötzlich Distanz zu
ihnen. Wir sind, dachte er, rapid alternd, alle wahnsinnig
vor Angst. Damit aber war Karl auch der Moral wieder
aufgeschlossen, die ihn durch sein ganzes Leben geleitet
hatte. Und jene, dachte er, indem sein Herz einen heißen
Sprung tat, werden die wahren Generalstabsoffiziere sein,
die die große Not, in die wir alle geraten sind, mannhafter
tragen, beispielgebend für die anderen. Und diese wahren
Generalstabsoffiziere, erweiterte er seinen Gedanken zur
Idee, bildeten den Inbegriff der Nation, auf ihren Schultern ruhte die Geschichte des Vaterlandes und das Geschick der Heimat.

Als gegen zwei Uhr ein verwundeter Korporal die
Straße herabkam, der die Geschützstaffel in die Stellung
wies, ritt Karl unbeirrbar wie ein Kreuzritter voran. Oder
genauer gesagt mit jenen Musterschülergefühlen, die
immer die vornehmste Energiequelle der Menschheit gewesen sind, wenn sie in besondere Schrecken hineintobte.
Die Batterie passierte den Hauptplatz von Grodek, der
an vier Erhängten zu erkennen war, und bezog ihre

Stellung. Die Geschützstände waren in einem Krautacker eingerichtet, der jenseits der Höhe hinter einem Bauernhaus lag. An die zweihundert Meter vor ihnen standen Haubitzen, noch weiter vorn Feldkanonen und fern unten waren an den hellen Strichen des ausgehobenen Lehms partienweise Schützengräben zu erkennen. Dies war eines der Schlachtfelder von 1914, in denen sich keine Erfahrungen, sondern die Leitsätze der taktischen Handbücher spiegelten. Das machte die Schlachten besonders blutig und hier wurde überdies mit einem Materialaufwand gekämpft, der für die Zeit abnorm war. Der Tumult, der sich andauernd steigerte, schien in keinem Verhältnis zu den Menschen zu stehen, die die weite Mulde in lockeren Schwärmen durchwimmelten. In den Bodenwellen hämmerten die Maschinengewehre, der Himmel füllte sich mit Schrapnellen und alle Hänge lagen unter schwerem Granatfeuer. Als Karl erblassend den Rest des Lattenzauns niederritt, überraschte ihn das Geschrei von Hühnern, die sich in der Nähe auf einen Baum geflüchtet hatten. Die Helme einer Dragonerpatrouille aber, die er, scharf gegen den grauen Himmel abgezeichnet, hinter sich auf dem Kamm sah, regten ihn zur Abenteuerliebe der Indianerbücher auf. Gegen halb vier war sein erstes Geschütz feuerbereit, gegen halb sechs das vierte. Er erhielt den telephonischen Befehl zum Feuern und gab ihn weiter. Die Batterie hatte sofort vierzigmal in der Stunde zu schießen.

Vierundzwanzig Stunden später, während deren keine Ablösung gewesen war und niemand in der Batterie ein Auge geschlossen hatte, waren die Haubitzen und Feldkanonen im Vorfeld fast alle zertrümmert und war das Bauernhaus vor den Geschützständen nur noch ein Ziegelhaufen. Seit dem Morgen trat der Krieg nicht mit der Aestetik eines Dragonerhelms über die Schwelle der Ergriffenheiten, sondern mit grauenhaften Blessuren. Die Hühner auf dem Baum lebten noch, aber die Batterie hatte zwei Geschütze und die Hälfte der Offiziere und Mannschaften verloren. Um diese Zeit drückten die Russen den linken Flügel der Armee auf Rawaruska zurück und dem Kern bei Grodek drohte die Umgehung. Karl, der sich kaum mehr aufrechthalten konnte, ahnte von dieser Gesamtlage nichts, aber erkannte an den fortwährenden Zieländerungen, daß der Feind auf der ganzen Linie im Angriff sein mußte. Und nun erst wurde der Batterie: Ausfeuern! befohlen, Schießen ohne Unterbrechung. Dieser elfte September, der blau und voll Sommerhitze war, dieser letzte Tag der zweiten Lemberger Schlacht, holte aus allen Beteiligten das Letzte heraus. Hier arbeitete nicht mehr eine Batterie, in der eine Idee wirksam war, sondern hier taumelte eine Handvoll in Schweiß gebadeter, über und über bedreckter Männer zwischen Leichen und auffliegenden Munitionsunterständen, zwischen der um und umgeschaufelten Erde und den springenden Geschützen in einem wunden Rasen hin und her.

Diese namenlose Not erreichte ihren Höhepunkt, als um sechs Uhr endlich der Befehl: Ausbauen! kam und unter der irrsinnig herschlagenden russischen Artillerie die Trümmer der demolierten Geschütze verladen werden mußten. Der zerschmetterte Rest der Batterie stand dann bis nach Einbruch der Dunkelheit wartend auf einem Feldweg. Formation um Formation zog vor ihr ab und unaufhörlich heulten die russischen Fernlagen über ihr hin. Als dann die Batterie endlich auf die Straße hinabkam, war diese bereits durch mannshohe Schotterhaufen versperrt. Pioniere schrien aufgeregt um Eile, sie müßten die Brücken sprengen. So mußte die zu Tode erschöpfte Batterie, abermals in Schrapnellfeuer geratend, den Schotter auseinanderpaddeln, um für die schweren Fuhrwerke einen Durchlaß zu gewinnen. Es ging schräg an dem Grodeker Bahnhof vorbei und pausenlos in einen 24stündigen Eilmarsch hinein. Das bedeutete die dritte schlaflose Nacht. Erst am folgenden Mittag wurde zur Menagierung eine Stunde Rast gemacht. Ohne Aufenthalt ging es bis zehn Uhr abends weiter, ehe man vor dem Bahnhof von Mosziska Halt machte. Hier erlitt Karl einen Nervenzusammenbruch. Als das Rattern, das die schweren Räder auf der geschotterten Auffahrtsrampe hervorriefen, an sein Ohr schlug, meldete er Maschinengewehrfeuer. Der Hauptmann, selber grau im Gesicht, tätschelte ihm die Wange und ließ ihn ablösen. Karl schlief dann im Zug ein, während er sich den ersten Schuh aufschnürte. Die zerschlagene Division wurde nach Krakau geführt, das Gros des Heeres wich unter dem Druck des Gegners bis auf die Karpathen zurück. An diesem 12. September war auch die Marne-Schlacht verloren gegangen und die deutschen Armeen waren auf die Somme-Aisne-Linie zurückgenommen worden. In London hatten indessen die Vertreter der Ententemächte ein Abkommen unterzeichnet, keinen Sonderfrieden einzugehen.

Die Armee Hindenburgs hatte dagegen in Ostpreußen bei Tannenberg die russische Narew-Armee vernichtet und an den masurischen Seen die Njemen-Armee schwer geschlagen. Das gab die Möglichkeit, zur Entlastung der Oesterreicher von Oberschlesien aus anzugreifen. Hindenburg formierte seine Hauptkräfte zwischen Beuthen und Krakau und die österreichischen Armeen gingen abermals gegen die Weichsel und den San vor. So wurde Karl bereits nach einigen Tagen mit seiner aufgefrischten Division wieder nach Tarnow einwaggoniert. Auf dem Weg vom Bahnhof nach der Stadt mußte die Batterie auf einen Brückenbau warten. Karl sah fast die ganze Erste österreichische Armee aufmarschieren. Er konnte angesichts des Schauspiels nichts anderes denken, als daß sie nun wieder in die große Mühle geworfen würden. Zunächst gerieten sie in ein Inferno des Schlamms. Auf dem Vormarsch, der vierzehn Tage durch Regen und grundloses Land führte, sah Karl niedergebrochene Pferde, die, hätte man sie nicht herausgezerrt, im Straßenschlamm erstickt wären, weil sie zu erschöpft waren, den Kopf noch einmal hochzuarbeiten. Der Vormarsch selbst wickelte sich täglich mit dem gleichen Programm ab. Vormittags Eilmarsch, nach Mittag Stellungsbau, dann bis zum Abend Beschießung des weichenden Feindes und schließlich Nächtigung im Freien, weil alle Quartiere von den leichteren Formationen schon überfüllt waren. Da man in der Sommeruniform in dem ewigen Regen auch bitterlich fror, bedeuteten diese Nächtigungen die Grenze des Erträglichen. Tatsächlich war es nicht nur für die Menschen, sondern sichtlich auch für die Tiere ein Erlebnis, als unter Hufen und Schuhen das Pflaster Jaroslaus aufdröhnte.

Aber hier schaltete der Krieg seine anderen Register wieder ein. Schon die Beziehung der Stellung am Bahndamm kostete Menschenleben. Es war dabei unvermeidlich, unter dem Feuer des Gegners, der sich am San verschanzt hatte, den Exerzierplatz von Jaroslau zu passieren. Karls Batterie lag dort dauernd unter Flanken-Maschinengewehrfeuer. Der Kommandant der Batterie fiel in einem Augenblick, in dem Karl Meldung erstattete. Karl selbst erhielt einen Streifschuß und tat eine Woche mit verbundenem

110

Kopf Dienst. Das Eindrucksvolle war jedoch ein Armee-
befehl, der darauf aufmerksam machte, daß die Truppe, da
sie hier überwintern würde, bei der Beschaffung des dazu
Notwendigen keine Kosten zu scheuen brauche. Damit
war das Wort von den Heeren, die wieder zu Hause wären,
wenn die Blätter fallen würden, erledigt. Uebrigens hätte
sich das Schicksal für diese Feststellung keinen passen-
deren Platz aussuchen können als dieses dämonisch trost-
lose Jaroslau. Alle Fenster der Stadt waren zerschlagen
und aus den Sümpfen der Umgebung und den kadaver-
vergifteten Brunnen dampfte die Cholera. Auch hatte Karl
durch die Verwundung den letzten Rest seiner inneren
Spannkraft eingebüßt. Die kindliche Hoffnung nämlich,
daß er zu den Gefeiten gehören würde.

Ende Oktober wuchs der Druck des Gegners. Am 31.
wurde Karl als Beobachter in den Kirchturm von Tuczepi
kommandiert. Diese Kirchtürme waren besonders dann
der Beschießung aus allen Kalibern ausgesetzt, wenn sie
eine Rote-Kreuz-Fahne trugen. Hier kam noch hinzu, daß
die cholerakranken Dörfler unter die schirmende Flagge
gekrochen waren und die Kirche und die Treppenabsätze
besetzt hielten. An diesem Morgen griff Karl, ehe er mit
seinen Instrumenten den Turm hinaufstieg, zum ersten Mal
zum Alkohol. Zur gleichen Stunde brach der Großfürst
Nikolai Nikolaijewitsch mit 30 Armeekorps im Raum zwischen Warschau und Ivangorod vor, was die Offensiv-
armeen neuerdings zum Rückzug auf die schlesische
Grenze zwang. Es dauerte bis zum Abend, bis sich die
Aufrollung der Front im Jaroslauer Abschnitt auswirkte.
Nun wußte Karl zwar, daß eine Granate, selbst wenn sie den
Turm durchschlug, und das geschah zweimal, nicht unbedingt Folgen haben mußte; allein vom Mittag an legten

es die Russen darauf an, den Turm durch die Zerstörung der Kirche niederzulegen. Sie rissen auch zwei Mauern ein, unter den Cholorakranken eine gräßliche Metzelei anrichtend. Dennoch versah Karl noch seinen Dienst, als von einer Sicht keine Rede mehr war. Er erfüllte seine Pflicht sozusagen über jede Eventualität hinaus und um so peinlicher, je mehr ihn das blinde Entsetzen schüttelte und je verächtlicher er sich vorkam. Abends dann, als er wieder herabstieg, tat er es allerdings in einer Abgespanntheit, in der ihm selbst die Cholera gleichgültig war. Er trat, ohne auf das warnende Kalkkreuz neben der Tür zu achten, in ein Haus und wärmte an einem Herd, über dem eine Million Fliegen summten, eine Gulaschkonserve. Ehe er sich jedoch auf das Stroh hinfallen lassen konnte, wurde er von einem Gefreiten aus seiner Willenlosigkeit herausgeschrien.

Diesmal wurde die Division nur bis Tarnow zurückgenommen. Karl erhielt bei einer grauhaarigen jüdischen Dame Quartier und erlebte ein paar farblose Tage, die um so ungewisser waren, als vom Bahnhof fortwährend Truppen abgingen. Dann stand bei der Heeresleitung fest, daß sie auch Tarnow preisgab. Der Entschluß mußte ihr reichlich spät gekommen sein, denn der Division stand keine Zugsgarnitur mehr zur Verfügung. Sie mußte auf eigene Faust und in Gewaltmärschen Krakau zu erreichen suchen. Wie sehr Eile nottat, bewies eine Kosakenpatrouille, die sie am ersten Tag plötzlich vor sich auf der Straße hatte. Der Wettlauf mit dem heranwälzenden feindlichen Heer über die Berge von Gdow dauerte fünf Tage. Am Abend des fünften Tages wurde die Division in Krakau erstaunt aufgenommen, man hatte sie bereits gefangen gegeben.

Wenn Karl aber gehofft hatte, sie würden nun einige Tage verschnaufen können, dann hatte er die Rechnung ohne Rußland gemacht. Die Batterie wurde in der bereits bedrohten Festung sofort als mobile Geschützreserve verwendet. Das heißt, sie wurde bei Ausfällen, am äußeren Gürtel und wo immer der Feind nun anrannte, eingesetzt. Bei Michalowice erlebte Karl es zum erstenmal, was es hieß, ohne jede Deckung auf verschneitem Feld aufzufahren. Bei Wieliczka machte er als Beobachter 36 Stunden im vereisten Schützengraben Dienst und legte sich dann, weil ihm der Weg ins Quartier zu weit war, in ein Bauernhaus zu einer Schar anderer, die sich am nächsten Tag als Tote erwiesen. Und bei Prusy, wo eine Landsturmdivision unter dem Maschinengewehrfeuer sofort wieder in den Graben zurückwich, hörte Karl einen General sagen: sie wollen heute nicht anbeißen. Aber daß der Krieg nichts weiter als ein gigantisch trostloses Handwerk war, wußte Karl schon seit Grodek. Dennoch hielt er selbst hier, in Krakau, die Idee, die er hinter diesem Handwerk sah, aufrecht. Um die Bevölkerung in widerstandsfähiger Stimmung zu erhalten, wurde in der Stadt der Betrieb aller Vergnügungsetablissements weitergeführt. Somit ergab es sich öfters, daß die Batterie, aus einem Feuer in das andere marschierend, den Korso und die Konzertcafés passieren mußte. Karl sagte sich, daß diese Gegensätze unvermeidlich seien. Er empfand das zwar nicht so, wie er auch nicht glaubte, daß man in Karthago gleichfalls getanzt hätte, allein er hatte eine zu hohe Achtung vor der Gesamtheit der Dinge, in denen er stand, als daß er nicht jede Teilerscheinung mit in Kauf genommen hätte.

Die Führenden wieder waren aus taktischen Gründen dafür, die Zivilbevölkerung bei guter Stimmung zu erhalten. Die Zuversicht des Hinterlandes bedeutete eine Reserve gegenüber dem Zeitpunkt, an dem die Katastrophe ruchbar werden würde. Denn die Führenden wußten bereits, daß dieser Krieg keine forsche Kavalkade, sondern ein Existenzkampf war. 1908 und 1909, sagte der Generalstabschef Conrad von Hötzendorf, wäre es ein Spiel mit aufgelegten Karten gewesen. 1912 und 1913 noch eines mit Chancen, jetzt ist es ein Vabanquespiel. Tatsächlich ließ der Umstand, daß auch nicht einer der vielen Gegner im ersten Ansturm hatte geschlagen werden können, die Lage als verzweifelt erscheinen. Die Fronten waren nach enormen Dauerschlachten — bei Compiègne und bei Reims, an der Yser und bei Ypern, in den Karpathen und an der Drina — zum Stehen gekommen. Damit waren die Mittelmächte eine belagerte Festung geworden und der Vorteil war auf die Gegner übergegangen. Denn in dem blockierten Mitteleuropa mußte — das hatte immer festgestanden — schon im zweiten Erntejahr nicht nur Mangel an Lebensmitteln, sondern auch an Metallen, Webstoffen, Gummi und Chemikalien eintreten. Zwar hatte sich am 12. November die Türkei den Zentralmächten angeschlossen und das bedeutete mehr als einen Trost für das verlorene Tsingtau, das in der gleichen Woche den Japanern hatte übergeben werden müssen, doch blieb diese Hilfe, solange eine unmittelbare Verbindung nicht hergestellt war, ohne besondere Wirkung. Vorläufig wurde damit dieser Krieg, der schon im Indischen Ozean wie in den chilenischen Gewässern, in Ostasien wie in Südafrika tobte, lediglich auch in Kaukasien, Mesopotamien und Aegypten entzündet. Die Kabinette arbeiteten fieberhaft, den Kreis der Vernichtung vollständig zu schließen; die Alliierten vornehmlich in

Rom und Bukarest, die Verbündeten in Sofia. Und in den Vereinigten Staaten, in denen die Zahl der Millionäre im ersten Kriegsjahr auf 6600 gestiegen war, arbeitete jeder fünfte Arbeiter an Kriegsgegenständen. Zudem beeinflußten 26 große Zeitungen, die von England unterhalten wurden, die öffentliche Meinung für den Eintritt Amerikas in die Ententefront. Das war für die Mittelmächte um so besorgniserregender, als der Unterseekrieg, mit dem nun auch sie ihre Gegner zu blockieren suchten, der amerikanischen Kriegspartei, Bankleuten, Industriellen und Romantikern, die Vorwände dafür schaffen mußte. Vor allem aber war mit der Gegnerschaft Italiens zu rechnen. Der aus seiner Partei ausgestoßene Sozialdemokrat Mussolini hatte schnell seinen Standpunkt der „absoluten Neutralität" zu dem der „Interventionisten" gemacht und die von ihm begründeten Fasci di azione rivoluzionaria durchdröhnten die Straßen Mailands und Roms mit ihrem: Abasso l'Austria e la Germania con la Turchia in compagnia. Und die österreichisch-ungarischen Heere, in Serbien geschlagen und von der russischen Uebermacht streckenweise bis an die ungarische Tiefebene zurückgedrängt, waren bereits im Kern getroffen.

Da die Armeen des Großfürsten Nikolajewitsch ohne Unterlaß weiter über die Karpathen drängten und auch in Ostpreußen die Lage wieder bedrohlich geworden war, mußte 1915 die Hauptanstrengung auf die Ostfront gerichtet werden. Die verbündeten Heere griffen gleichzeitig den Nord- und Südflügel der russischen Kräfte an. Im Rahmen dieser Operationen marschierte die Erste österreichische Armee, der Karls Division angehörte, Ende Januar an die Nida. Hier leistete der Feind jedoch unüberwindlichen Widerstand. Da auch im Süden der Angriff über den Karpa-

thenkamm nicht hinausgelangt war, kam es vorläufig
wieder zum Stellungskampf in den verschneiten Gräben.
Lediglich die Truppen Hindenburgs hatten in Masuren
abermals eine russische Armee vernichtet. Das blieb aber
für den Endzweck dieser Schlachten, nämlich zumindest
eine Entlastung der Oesterreicher zu erreichen, ohne
Ausschlag, weil die Reserven des Zarenreiches uner-
schöpflich waren. Die Niederlage ließ vielmehr die Russen
mit verdoppelter Wucht gegen die galizische Front vorstoßen. In diesen vor Kälte klirrenden Wochen stand
Karl, der für sein Verhalten am Jaroslauer Bahndamm
und in Tuczepi die große silberne Tapferkeitsmedaille
erhalten hatte, vorm Zusammenbruch. Seine Nerven ließen
einfach nach, er vermochte die Todesangst nicht mehr ab-
zuschütteln.

Die Furcht wurde am betäubendsten im Quartier.
Den Offizieren war das Jagdschloß Rogow eingeräumt
worden, mit dem es seine eigene Bewandtnis hatte. Als
Eigentümerin wurde eine Fürstin Oginska genannt und die
Russen vermieden, anscheinend aus Courtoisie, jeden
Schuß auf das Gebäude. Dieser Kontrast verschlechterte
noch Karls Zustand. Es half Karl auch nichts, als ihm eines
Abends sein Hauptmann mit herzlichen Worten zu seiner
Beförderung zum Leutnant gratulierte. In der Schweiz, in
Kienthal, entwarf an diesem Abend auf einer Sozialisten-
konferenz Lenin neuerdings die Richtlinien, wie dieser
imperialistische Krieg in den Klassenkrieg zu verwandeln
sei. In den USA tagte die gründende Sitzung der Allied
Chemical and Dye Co., womit auch die Staaten ihre
chemische Industrie hatten. Und in Philadelphia, im dorti-
gen Medicochirurgical Krankenhaus, starb Frederick W.
Taylor, am neunten Tag einer Lungenentzündung, an

116

seinem neunundfünfzigsten Geburtstag und nachdem er zwei Stunden vorher seine Uhr aufgezogen hatte. Seine Landsleute schrieben ihm auf den Grabstein: Frederick W. Taylor, der Vater der Rationalisierung (the father of Scientific management). In Frankreich bei Neuve Chapelle spien indessen die britischen Geschütze bereits Hunderttausende von Granaten aus, die am laufenden Band erzeugt worden waren. In der Tat, alles in der Welt stand nun zu allem in Beziehung und nie war der Mensch ein so ohnmächtiges, zwischen stürzende Gebirge verschleudertes Ding gewesen wie jetzt. Aber der Leutnant Karl Lakner lehnte es in asketischer Heftigkeit ab, auf Urlaub zu gehen, obgleich er diese Welt nur mehr ertrug, indem er zwischen sie und sich den Alkohol stellte. So wurde in der großen Durchbruchsschlacht von Gorlice am 1. Mai 1915 auch seine Person eingesetzt.

Für diese Aktion wurden von der Westfront acht Divisionen abgezogen. Sie mußte durchgeführt werden, weil die Karpathenarmee zusammenzubrechen drohte. Es war die letzte Stunde vor der italienischen Kriegserklärung. Um das zu wissen, hätte man nicht hinter der Stirne Sonninos lesen müssen, sondern bloß in den römischen Parlamentsberichten und in Mussolinis Popolo d'Italia. Tatsächlich hatte sich Italien schon am 26. April der Entente verschrieben. Noch schwerer als dieses neue Londoner Abkommen wog die Ablehnung der Tankwaffe durch das preußische Kriegsministerium, die in der gleichen Zeit erfolgte. Die Entscheidung mußte in Rußland erzwungen werden, ehe der neue Gegner eingriff. Der Schlag gelang. Eingeleitet wurde er durch ein 24stündiges Trommelfeuer, bei dem Karls Batteriestellung ein über und über blühender Obstgarten in Opatowiec war. In diesen Garten fiel kein Schuß. Trotzdem wateten die Kanoniere am Morgen nach der Eröffnung des Feuers in Blüten wie in Schnee. Die Blüten waren durch den Luftdruck der Abschüsse herabgerissen worden, nicht eine einzige hing mehr oben. Das ist der Krieg, sagte ein Leutnant, wobei er nicht an ein Gleichnis dachte. Offenbar beeindruckte ihn diese Blütenmahd mehr, als es sonst die Leichen getan hatten. Wäre Karl ein Philosoph gewesen, dann hätte ihm diese Bemerkung einen Schauer über den Rücken gejagt. Es äußerte sich in ihr die ganze Verderbtheit der kultivierten Phantasie. Doch Karl war selbst mehr verschwärmt als unerschrocken im Denken und im übrigen bot der Augenblick nicht die Muße, Betrachtungen anzustellen. Der Durchbruch war geglückt, der Feind wich frontal zurück und sollte nun, wenn schon nicht bis Werbochjansk, so doch aus der Welt getrieben werden.

Es folgten Gewaltmärsche, die nur durch die russischen Widerstandslinien gehemmt wurden. Für Karl war so eine mörderische Station Klimontow. Die Batterie, die dort in einen Orkan von Stahlgranaten geriet, hatte viele Tote. Der Leutnant Karl Lakner aber hielt hier mit vorgehaltener Pistole eine weichende Grabenbesatzung auf. Er wurde für das Signum laudis eingegeben, obgleich er erst am Anfang seiner Entwicklung zum Landsknecht stand und obgleich seiner Entschlossenheit noch eher eine bittere Hysterie zugrunde lag als der Glaube, Gott habe ihn nun tatsächlich für die Urlaubsverweigerung mit der Unverwundbarkeit belohnt. Bald sollte er jedoch auch so weit sein. Hinter Ozarow begannen die Russen in einer Weise zu laufen, daß das Armeeoberkommando weiter ausholende Maßnahmen treffen konnte. Karls Division wurde aus der Linie ge-

118

nommen, im Eilmarsch nach Rzeszow geführt und von dort mit der Bahn in das befreite Lemberg gebracht. Der Aufenthalt hier, wo es überraschend sauber war, weil die Russen anscheinend die ganze Bevölkerung zu Reinigungsarbeiten angehalten hatten, dauerte nur eine Nacht. Karl verbrachte sie mit anderen in einem öffentlichen Haus, das von den Russen gesperrt gewesen war und nun im Eröffnungsrummel stand.

Sonst hatte er diese Besuche gescheut. Einmal wegen der Infektionsgefahr und dann aus gewissen inneren Hemmungen. Aber jetzt, fand er, gehörte das zum übrigen. Der Krieg war eine zu brutale Sache, als daß man ihr bloß mit platonischen Windfängen wie der Vaterlandsidee die Balance hätte halten können. Es blieb Karl auch nicht verborgen, wie sehr ihn in dieser Nacht seine auf Blond gebleichte Partnerin enttäuschte. Sein Traumbild trat mit einer Glorie vor den schäbigen roten Samt und die Spiegel, daß es ihn fast ernüchterte. Es war, als schickte das Erlebnis seinen Glanz voraus, das wie ein lachender Erzengel den Finger auf sein Herz legen sollte. Doch galt es vorerst noch die schweren Kämpfe um den Bugübergang zu bestehen. Die Russen hatten sich auf der steilen Uferböschung mit drei Maschinengewehretagen eingegraben und überdies Drahthindernisse durch den seichten Fluß gezogen. Als Karl hier zwanzigjährigen Ersatz, weinend und nach der Mutter rufend, hingemäht werden sah, brachte er, als stellvertretender Batteriekommandant, ein Geschütz auf einem Platz in Stellung, den ihm selbst der Brigadier nicht kommandiert hätte. Das Abenteuer gelang und der Flußübergang wurde erzwungen. Die beteiligten Mannschaften wurden später ausgezeichnet und Karl erhielt das Militärverdienstkreuz.

119

Nun brach hinter Sokal, wo Karls Truppenteil die Grenze überschritt, für das ganze Heer eine bessere Zeit an. Der Feind wich Hals über Kopf, so daß er in dem reichen Wolhynien gerade nur abbrennen konnte, was an den Fluchtstraßen lag. In den verlassenen Bauernstuben abseits der Straße tickten noch die Uhren und zu Mittag gab es nun täglich Hühneressen. Selbst für die Pferde, die bereits Dachstroh gefressen hatten, kamen auf den Armen begeisterter Fahrkanoniere ganze Heuschober herunter. Ein beispielloser Sommer stand über der Kornfülle des unabgeernteten Landes. Die Dörfer weiter im Inneren waren auch keineswegs von der Bevölkerung verlassen. Die Soldaten sahen den wundervollsten Frauenschlag, den es in Osteuropa gibt. Diese blonden Rutheninnen gingen nur mit Rock und Hemd bekleidet und das Hemd war überdies über der Brust nach Männerart ausgeschnitten. Und auch Maryna trug sich in jener Art, Maryna, die Karl in Mlynow auf die Stube kam.

Eingangs kam sie bloß zu dem neuen Dorfgewaltigen und mit einer Garbe Beschwerden. Nachdem ihr Karl aber mit fassungslosen Augen gegenübergestanden hatte, kam sie auch aufs Quartier. Dessenungeachtet brauchte er drei Tage, bis er an seiner Berücktheit soweit irre geworden war, daß er mit Maryna schlief. In dem rohen, bemalten Bett, das so knapp unter dem schrägen Dach stand, daß man das Holz der Pfosten roch. Aber Karl hatte auch nachher ein Gefühl wie über eine Verleumdung Gottes. Daß eine dieser Rutheninnen Wangen hatte, die bis in den Hals hinab vor Gesundheit brannten, und daß sie mit ihren braunen Gliedern in der Wolke ihres blonden Haars wie im wehenden Korn lag, das begab sich hier wohl auch für andere aus der kaiser- und königlichen Armee. Für

120

ihn aber war seit drei Tagen ein übersinnlicher Glanz in der Welt. Die Gegenstände, die Wolken und Feldraine, die Straßen und alles Lebende waren von einer verheißenden Vertraulichkeit wie ehedem und er hatte zu sich und zu dieser Welt wieder heimgefunden. Ach, Karl sah in diesen Tagen verstört auf seine jüngste Vergangenheit zurück. Er begriff sie nun als die üble Zeit, in der er sich den härteren Prüfungen, die ihm das Leben gebracht hatte, durch Ausschweifung und Verneinung hatte entziehen wollen, statt daß er durch sie in die letzte Reinheit geglüht worden wäre: so sehr sah er die Welt wieder voll Sinn.

Aber wenn ihn seine Dankbarkeit nun in noch dumpferer Ergriffenheit zu Maryna, seiner barfuß gehenden Madonna, wandte, dann war das etwas, das er gewissermaßen nie zu Ende denken konnte. Sein Traumbild hatte die Verwirklichung gefunden, aber in einer jungen Ruthenin zwischen den Fronten. Und wie in die Stunden mit Maryna seine Welt, die Armee, überwirklich hineinragte, mit dem Gedröhn der Deichseln, den Männerflüchen, dem Geruch der Pferde und des schweißigen Leders — so daß Karl einmal unter der schreckhaften Vorstellung erblaßte, er läge mit Maryna auf einer Brücke, über die eine Armee aufmarschiert —, so schien auch Maryna nie ganz aus ihrer Welt zu ihm herüberzukommen. Oder lag das nur daran, daß er von ihrer Sprache kein Wort verstand? Und dann machte der Krieg viel zu früh durch alles seinen Schnitt. Die Batterie mußte über Gorochow an den Styr, sie zog wieder ab, zu einer Zeit am Morgen, da Maryna vermutlich noch schlief. Karl sah sie ebenso plötzlich nicht wieder, wie sie in sein Leben getreten war. Das verstärkte noch seinen unerlösten Zustand, den er

121

bis an die Ikwa mitschleppte. Während der Kämpfe um Dubno dachte er ewas ruhiger, daß Maryna nur ein Bote aus dem Leben gewesen sei, in das er nach dem Krieg eintreten würde. Und wie Karl nun auch den Krieg in seinen Glauben von der großen Gerechtigkeit der Dinge wieder aufnahm, hoffte er auch wieder zuversichtlicher, daß er diese Zukunft erleben würde. Nun ging Karl auch auf Heimaturlaub, es war Ende August 1915 und er stand bereits ein Jahr im Feld.

So stieg er nach einer Woche mit seinem Diener, der viele Pakete trug, in die unwahrscheinlich kleine, unwahrscheinlich unveränderte Wohnung. Was für ein Wiedersehen! Seine Mutter weinte, sein Vater aber, den ein gütiger Zufall anwesend sein ließ (denn Karl sah ihn damit zum letzten Mal), Vater Lakner aber, der Richtvormeister, stand stramm. Er ließ es sich nicht nehmen. Melde gehorsamst, sagte er mit einer Stimme, die trotz aller Korrektheit vor Rührung erstickte, melde gehorsamst, Herr Leutnant, ich kann Ihnen nicht sagen, wie ich mich über meinen Sohn freue. Dann unterzog er die Große silberne Tapferkeitsmedaille, das Signum laudis und das Militärverdienstkreuz einer genauen Betrachtung, als hätte er diese Auszeichnungen nie gesehen. Von sich selbst hatte er nur zu berichten, daß sein Platz noch immer bei einem Kader sei, nun in Deutsch-Wagram, also tausend Kilometer vom Schuß. Uebrigens fürchtete er die Front. Denn, sagte er, die erste Begeisterung wäre nun ja längst vorüber und die Menage sei bereits sehr schlecht. Karl verstand diesen Gesichtswinkel nicht mehr ganz, aber er wollte den Krieg gern als eine Sache der Jungen sehen. Es gab ihrer freilich nicht mehr allzuviele. Das kleine Weib stand bereits in der Küche und buk Mehlspeisen, die Karl gern aß. Mit ihr war das Reden schwer. Sie erweckte den Eindruck, voller Fragen zu sein, und brachte doch keine heraus. Ihre Freude war zu groß, als daß sie so schnell darüber zu den Worten hätte gelangen können. Gewiß würde es ihr erst nach Wochen richtig zum Bewußtsein kommen, daß sie Karl dagehabt hatte, und sie würde dann zehren davon.

Nur die Angst löste ihr einmal die Zunge, als Karls Urlaub zu Ende ging. Ob das nicht furchtbar sei, fragte sie, daß so viele Menschen sterben müßten. Deshalb sei eben Krieg, antwortete Karl leichthin. Das kleine Weib sah vor sich hin. Dann sagte sie: der Wirt hat einen Hund gehabt die letzte Zeit, und der ist überfahren und schrecklich zugerichtet worden. Ich kann dir nicht sagen, wie mir der Hund leidgetan hat. Und da habe ich mir auch den ganzen Krieg nicht mehr vorstellen können. Nun redete Karl von der großen Politik, als ob sie die seine wäre. Dann kam er wieder auf die Fragen und Beteuerungen, die er in diesen Tagen oft wiederholt hatte: ob es ihr denn selber gut ginge? und daß sie dem Vater ja nicht zuviel Geld nachschicken solle. Karl machte sich in diesem Punkt Sorge, denn das Aussehen seiner Mutter schien ihm nicht besonders gut. Aber so schweigsam das kleine Weib sonst war, hier wurde sie redselig. Es ginge ihr ungleich besser als allen Leuten im Haus, ja sie empfände das in dieser Zeit geradezu als Unrecht. Und es gelang dem kleinen Weib auch, zu verbergen, daß sie die ganze Zeit über in Arbeit gestanden hatte. Als Hilfsarbeiterin auf einem Bauhof der Straßenbahn, wo sie Kies geschaufelt und Holz getragen und Nachtarbeit getan hatte. Und daß sie nur durch ihre kränkelnden Füße, derentwegen sie hatte aussetzen müssen, augenblicklich zu Hause war. Karl ging beruhigten Gewissens wieder an die Front.

Und der Krieg dauerte fort, das ganze Bewußtsein der Menschheit schon erfüllend. Man dachte nicht mehr an ein Ende, denn das Ende war nicht absehbar. Im Juli hatten die Verbündeten Rozan und Iwangorod genommen, im August Warschau, Nowogeorgiewsk, Osowiec und Brest-Litowsk, im September Grodno. Die italienische Kriegserklärung vom 23. Mai aber hatte die Stoßkraft gebrochen. Dabei war es noch ein Glück gewesen, daß Cadorna in einer geradezu komischen Scheu seine Armeen an der österreichischen Grenze hatte haltmachen lassen. Er hätte sie in den ersten Tagen über die paar vorhandenen Gendarmen hinweg ruhig bis Laibach schicken können. Der Druck am Isonzo und in Südtirol sollte jedoch bald spürbar werden und die russischen Heere vor der Vernichtung bewahren. Der Vormarsch an der Ostfront kam zum Stillstand. Auf der phantastisch langen Linie Riga—Dünaburg—Pinsk—Dubno und Czernowitz, die nun hauptsächlich von deutschen Kräften gehalten werden mußte. Damit blieb die Front im Westen weiterhin geschwächt. Hier waren die Alliierten mit 32 neuen englischen Divisionen, mit Truppenersatz aus Kanada und Australien und 8 Völkerschaften indischer und afrikanischer Herkunft ununterbrochen gegen die deutschen Linien angerannt. Im Februar in der Champagne, im März bei Neuve Chapelle, durch den Mai, den Juni, den Juli unaufhörlich mit 12 Korps allein gegen die Lorettohöhe, daneben auch in den Vogesen und Argonnen, in Lothringen und in Flandern. Vom 25. September bis zum 3. Oktober hatte eine Dauerschlacht bei La Bassée gewütet und vom 23. September bis zum 3. November eine in der Champagne.

In diesen Herbstschlachten waren an einem Tag bis zu vier Millionen Granaten auf die deutschen Gräben getrommelt worden, trotzdem hatten sie standgehalten. Nun drohten jedoch die Türken an den Dardanellen zusammenzubrechen. Das mußte verhindert werden, damit die Verbindung zwischen Rußland und den Westmächten nicht wieder hergestellt werden konnte. Der Eintritt Bulgariens in den Krieg (5. Oktober 1915), mit ansehnlichen Geldern an den Zaren Ferdinand und der Abtretung eines Streifens türkischen Landes erkauft, erleichterte den Entlastungsfeldzug. In der neunten Woche des konzentrischen Angriffs wurden die Reste der serbischen Armee über die albanische und griechische Grenze gejagt. Die aussichtsreichste Waffe dieses Jahres aber, der Unterseekrieg, war durch einen neuen, wenngleich noch nicht erklärten Gegner lahmgelegt worden. Durch die USA, die nun bereits 10 900 Millionäre zählten. Die Staaten schickten nicht nur Schiffsladung um Schiffsladung Kriegsmaterial an die Entente, sie schickten auch ihre Schlachtenbummler in die Sperrzonen. Und fielen diese Leute ihrem exorbitanten Sport zum Opfer, wie im Fall des Riesendampfers Lusitania (7. Mai), der 4200 Kisten Metallpatronen führte, dann schickte die Union ihre Niederboxungsnoten, wie sie diese Drohbriefe selbst nannte. Sie hatten zur Folge, daß Deutschland den U-Bootkrieg nur nach Prisenordnung weiterführte, was seiner Einstellung fast gleichkam. Als der verbissenste Eiferer gegen diese Maßnahme, der Staatssekretär Tirpitz, endgültig kaltgestellt wurde, ging die Londoner Getreidebörse mit den Preisen herunter.

Jedenfalls suchten 1916 sowohl Deutschland wie die Alliierten die Entscheidung an der Westfront. England führte im Januar die allgemeine Wehrpflicht ein und die deutschen Heere eröffneten am 21. Februar mit dem Angriff auf Verdun die klassische Hölle des Krieges. Am 25. schon fiel Fort Douaumont, dessen Preis auf deutscher Seite 80 000 Tote waren. Allein die Opfer um Fort Vaux zählten bereits nach Hunderttausenden. Trotzdem wurde der Angriff immer wieder auf diese uneinnehmbarste Stelle aller Fronten konzentriert. Sollte die Festung auch nicht genommen werden, so wollte man doch Frankreich sich daran verbluten lassen. Da durchbrachen am 4. Juni — drei Tage nach der Seeschlacht am Skagerrak, in der die deutsche Marine ein Großkampfschiff, einen Panzerkreuzer und 2551 Mann verlor, die britische drei Großkampfschiffe, drei Panzerkreuzer und 6094 Mann —, da durchbrachen am 4. Juni bei Luck die russischen Brussilow-Armeen auf einer Breite von 80 Kilometer die Ostfront, wobei 200 000 Oesterreicher gefangen genommen wurden. Das erzwang nicht nur die Einstellung der österreichischen Offensive gegen Italien bei Asiago und Arsiero, sondern machte auch die weiteren Großkämpfe um Verdun unmöglich. Aber erst jetzt führte der Gegner im Westen seinen großen Schlag. Er setzte an der Somme auf einem Abschnitt von 40 Kilometer 5000 Geschütze ein und 37 Divisionen, denen beim ersten Anprall nur acht deutsche gegenüberstanden. Diese Schlacht, für die seit Jahresbeginn Material gehäuft worden war und die durch ein siebentägiges Trommelfeuer eingeleitet wurde, dauerte vom 24. Juni bis zum 18. November. Sie war zugleich das Fanal für den Generalangriff an allen Fronten, am Isonzo und in Wolhynien, in Galizien und vor Verdun. In dieser Stunde (27. August 1916) erklärte auch noch Rumänien an die Mittelmächte den Krieg und marschierte mit 500 000 Mann in Siebenbürgen ein.

126

Diese Vernichtungshatz machte der Leutnant Karl Lakner nicht mehr mit. Er war unter den Zweihunderttausend, die nun in das Land hineingeschafft wurden, das so weit wie ein Meer ist. Die Route war umständlich, wie augenscheinlich alles hier. Sie führte über Petersburg und Moskau nach Samara, wo Karl vor dem Geburtshaus Lenins stand, von da nach Taschkent und schließlich nach Samarkand. Eine irrsinnige Hitze herrschte hier, aber der Ort mit seinen Pappelalleen und dem vielen Grün um die ebenerdigen Häuschen, Ruinen und Moscheen war eine angenehme Ueberraschung. Allerdings lag das Barackenlager außerhalb, aber Karl als Offizier hatte ziemliche Bewegungsfreiheit. Er lernte überhaupt hier erst seinen Rang schätzen. Sie erhielten zu viert einen Raum und einen Diener zugeteilt, bekamen mit einem kleinen Abzug ihre Gage weiterbezahlt und wurden honett behandelt. Das alles verhinderte nicht, daß Karl sich zermalmt fühlte. Er erhielt keine Post mehr von seiner Mutter, und was sie über den Stand des Krieges erfuhren, war niederschmetternd. Erst einige Türken, die von Erzerum kamen, korrigierten die Tatarennachrichten. Wohl stand die kaukasische Armee nicht allzufest, aber die mesopotamische hatte Kut-el-Amara genommen. Bagdad wurde also gleich Jerusalem und den Dardanellen noch gehalten. Und am Isonzo war lediglich der Görzer Brückenkopf verloren gegangen, wie bei Verdun kaum mehr als das Fort Douaumont. Selbst der Durchbruch an der Somme war nicht gelungen. England hatte hier in viereinhalb Monaten 410 000 Männer verloren, Frankreich 341 000 und Deutschland 500 000. Insgesamt waren auf englisch-französischer Seite 105 Divisionen aufgeboten worden, auf der deutschen 70. Aber die Front hatte, ebenso wie in Rußland, nur unwesentliche Verlegungen erfahren. Karl wurde durch diese Nachrichten wieder aufgerichtet, näher als das eigene Schicksal ging ihm das große allgemeine. Das Zwiebeldachhaus in der Stadt, in dessen Kuppel unter zerfallenen Fahnen die steinernen Särge Timurs und seiner Heerführer stehn, nahm er gerade nur zur Kenntnis. Sein Hirn bohrte an dem Plan einer Flucht, die ihn über Buchara, Afghanistan und Persien in die türkischen Linien bringen sollte. Aber mit dem Anbruch des Winters, der mit einer Kälte kam, daß die Baracken barsten, befiel ihn der Kopftyphus. Der erste Lichtstrahl, der in diese Nacht fiel, war die Kunde vom Friedensangebot der Mittelmächte vom 12. Dezember.

Um diese Zeit hielten die verbündeten Heere fast ganz Belgien besetzt, Nordfrankreich, Serbien, Montenegro, den größten Teil Rumäniens, Russisch-Polen, dessen Selbständigkeit vor dem Angebot noch proklamiert wurde, das westliche Wolhynien und die Gouvernements Kurland, Kowno, Wilna, Grodno und Suwalki. Das waren Landgebiete von 550 000 Quadratkilometer, ein wenig mehr als das Areal Deutschlands. Aber dies war nicht die Lage, die sich mit den Kriegszielen der Entente deckte, die ein aufgelöstes Oesterreich und ein Deutschland des Westfälischen Friedens forderte. Die Ententepresse: die ungeheuren Opfer des Krieges verlören ihren Sinn, wenn der Kampf ohne die Garantie eines dauerhaften Friedens abgebrochen würde. Davon aber wäre man im Augenblick weiter entfernt als je. Ein voreiliger Friede würde geradezu die Heraufbeschwörung neuerlicher Angriffe bedeuten. Diesen Gesichtswinkel zu stützen, zitierten die englischen Blätter nicht nur Palmerston und Cromwell, sondern auch Pitt und Cicero. Die Wahrheit sprach Lloyd George aus: Eng-

128

land hat zwanzig Jahre gebraucht, um Napoleon zu überwinden; die ersten fünfzehn Jahre waren betrübend, voll englischer Niederlagen; aber wir werden nicht zwanzig Jahre brauchen, um diesen Krieg zu gewinnen, wenn es auch sein kann, daß er zehn dauert. Hinter all diesen Aeußerungen stand nichts anderes als der Optimismus, der ein Jahr vorher den deutschen Reichskanzler, den Präsidenten des preußischen Herrenhauses, den Konservativen Graf Westarp, den Nationalliberalen Schiffer, die Verbände der deutschen Industriellen, Agrarier und Landwirte und selbstredend auch die Presse genau zu der gleichen Stellungnahme, das will sagen zur Aufstellung maßloser Annexionsprogramme veranlaßt hatte. Jedenfalls lehnte am 15. Dezember nach einer Rede Dosdjankos die Duma das Angebot einstimmig ab und am 19. schlossen sich nach den Ausführungen Lloyd Georges das britische Unterhaus und nach Briands Darlegung der französische Senat an. Am 30. Dezember erfolgte die offizielle Ablehnung und am 31., um 12 Uhr mitternachts, ließen die Verbündeten ihre Geschütze an allen Fronten feuern. Der Krieg dauerte fort. Bei Gallipoli und am Kilimandscharo, am Tigris und in der Bukowina, vor Monastir und vor Ostende, in den tirolischen Alpen und in allen Meeren zwischen Schottland und Archangelsk. Der Krieg dauerte fort. Den 160 Millionen Menschen der Mittelmächte standen die 1300 Millionen der alliierten und assoziierten Mächte gegenüber. Militärisch waren das nun 23 Millionen Soldaten gegen 41 Millionen.

Der Krieg dauerte schon deshalb fort, weil die Rüstungsindustrien wie nie seit ihrem Bestehen verdienten. 1917 stellte Deutschland, in der Erfüllung des Hindenburgprogramms, monatlich 2000 Geschütze her, 2500

Minenwerfer, 9000 Maschinengewehre, 14 Millionen Kilogramm Pulver (200 Millionen Patronen). Die Rüstungsindustrien waren auch die einzige Internationale, die der Krieg nicht zerrissen hatte. Die Sozialdemokratie konnte ihre Friedenskonferenz in Stockholm nicht durchsetzen, die Rüstungsindustrien aber griffen sich unter die Arme, um ein Erlahmen der sich schlachtenden Menschheit möglichst weit hinauszuschieben. So verwendete die britische Flotte am Skagerrak optische Instrumente, die ihr ein halbes Jahr vorher Zeiß und Görz über Holland geliefert hatten, und der Stacheldraht vor Verdun, in dem die deutschen Soldaten zu hunderttausenden hängen blieben, stammte zum Teil aus den Magdeburger Draht- und Kabelwerken. Zu einer Zeit, da die deutsche Heeresverwaltung auch mit den dringlichsten Vorstellungen eine monatliche Mehrproduktion von 15 000 Tonnen Stahl nicht erreichen konnte, lieferten Stinnes und Nebenmänner durchschnittlich 150 000 Tonnen ins Ausland. Ununterbrochen ging deutsches Eisen nach Frankreich und Italien, gingen deutsche Schienen nach Rußland. In der Schweiz existierten eigene Werkstätten, die die Firmenzeichen aus dem deutschen Walzstahl entfernten. Diese Verhältnisse erfuhren in umgekehrter Richtung ihre Ergänzung. Fehlte es der Entente an Stahl, dann mangelte es den Verbündeten an Kupfer und Nickel, an Kautschuk, Pflanzenfetten und Oelen. Hier war eine der Haupteinfuhrpforten Schweden. Der schwedische Nickelimport stieg von 150 Tonnen im Jahr 1913 bis 1915 auf 504 Tonnen. Das blieb den Lieferanten nicht verborgen, aber diese Entwicklung lag in ihrem Interesse. Die Kriegszusammenhänge waren nur die letzte Konsequenz der Friedensgeschäftsgebarung. Das Haus Krupp hatte bis zum Jahr 1911 53 000 Kanonen hergestellt, aber nur 26 000 an Deutschland verkauft, die übrigen 27 000 an 52 verschiedene Staaten. Nun wurde 1917 an allen Fronten mit Kruppkanonen geschossen. Darüber konnte man nicht gut seine Kleider zerreißen. Es wurden schließlich auch die Engländer an den Dardanellen aus englischen Kanonen beschossen und englische Schiffe liefen ebenso auf englische Minen auf, wie deutsche Unterseeboote mit deutschen Flugschiffen bekämpft wurden.

Der Krieg dauerte fort. Die als schreiende Würmer in den neunziger, achtziger und siebziger Jahren zur Welt gekommen waren, verströmten weiter das Blut ihrer Männerkörper. Die Flugzeuggeschwader zählten nun in die hunderte Motore, nach dem Chlorgas und Phosgengas von 1915 waren das Grünkreuzgas, das Blaukreuzgas und das Gelbkreuzgas erfunden worden und die deutsche Artillerie stellte ein Ferngeschütz ein, mit dem sie Paris über einen Abstand von 120 Kilometer bombardierte. Der Krieg wurde mit der Heftigkeit der Verzweiflung weitergeführt, denn es dämmerte bereits über ihm. Durch die unerhörte Materialüberlegenheit des Gegners in der Sommeschlacht war die Zuversicht des deutschen Westheeres gebrochen worden und die französische Armee hatte sich weißgeblutet. In Rußland aber wurde die Dynastie, die sich durch ihre Seancen mit dem verlausten Roßtäuscher Efimowitsch-Rasputin längst selbst aufgegeben hatte, am 28. Februar durch einen General ihrer Bürden enthoben. Der allrussische Sowjet vom 12. April 1917 erklärte sich mit 325 bürgerlichen und menschewikischen Stimmen gegen 57 Reststimmen, unter denen auch die Stalins war, für die Fortsetzung des Krieges. Eine neue Offensive wurde vorbereitet, die den Endsieg bringen sollte. Diese Anstrengung unternahmen nun, zum soundso-

vielten Mal, die Kriegführenden an allen Fronten. Doch
nicht nur an den Fronten. England, das angeblich bloß der
Verletzung der belgischen Neutralität wegen in den Krieg
eingetreten war, verfuhr nun mit Griechenland, das seiner
Balkanfront im Weg lag, genau so wie die Deutschen 1914
mit Belgien. Nur daß sich die Griechen weniger zu
wehren vermochten. Die Besetzung Griechenlands (Mai
1917) und seine erpreßte Kriegserklärung an die Mittelmächte (Juni) stellte nur einen weiteren Fall dar in der
Reihe der Verletzungen der Konvention über die Bräuche
und Gesetze des Krieges zu Lande (Haag 1907). Der
Krieg wurde mit der Heftigkeit der Verzweiflung weitergeführt und der Selbsterhaltungstrieb ist zu allen Zeiten
wirksamer gewesen als moralische Systeme.

Deutschland erklärte am 1. Februar abermals den unein-
geschränkten U-Bootkrieg, obgleich das Amerika den erwarteten Vorwand für den Eintritt in die Linie der Gegner
schaffen mußte. Man glaubte sich dieser neuen Gefahr aussetzen zu müssen, weil man die Entscheidung um jeden
Preis erzwingen wollte, ehe diese neue Gefahr aktuell
wurde. Tatsächlich versenkten nun die U-Boote, während
die Westarmee in abwartender Taktik auf die gesicherte
Siegfriedstellung (Arras—St. Quentin—Reims) zurückging,
monatlich eine Million Tonnen. Ein letzter großer franzö-
sischer Angriff am Chemin des Dames verlief derart
ergebnislos, daß unter den schauerlich mitgenommenen
Truppen — in 16 französischen Armeekorps — Meutereien
ausbrachen. In diesem Großangriff hatte der General
Nivelle, den seine Soldaten den Blutsäufer nannten,
53 Divisionen, 5300 Geschütze, 80 Tanks und 5 Millionen
Handgranaten aufgeboten. Das Resultat waren 130 000 tote
Franzosen. Nur ein gleichzeitiger Erfolg bei Arras, der von

132

den Engländern mit 4000 Geschützen vorbereitet und mit 180 000 Toten bezahlt wurde, verhütete den vollständigen Zusammenbruch der französischen Armee. Gleichzeitig war auch das außerordentlich geschwächte deutsche Ost- heer von der Kerenski - Offensive überrannt worden. Wieder mußten alle verfügbaren Kräfte nach Rußland ge- worfen werden, obgleich am 7. Juni die zweite große Materialschlacht der Engländer anhob, diesmal in Flan- dern, die ohne Abschwächung bis zum November dauern sollte.

Mittlerweile hatte das enorme Ringen zwei neue Im- pulse erfahren. Das eine Ereignis war die Kriegserklärung der Vereinigten Staaten vom 6. April. Nicht maßgebend war dabei gewesen, daß die Union, rechnete man die Nach- kommen mit, mindestens 20 Millionen Deutsche be- herbergte. Auch die guten Beziehungen hatten nichts ge- wogen, die seit Friedrichs des Zweiten Freundschaft zu Washington bestanden hatten. Ausschlaggebend bei dieser Kriegserklärung war einzig und allein, daß die USA ihre Schuldner vorm Ruin retten mußten und daß der ameri- kanische Geschäftsmann (1917: 11 800 Millionäre) eher in größerem als in kleinerem Maßstab weiterverdienen wollte. Er verdiente nicht allein an den Waffenlieferungen, er verdiente ebenso an der Versorgung der Heere und Hinterländer. Der amerikanische Fleischtrust (die „Big Five") wies im Augenblick einen viermal größeren Ge- winn als vor dem Krieg aus, obzwar er seinen Umsatz nicht einmal verdoppelt hatte. Diese fünf Handelsgesell- schaften verdankten dem Krieg die Herrschaft über die amerikanische Fleisch- und Konservenindustrie und über die Industrien der Ersatzmittel von Ei und Käse bis zu den Fischen, sie verdankten ihm außerdem die Kontrolle über

133

mehr als die Hälfte der Exportproduktion Argentiniens, Brasiliens und Uruguays; in anderen fleischreichen Ländern, wie in Australien, befanden sie sich mit ihren großen Kapitalsanlagen nach dem nämlichen Ziel auf dem Marsch. Zwar klagte der Bundeskommissar für den Handel, der Vertreter der öffentlichen Interessen, den Trust in Washington an: daß er die Viehmärkte beeinflusse, die binnen- und ausländischen Lieferungen beschränke, die Preise der Nahrungsmittel und zugerichteten Speisen nach Willkür bestimme, die Konkurrenz vernichte und sich zur Erzielung übermäßiger Gewinne von Eisenbahnen, Viehhofgesellschaften und Munizipalitäten besondere Privilegien erpresse, — aber es war nur folgerichtig, wenn die Regierung, die sich dieses Gutachten einholte, nichts gegen den Trust unternahm. Er gehörte sichtlich zu jenen Faktoren, denen die USA ihre jetzige Blüte verdankten. Die Union, die neben Rußland der meistverschuldete Staat der Erde gewesen war, konnte am Tage ihrer Kriegserklärung an Deutschland zum erstenmal seit ihrem Bestand einen Aktivsaldo in ihrer internationalen Zahlungsbilanz ausweisen. Um das Tempo zu ermessen, in dem dieser Umschwung vor sich gegangen war, mußte man sich erinnern, daß England, um zu einer Auslandsinvestition von 18 Milliarden Dollar zu gelangen, ein Jahrhundert gebraucht hatte, Deutschland, um 6½ Milliarden zu erreichen, ein halbes Jahrhundert.

Waren jedoch die USA aus der Sucht, diese Entwicklung weiterzutreiben, für die Vergrößerung der europäischen Katastrophe, dann war das russische Volk, dem die Uebermüdung zur Einsicht verhalf, für ihren sofortigen Abbruch. Kein Gewicht besaß in dieser Einsicht, daß der Krieg ein unbeschreiblicher Greuel ist. Denn

134

das besagt nichts gegen ihn. Wohl aber hatte sich die Erkenntnis durchgesetzt, daß diejenigen, die die Kriege auszutragen haben, selbst im Fall eines vollständigen Sieges nichts durch sie gewinnen. Die russischen Arbeiter demonstrierten am 1. Mai gegen den Krieg, und Lenin, der durchaus mit Wissen der deutschen Heeresleitung im plombierten Waggon durch Deutschland nach Petersburg gereist war, arbeitete schon seit dem 16. April mit Stalin, Sinowjew, Kamenew, Trotzki, Swerdlow, Kollontai, Dscherschinski an der Radikalisierung der Revolution. Seine kommunistische Bergpredigt wurde zwar auf dem Ersten Bauernkongreß mit Gelächter quittiert, aber in der Ablehnung des Krieges war sich das russische Volk einig. Und wie in den Ententeländern die Hoffnung noch einmal durch die amerikanische Kriegserklärung entfacht wurde, so richtete sich die deutsche Zuversicht an der Möglichkeit einer raschen Beendigung des Krieges mit Rußland auf. Der Ausgang des Krieges schien davon abzuhängen, ob es gelingen würde, die im Osten gebundenen Kräfte freizubekommen, ehe Amerika eingriff.

Am 29. Juni brach die Kerenski-Offensive zusammen und in den russischen Städten flammte die Revolution von neuem auf. Die Bewegung wurde zwar von den Generalen niedergezwungen; Trotzki wanderte in Haft und Lenin flüchtete nach Finnland; die Zersetzung griff aber, von den militärischen Niederlagen, die nun Schlag auf Schlag folgten, beschleunigt, rasch um sich. Der erste deutsche Gegenstoß, am 19. Juli gegen die Südarmee, vertrieb den letzten russischen Soldaten aus Galizien und der Bukowina und der zweite, vom 1. September, griff über Riga und die Inseln Oesel, Moon und Dagö hinaus. Nun führte der zurückgekehrte Lenin das russische Volk in die Oktoberrevolution. Am 7. November wurden die Kerenski-Minister verhaftet und am 28. erschienen die Parlamentäre in der deutschen Linie. Am 15. Dezember begann der Waffenstillstand und am 23. wurden in Brest-Litowsk die Friedensverhandlungen aufgenommen. Dieser für Deutschland fast programmgemäße Ablauf erfuhr, von der britischen Flandernoffensive abgesehen, nur durch die Zustände in der Monarchie eine Komplikation. Die Hauptkraft mußte jetzt auf die italienische Front gerichtet werden. Die k. u. k. Armee war in der elften Isonzoschlacht am Ende ihres Widerstandsvermögens angelangt. Diese geschwächten, schlecht versorgten, aus dreizehn Nationen zusammengewürfelten Truppen hatten die Grenze 29 Monate lang gehalten. Nun konnten sie, wie das ausgehungerte Hinterland, einfach nicht mehr weiter. Das Durchschnittsgewicht eines Mannes betrug bei einer Kompanie 50 Kilogramm. Die Erschöpfung hatte einen Grad erreicht, der die Regierung veranlaßte, durch den Prinzen von Parma, der in der belgischen Armee diente, in Paris eines Sonderfriedens wegen vorzufühlen. Wie in Galizien, in Serbien und in der Dobrudscha wurden nun auch am Isonzo deutsche Soldaten und deutsches Material eingesetzt. Die Schlacht, zwischen Flitsch und Tolmein aufgenommen, dauerte vom 24. Oktober bis zum 11. November und führte zur Zertrümmerung des Gegners. Er zählte neben (nur) 10 000 Toten und 30 000 Verletzten 400 000 Versprengte. Die Zweite und die Dritte italienische Armee (250 000 Mann) wurden gefangen. Den in Auflösung begriffenen Rest fingen erst hinter der Piave elf eilig herbeigeholte englische und französische Divisionen auf.

Um diese Zeit brach in dem Gefangenen-Sammellager in Samarkand die letzte Ordnung zusammen. Eine tschechische Legion hatte sich schon nach der Kerenski-Revolution losgelöst. Die Unruhe wich nicht mehr von den Gemütern. Von einem Tag auf den anderen erwartete man große Veränderungen. Nun war die Garnison einfach auseinandergegangen, an ihrer Stelle erschienen Rotgardisten und bolschewistische Agitatoren, die auch den Gefangenen, obgleich man sie noch festhielt, die Weltrevolution predigten. Karl, der ruhrkrank war und besonders seit der Gründung der tschechischen Legion unter der allgemeinen Verwirrung litt, wurde vor Fragen gestellt, die ihm völlig fremd erschienen. Er hatte sich nie für Politik interessiert, aber er hatte dort, wo sie am sichtbarsten wirkte, nämlich wo sie überkommene Einrichtungen angriff, sogar Abneigung gegen sie empfunden. Alles Historische, alles, was ein hohes Alter hatte, setzte ihm einen ehrfürchtigen Schauer ins Blut. Das nahm ihn auch gegen die Sozialisten ein, deren System ganz aus dem Verstand kam. Hierbei war er auch durch seinen Vater beeinflußt, der die Sozialdemokraten ihrer Gottlosigkeit wegen haßte. Vor allem aber hatte Karl, der das Elend seiner eigenen Familie nur der Trunksucht seines Vaters glaubte zuschreiben zu müssen, immer an der Gerechtigkeit der Dinge festgehalten. Der tiefe Glaube, daß jeder der Schmied seines Glücks sei, hatte ihn bisher nicht verlassen. Und gerade dieser Optimismus isolierte ihn von den wirklichen Weltzusammenhängen um so mehr, als er, aufs Ganze gesehen, auch nichts von ihnen wußte. So beeindruckte ihn die russische Revolution nur insoweit, als sich die strategische Lage der Mittelmächte damit gebessert hatte. Bestürzend aber waren für Karl die Zustände im Lager, wo sich die Gefangenen nicht nur in nationale, sondern auch in politische Gruppen gesondert hatten und teilweise mit den Rotgardisten gegen Tschechen und Weißgardisten, teilweise mit den Tschechen und Weißgardisten gegen die neue rote Front kämpfen wollten. Das einzige Absolute, das Karl dem allgemeinen Wirrwarr entgegenzusetzen vermochte, war sein heftiger Wunsch, so bald als möglich heimzukommen. Zwar wurden die Austauschaktionen, die bereits in Gang kamen, weniger nach karitativen als politischen Gesichtspunkten durchgeführt — die Bolschewiki legten Wert darauf, Agitatoren nach Mitteleuropa zu schmuggeln —, aber Karl hatte Glück. Ein wolgadeutscher Emissär reihte ihn in einen Krankentransport ein, den das schwedische Rote Kreuz übernahm. Mitte Dezember spazierte Karl als Rekonvaleszent in den Straßen Stockholms und zu Neujahr (1918) traf er halbwegs gesund in Wien ein. Er erfuhr seine Beförderung zum Oberleutnant, die seit Mai 1917 fällig gewesen war, bekam rückwirkend die Gagendifferenz ausbezahlt und meldete sich, als bei einem Abendbefehl ein entsprechender Appell verlesen worden war, zu den Fliegern. Er handelte dabei unter dem Eindruck, das Heer brauche ihn hier notwendiger als bei der Artillerie.

Wäre seine Mutter nicht gewesen, Karl hätte auf den zweimonatigen Heimkehrerurlaub verzichtet. Er fand das kleine Weib in einem Zustand, an dem sich seine Bereitschaft für die Front wie ein verbrecherisches Vorhaben zersetzte. Das kleine Weib war zum Skelett abgemagert und hatte weiße Strähnen im Haar. Da es ihr an Kleidern mangelte — trotz ihrer Eigentümlichkeit, die besseren Sachen jahrelang ungetragen im Kasten hängen zu lassen —, ging sie auch zu Hause in dem blauen Arbeitskittel des Straßenbahnbauhofs herum. Das Elend hatte an ihr gearbeitet, alle Schäden waren bis an die Oberfläche getreten und nichts blieb mehr verborgen. Ihr Gang hatte

138

nun etwas nach vorne Fallendes angenommen, als wäre selbst der ausgezehrte Körper den Beinen zu schwer. Karl sah in einen Abgrund. Bereits in der Seminarzeit war ihm bange gewesen, mit der Erlösung für diese zermürbten Glieder zu spät zu kommen; nun hatte sich noch ein uferloser Krieg dazwischengewälzt. Eine Heersäule von Bagdad bis Ypern und eine zweite von Jerusalem bis Helsingfors, ein Himmel voller Geschosse, die Weltgeschichte stand zwischen ihm und seiner Mutter. War es sehr schlimm? fragte er verzagt, während der Wintertag durch den Vorhang hereinschien wie vor zwanzig Jahren, da er an der Tischkante hier seine ersten Schulaufgaben gemacht hatte. Nein, sagte das kleine Weib, aber ich mußte arbeiten, auch deshalb, weil ich dem Vater etwas nachschicken wollte. Du glaubst nicht, wie schlecht er jetzt aussieht. Karl erfuhr, daß sein Vater nun einer Fliegerabwehrbatterie auf der Insel Brazza in Dalmatien angehörte. Das klang einigermaßen tröstlich. Um so besorgniserregender war für ihn der Zustand seiner Mutter. Sie schien auch sonderbar wirr. Ob er glaube, erkundigte sie sich einige Male, daß das Geld wieder seinen alten Wert erlangen werde. Ueber diesen Punkt hatte sich Karl bei der Gagennachzahlung selbst verwundert. Man zahlte ihm ein Vermögen aus. Bis ihm dann ein Kilo Aepfel mit 7 Kronen angerechnet worden war, einem Betrag, für den man früher die Ernte eines ganzen Gartens hatte erstehen können. Trotzdem befremdete ihn die wiederholte Frage. Und auf seine Bemerkung, daß gerade ihr das doch gleichgültig sein könnte — denn hier wären es einmal die armen Leute, die nichts zu verlieren hätten —, gab das kleine Weib keine Antwort.

Wie sie überhaupt wenig redete, nachdem sie die erste große Erleichterung herausgeweint hatte. Sie ging in ihrer unverändert sauber gehaltenen Wohnung, in der sie nun immer allein war, mit einer Gedrücktheit hin und her, die etwas Unnahbares hatte. Sie war sechzehn Monate ohne Nachricht von ihm gewesen und das hatte sie wohl zu weit in die Hoffnungslosigkeit hineingeführt, als daß man sie nun sofort wieder hätte zurückrufen können. Auch dauerte der Krieg weiter und die jetzige Erlösung war keine, denn hinter ihr lauerte die Angst, den versteinernden Weg noch einmal machen zu müssen. Karl sah dies alles, und die alten Bilder aus den Waschküchen und Dienstagen noch hinzu, aber mit aller Innigkeit konnte er die Kluft nicht überbrücken. Zuviel stand dazwischen, das ihm nicht unterworfen war. Und wie er sich selbst in der Wohnung sonderbar fremd vorkam, so war er auch der Mutter fremder geworden. Das Aufgeschlossenste, das Karl in diesen Tagen an seiner Mutter sah, war die Frage, ob nun bald Friede würde. Aber diese Frage machte ihn dumpf, als sei er schuld am Krieg.

Diese zwei Monate nahmen Karl mehr Kraft als eineinhalb Jahre Samarkand. Er selbst konnte nur im Arsenal Nahrungsmittel und etwas Kohle für das kleine Weib auftreiben und sah mit Schrecken dem Tag entgegen, da er Wien würde verlassen müssen. Alles Geld, das er schicken konnte, war wertlos, wenn man dafür nichts zu kaufen bekam. Die Gänge durch die Straßen zeigten Karl, wieviel ihm das Schweigen seiner Mutter verhehlte. Es war, als hätte sich endlich das große Grauen von den Fronten hereingewälzt und alle Lichter erstickt. Die Stadt war nur mehr eine Anhäufung kalter Gehäuse voll Siechtum, deren geduckte Trostlosigkeit an den paar Autos, Pelzen und aufreizenden Huren der Kriegslieferanten und Schieber nur drohender offenbar wurde. An diesem funkelnden Ge-

schmeiß erlebte Karl neben der Ramponierung seiner
Vaterlandsvorstellung auch Gewissensbisse. Er erblaßte vor
Haß gegen diese Menschen, aber er konnte nicht umhin,
die paar Pakete, die er aus ärarischen Beständen für seine
Mutter erwarb, als einen ähnlichen Frevel an der Allgemeinheit betrachten zu müssen wie die Champagneraf-
fahrten, die die Hyänen sich leisteten. Dermaßen fühlte
Karl, aus einem tiefen Gerechtigkeitssinn heraus, sehr
sozial, wenngleich das für die Menschheit, die für ihre
fortschrittlichen Ideen Berserker braucht, vollkommen
wertlos war. Karl gab sich von diesen Dingen keine Rechenschaft, aber die Tatsachen quälten ihn so, daß er den Tag
des Dienstantrittes fast herbeiwünschte.

Er brauchte etwas, das seinem Leben Halt gab, denn in
größeren Zusammenhängen war er nicht in der Lage, selbst
Struktur hineinzubringen. Aber so anregend für Karl die
Aussicht auf den Fliegerunterricht und den erneuten Feld-
dienst auch war (zumal er damit aus der Hinterlandsnot
floh), so sehr drückte es ihn nieder, zu sehen, daß der Ver-
fall auch diese Welt bereits erreicht hatte. Die Soldaten, die
in den finsteren Straßen umhergingen, waren zerlumpt und
unterernährt und ihre Haltung erschöpfte sich in dem nun
tagesüblichen Räsonnement. Wie konnte man von diesen
Männern, die selbst schon von der allgemeinen Lähmung
befallen waren, noch immer die Abwendung des Uebels
erwarten? Es wurde dunkel vor Karl und die Nachricht,
daß die Verhandlungen von Brest-Litowsk abgebrochen
und die Heere neuerdings nach Rußland in Marsch gesetzt
seien, traf ihn wie ein Peitschenhieb. Deutsche Soldaten
in Odessa, in Jekaterinoslaw, in Charkow, in Rostow, am
Peipussee, während in Amerika bereits Hunderttausende
mit sportlichem Elan unter die Waffen traten und die Be-

völkerung Mitteleuropas Kleider aus Brennesselfaser trug,
Brot aus Stroh und Baumrinde aß und ihre Toten in Hem-
den aus Zeitungspapier begrub, wie sie auch ihre Säuglinge
in Papierwindeln wartete. Doch Karl gewann gerade in
dieser Siedehitze des Wirrsals, in der auch die Wiener
Munitionsarbeiter in den großen Streik traten, das alte
Vertrauen wieder. Die deutsche Heeresleitung hatte sich
zu diesem im Rahmen der Gesamtzusammenhänge verzweifelten Vormarsch entschlossen, also mußte sie wissen,
was sie tat. Was hieß: der russische Norden würde durch
das, was die Deutschen an Lieferungen aus dem Süden
herauszupressen suchten, zum Verhungern verurteilt?
Ohne dieses Rußland, das 15 Millionen Soldaten gestellt
hatte, wäre der Krieg vor drei Jahren beendet gewesen.
Uebrigens konnte es nur mehr Tage dauern, daß die Verbündeten in Petersburg und Moskau standen und die Russen die gestellten Bedingungen annehmen mußten. Das bedeutete dann aber Brot für die Völker daheim und eine
stählerne Sintflut für Frankreich.

Und der Gang der Dinge schien Karl rechtzugeben. Am
3. März, als er für acht Wochen in die Wiener-Neustädter
Fliegerschule eintrat, wurde in Brest-Litowsk jener Friede
unterzeichnet, den die Mittelmächte gewollt hatten. Tatsächlich kam zwar kein Brot aus der Ukraine, aber
80 Divisionen wurden frei — und die Welt erbebte: nun
mußte Deutschland den Krieg gewinnen. Mit dieser Ver-
stärkung standen 193 Divisionen im Westen (4 800 000
Deutsche) gegenüber 183 gegnerischen. Die großen
Schlachten in Frankreich, die gewaltigsten des Krieges,
hoben an. Am 21. März setzte das deutsche Oberkommando zwischen Arras und La Fère fast die halbe Armee
ein. Bis zum 5. April griffen 62 Divisionen an, hinter denen

142

28 in Reserve standen. Der Angriff stieß 60 Kilometer tief, die englische Fünfte Armee wurde vernichtet, sie verlor 1000 Geschütze und 200 Tanks. Nur unter Heranziehung aller Ersatztruppen konnte der Einbruch auf der Linie Albert, Moreuil, Montdidier gehemmt und die Aufrollung der Gesamtfront verhindert werden. Lord Haig traf Vorbereitungen, seine Truppen von Abbéville aus nach England einzuschiffen, und die Pariser Regierung rüstete sich, wie im August 1914, abermals zur Flucht nach Bordeaux. Die Situation ließ die Trennung der englischen Kräfte von den französischen möglich erscheinen. Am 9. April erfolgte mit 35 Divisionen der zweite schwere Schlag zwischen Warneton und La Bassée. Auch er führte nicht ans Ziel, das diesmal die Kanalküste gewesen war. Zu ungeheure Kräfte standen wider einander und das Geschick der Welt lag auf der Waage. Auch schoß die deutsche Artillerie schon mit minderwertiger Ersatzmunition. Der Angriff kam vor Bethune und Hazebrouck auf seine tote Linie und selbst Ypern, um das sich der Bogen nur enger geschlossen hatte, blieb im Besitz der Engländer. Diese nördliche Fronthälfte war nun so mit Material und Reserven vollgestaut, daß vor dem Hauptstoß in Flandern Ablenkungsmanöver eingeschaltet werden mußten. Ablenkungsschlachten zwischen Soissons und Reims, wider deren Riesigkeit an Opfern und Aufwand die drei Punischen Kriege ein Turnierspiel waren.

In diesen beispiellosen Tagen, Ende April, in denen auch die Oesterreicher einen Generalangriff an der Piave vorbereiteten, ging Karl mit einem Ergänzungsgeschwader nach Udine, auf das Flugfeld Campo dei Formia. Am 2. Mai schoß er seinen ersten Gegner ab und drei Tage später lag er über dem Marschkompanielager von Palmanova, nachdem zwei Oesterreicher heruntergegangen waren, allein mit sechs Caproni im Kampf. In dieser Lage hätte er nach dem Reglement, das ihm in hoffnungslosen Fällen die Schonung des Apparates vorschrieb, dem Kampf ausweichen müssen. Er unterließ es in der kopflosen Raserei, die jedesmal von der neuen Waffe auf ihn überging. Sein Stern bestätigte sich wieder. Karl schoß einen Gegner ab und durchschoß einem zweiten, der dann im Gleitflug herunterging, beide Hände. Bei diesem Stand der Dinge, der Gott schon versuchte, veranlaßte eine von der Piave heimkehrende österreichische Staffel die Caproni zur Flucht. Als Karl kalkweiß nach Campo dei Formia kam, machte das Flugfeld eine Ovation. Er wurde für den Orden der Eisernen Krone eingegeben, man redete ihm einen eigenen Kampfstil nach und die Kameraden ehrten ihn, indem sie auch auf seine hellblonden Haare Bezug nahmen, mit dem Kriegsnamen: der weiße Habicht. Karl hatte sogar die Ehre — er empfand es so, obgleich der Mann persönlich nicht den geringsten Eindruck auf ihn machte —, er hatte die Ehre, Kaiser Karl im Rundflug um Udine zu führen. Anläßlich dieses Rundflugs ging seine Tat und seine Auszeichnung mit dem Kronenorden auch durch die Zeitungen. Ueber einem solchen Zeitungsblatt weinte auf der Insel Brazza der Richtvormeister Josef Lakner in einer Weise, daß es seinen Oberleutnant rührte. Er schrieb Karl einen herzlichen Brief und Karl blieb dann weiter mit ihm in Verbindung, schon um seinem Vater Erleichterungen zu verschaffen. Das kleine Weib daheim aber wurde von einem biblischen Grauen überkommen. Dies war zu viel für ihren Jungen und für sie, als daß es nicht irgendwie frevelhaft gewesen wäre. Als daß man nicht hätte bangen müssen, die Mächte würden es sich furchtbar bezahlen lassen. Ihr Junge und der Kaiser —, das ging unfaßlich weit über

144

die Welt des kleinen Weibes hinaus. Und sie begann über dem Zeitungsblatt zu beten.

Im deutschen Reichstag gab am 24. Juni der Staatssekretär des Auswärtigen Amtes, Herr von Kühlmann, seiner Meinung dahin Ausdruck, daß bei der ungeheuren Größe dieses Koalitionskrieges und der Zahl der beteiligten überseeischen Mächte durch rein militärische Entscheidungen ohne alle diplomatischen Verhandlungen ein absolutes Ende kaum erwartet werden könne. Das deutsche Hauptquartier, der Generalquartiermeister Ludendorff, war anderer Meinung. Er war noch immer überzeugt, den Krieg gewinnen zu können, obgleich Deutschland bis auf seine letzte Reserve, bis auf die 250 000 Knaben des Jahrgangs 1900 ausgeblutet war. Vor allem aber unterschätzte das Hauptquartier Amerika, das sich diesen Krieg 30 Milliarden Dollar kosten ließ und zur Zeit bereits eine halbe Million Soldaten in Frankreich abgesetzt hatte, denen es monatlich 250 000 folgen ließ. Die deutschen Unterseeboote waren in ihrer geringen Zahl (200) gegen die Truppentransporte machtlos, auch war den Engländern durch den einfachen Trick der Radiopeilung ihr jeweiliger Standort meistens bekannt. Noch schwerer als die USA-Soldaten fiel jedoch das Material ins Gewicht, das sie mitbrachten. Die Entente hatte nun an Stelle der 5000 schweren Maschinengewehre von 1914 60 000, an Stelle der 120 Flugzeuge von damals 2400 und an leichten Maschinengewehren, die es 1914 nicht gegeben hatte, 120 000. Die Ententearmeen verschleuderten insgesamt 150 Millionen Handgranaten. Im Sommer 1918 standen auch 3000 Tanks hinter der Westfront, während Deutschland, das diese Waffe unterschätzt hatte, davon kaum einige Dutzend besaß. Und der Tank entschied den Krieg.

Am 15. Juli stieß die zweite deutsche Ablenkungs-
offensive beiderseits von Reims tragisch ins Leere. Die
Aktion war über die Schweiz verraten worden und brach
unter dem Feuer der in die Flanken ausgewichenen
Armeen Mangin und Gouraud zusammen. Es kam nicht
mehr zu dem Hauptstoß in Flandern. Schon am
18. Juli brach bei Villers-Cotterets eine Resere-Armee
Fochs (500 000 Mann, zur Hälfte Engländer und Amerikaner) mit 321 Tanks tief in die von einer Grippe-
epidemie heimgesuchten deutschen Linien, die überdies
der geplanten Flandernoffensive wegen auf einen Stand
von 140 000 Mann verringert worden waren. Und am
8. August wurden zwischen Ancre und Avre von 415
Tanks an einem Tag sieben deutsche Divisionen so zerschlagen, daß sie nicht mehr ergänzt werden konnten. An
diesem Abend war der Krieg auch für die Einsichtslose-
sten in den verbündeten Ländern verloren. Ein Kronrat
in Spa beschloß am 14. August die Einleitung von Friedensverhandlungen, aber erst am 11. November wurden
im Wald von Compiègne von den deutschen Parlamen-
tären die Waffenstillstandsbedingungen unterzeichnet.

Die (besonderen) Bedingungen waren: sofortige Räumung
aller besetzten Gebiete, Entlassung aller Kriegsgefangenen
ohne Gegenseitigkeit (Frankreich behielt seine Gefangenen
bis in das Jahr 1920), Auslieferung der deutschen Kriegs-
flotte und sämtlicher U-Boote, ferner von 5000 Kanonen,
25 000 Maschinengewehren, 3000 Minenwerfern, 1700 Flie-
gerabwehrgeschützen, 5000 Lokomotiven, 150 000 Eisen-
bahnwagen, 5000 Lastkraftwagen. Aber es war ratsam,
diese Bedingungen anzunehmen, obgleich sie den Engländern als eine gefährliche Herausforderung erschienen
und obgleich die Pariser sagten: uns ist der Sieg in der

verzweifeltsten Minute auf den Kopf gefallen. Es war ratsam, diese Bedingungen anzunehmen, denn es standen bereits 2 Millionen Amerikaner in Frankreich, mit einer Reserve hinter sich von abermals zwei Millionen. Es wäre in den folgenden Wochen wohl nicht zu verhindern gewesen, daß sich die Tanks über die letzten verhungerten Reste der einstmals furchtbarsten Armee der Welt hinweg bis Berlin begeben hätten. Den 3 400 000 Deutschen standen bereits 9 000 000 Alliierte gegenüber. Marschall Foch hatte sich einen klassischen Vernichtungsfeldzug zurechtgelegt, innerhalb dessen selbst die Italiener über die Alpen nach Mitteldeutschland marschieren sollten. Einer der Unterschreibenden von Compiègne war der Zentrumsabgeordnete Erzberger, der am 2. September 1914 der Regierung eine Denkschrift über die Kriegsziele überreicht hatte, unter denen der alte Traum Kiderlen-Wächters, ein deutsches Zentralafrika von Dar-es-Salam über Duala bis Senegambien, noch die geringste Forderung gewesen war. Aber in diesen Tagen trat der Sattler Ebert an die Spitze der deutschen Republik und das deutsche Volk schien sich anderen Zielen zuzuwenden. Der Aristokrat Graf Brockdorff-Rantzau formulierte sie einige Zeit später mit den Worten: Unerbittliche Kampfansage gegen den Kapitalismus und Imperialismus, dessen Dokument der Friedensentwurf von Versailles ist.

Der Krieg war aus. Der Krieg, der der Weltkrieg genannt wurde und für den später auf den Friedensverträgen zeichneten: Deutschland, Oesterreich, Ungarn, die Türkei, Bulgarien, die Vereinigten Staaten, das Britische Reich, Frankreich, Italien, Japan, Belgien, Bolivia, Brasilien, China, Cuba, Ecuador, Griechenland, Guatemala, Haiti, Hedschas, Honduras, Liberia, Panama, Peru, Polen, Por-

tugal, Rumänien, Südslawien, Siam, die Tschechoslowakei
und Uruguay. Der Krieg war aus, der ein Fünftel des Ge-
samtvermögens der Menschheit verschlungen hatte, nämlich 126 Milliarden Dollar auf Seiten der Entente und 61
Milliarden auf Seiten der Zentralmächte. Für dieses Geld
hätte man der Menschheit geben können:

10 000	Gartenstädte mit je 1000 Ein- familienhäusern	100 Milliarden $
100 000	Kinderheime	10 Milliarden $
50 000	Schulen	15 Milliarden $
10 000	öffentliche Bibliotheken . .	2 Milliarden $
500	Universitäten	2 Milliarden $
5 000	Theater	5 Milliarden $
100 000	Sportplätze	1 Milliarde $
10 000	Sanatorien	10 Milliarden $
10 000 000	Bauernhöfe	30 Milliarden $
10 000 000	landwirtschaftliche Maschinen	2 Milliarden $
50 000 000	Stück Großvieh	10 Milliarden $

Aber der Menschheit war nichts gegeben worden. Zu
erkennen war nur, als die Sintflut sich verlaufen hatte
und die neue Landschaft der Zivilisation heraufstieg, daß
neben dem um einige Jahrzehnte zurückgeworfenen
Deutschland Großbritannien in einer Art Dämmerung lag,
wobei es Amerika über sich und Rußland augenscheinlich über alles hinausgehoben hatte. Das Unentrinnbare,
die den Dingen innewohnende und die Dinge verändernde
Macht hatte sich weitergewälzt. Ueber einen Widerstand
hinweg, wie er nie erhört worden war. Mit der Menge
Stickstoff, errechneten die Nationalökonomen, die in einer
einzigen unentschiedenen Schlacht an der Aisne verbraucht worden war, hätte mehr als der halbe Kontinent vor
einer Hungersnot bewahrt werden können. Mehr als die

148

Hälfte dieses 450 Millionen Menschen umfassenden Europa, in dem während des Krieges und in den ersten Jahren nachher 5 Millionen buchstäblich verhungerten. Die größte Hekatombe hatte die Menschheit aus ihrem eigenen Fleisch in die Vernichtung geliefert. An der Grippe gingen im Jahr 1918 zehn Millionen Menschen zugrunde und der Krieg, der die Maximallebensdauer eines Soldaten an der Westfront, an der jeder dritte Mann fiel, mit drei Monaten bestimmte, forderte 10 541 090 Tote.

An Verwundeten wurden insgesamt 20 815 143 gezählt. Einer davon war der Fliegeroberleutnant und Ritter des Ordens der Eisernen Krone Karl Lakner. Er hatte am 28. Oktober, eine Woche vor dem Abschluß des Waffenstillstandes zwischen Oesterreich und Italien, einen Erkundungsflug unternommen und war in dem Augenblick von der Maschinengewehrladung eines Caproni erfaßt worden. als er eines Vergaserbrandes wegen mit abgestelltem Motor hinter den italienischen Linien niedergegangen war. Der Apparat hatte sich beim Aufprallen überschlagen und Karl war herausgeschleudert worden. Als er sich seiner wieder bewußt wurde, lag er mit einem Durchschuß der Lunge, des Magens, der linken Schulter und einer Kugel im linken Bein in einem Militärspital in Venedig. Die Aerzte hatten wenig Hoffnung gehabt. Aber Karl war nach einigen Wochen so weit, nach Hause schreiben zu können. Am 13. Dezember, als in Trier der Waffenstillstand verlängert wurde, erhielt Karl einen Brief, dessen Schrift ihm fremd war. Eine Nachbarin schrieb ihm:

„Lieber Herr Karl. Ich sollte eigentlich nicht Herr Karl schreiben, weil Sie ja jetzt ein Offizier und Ritter von sind, wie es sogar in der Zeitung gestanden ist, aber ich habe Sie ja doch schon als kleinen Bub gekannt und bin ganz untröstlich. Es heißt ein schweres Opfer tragen. Ich muß Ihnen zu meinem tiefen Leid mitteilen, daß Ihre liebe Frau Mutter krank geworden ist, an Grippe. Ich habe noch gesprochen mit ihr, sie soll zu Hause bleiben und sie ist dann am nächsten Tag auch nicht mehr in die Arbeit gegangen. Aber sie hat eine doppelseitige Lungenentzündung dazubekommen und da war wie bei so vielen jetzt keine Rettung mehr. Sie ist am 9. November gestorben. Ich war oft bei ihr drüben, aber gerade damals habe ich mich um Kohlen anstellen müssen den ganzen Tag, aber sie hat viel geschlafen die letzte Zeit und es wird ihr leicht geworden sein. Wir sind alle untröstlich, denn sie war so eine brave, rechtschaffene Frau, der niemand etwas Schlechtes nachsagen konnte. Ich habe gleich an Sie geschrieben, aber wenn Sie auch nicht gefangen gewesen wären, dauert ja jetzt die Post so lange, daß man gar nicht warten konnte. Am 12., wie gerade Revolution hier war, ist der Leichnam begraben worden. Ich kann Ihnen nicht schreiben, wie schwer es ist, daß ich Ihnen das mitteilen muß, noch wo Sie selbst verwundet sind, aber hoffentlich ist wenigstens Ihre Verwundung wirklich nur leicht und hoffentlich kommt auch Ihr Vater bald nach Hause. Von ihm ist noch keine Nachricht gekommen."

Nun schrieb Karl an das Fliegerabwehrkommando in Almissa, das nicht mehr existierte. In der Wartezeit erfuhr er einiges über die trostlosen Zustände bei der Auflösung des österreichischen Heeres. Er wandte sich nun an den Oberleutnant der Abwehrbatterie, dessen Wiener Anschrift ihm bekannt war. Mitte Januar erhielt er Antwort:

„Lieber Kamerad. Ich bitte Gott, Deine Vorahnung, die Dich um die „ganze Wahrheit" schreiben ließ, sei

150

so stark gewesen, daß sie Dich vorbereitet hat. Ich muß die schwere Pflicht an Dir erfüllen, Dir zu sagen, daß Dein Vater den Weg gegangen ist, den in diesen Jahren unzählige unserer Kameraden gehn mußten. Er fiel am 6. November von einer Gewehrkugel auf der Straße nach Tolmein. Wir reden wohl nicht zu Unrecht von einem unerforschlichen Ratschluß. Die Situation dürfte die gewesen sein, daß der Unglückliche von einem dieser tragischen Schüsse erreicht wurde, wie sie in jenen Tagen von den Jungen dort, die sich der weggeworfenen Gewehre bemächtigten, zu hunderten abgegeben wurden. Von der verzweifelten Unordnung des Rückzugs kann ich ja keine Beschreibung geben, sie war das Zermürbendste, das wir erlebt haben. Trotzdem erfüllten wir an unserem unglücklichen Kameraden unsere Pflicht. Er liegt nun auf dem Tolmeiner Friedhof begraben."

Am 17. Januar wurde der Waffenstillstand zwischen Deutschland und den Westmächten gegen die Lieferung von 58 000 landwirtschaftlichen Maschinen und anderem abermals verlängert und am 14. Februar, unter neuerlichen Erpressungen, zum drittenmal. Am 28. Juni nahm Deutschland in Weimar das Diktat des Versailler Vertrages an. Es verlor damit sämtliche Kolonien — Deutsch-Ostafrika, Kamerun, Togo, Deutsch-Südwestafrika, Neuguinea, Bismarck-Archipel und die Samoainseln —, Land von der sechsfachen Größe des Reiches, mit 23 Millionen Menschen und einem Gesamtaußenhandel von 470 Millionen Mark. Es verlor ferner alle Ueberseeanlagen und allen Auslandsbesitz, seine Handelsflotte und zwanzig Prozent seiner Binnenschiffahrt, 10 Prozent seines Gebietes, 10 Prozent seiner Bevölkerung, ohne das Saargebiet 10 Prozent seiner Kohle, 75 Prozent seines Eisens, 38 Prozent seiner Hochöfen, 10

Prozent seiner Eisen- und Stahlwerke, fast sein ganzes Zink, alle Fernkabel und selbst das Hoheitsrecht über seine Flüsse. Seine Wehrpflicht wurde abgeschafft, seine Armee auf sieben Infanterie- und drei Kavalleriedivisionen (100 000 Mann) reduziert. Es wurde entwaffnet und mußte seine Befestigungen schleifen. Im Fall Helgoland, dessen Ausbau 24 Jahre Arbeit und 875 Millionen Mark gekostet hatte, sah das so aus, daß für die Zerstörung des Hafens allein 20 000 Meter an Sprenglöchern und 150 000 Kilogramm hochexplosives Material notwendig waren. Insgesamt wurden hier 190 000 Kubikmeter Zementmauerwerk ins Meer gesprengt.

Der Versailler Vertrag, der kein Vertrag war, weil er der einen Seite aufgezwungen und von der anderen, wie sich noch erweisen sollte, nicht eingehalten wurde, verfolgte jedoch vornehmlich wirtschaftliche Zwecke. Hatten die in ihm vertretenen 27 alliierten und assoziierten Mächte Gebiete annektiert und selbst die zukünftige deutsche Zollpolitik festgesetzt, um ihren über den Krieg ungewöhnlich angewachsenen und überkapitalisierten Industrien Märkte und Rohstoffmonopole zu sichern, dann verpflichteten sie Deutschland auch zur Zahlung einer Kriegsentschädigung, um ihre Staatshaushalte auszugleichen. Diese Bedingung war in den für den Friedensvertrag grundlegenden Vierzehn Punkten des Präsidenten Wilson nicht vorgesehen gewesen. Die Vierzehn Punkte hatten lediglich eine Bestimmung über die Wiedergutmachung der der Zivilbevölkerung zugefügten Schäden enthalten. Lloyd George, der den Schrei nach den „Reparationen" zu seinem Wahlschlager machte, hatte noch in der Zeit des Waffenstillstands, in dem die Richtlinien für Versailles bereits festgelegt waren, nicht im

152

Traum an eine Erhöhung dieser Summen gedacht. Mittlerweile waren aber die Steuerzahler, die Wertpapierbesitzer, die Banken und Finanzierungshäuser auf den Plan getreten und hatten gefordert, die Kriegsschulden der Alliierten an Amerika durch Deutschland zahlen zu lassen. Die Einwände des donquichotischen, im Temperament presbyterianischen, im Denken theologischen, im übrigen hilflosen Präsidenten Wilson waren umgangen worden. Der Hohe Rat der Vier (Clemenceau, Lloyd George, Wilson, Orlando) hatte zur Wiedergutmachung noch die Summen der Ruhegehälter und Unterhaltsbeiträge hinzugeschlagen, die allein 100 Milliarden Mark ausmachten. Trotzdem wurde zwischen den Siegermächten keine Einigung erzielt; die endgültige Festsetzung der Reparationshöhe blieb einem Wiedergutmachungsausschuß vorbehalten. Auf diese Weise nahmen, nach einer weiteren Bestimmung des Vertrages, 150 000 Ententesoldaten (darunter Senegalneger, Spahis, Indochinesen) die als Sicherung gedachte und für 15 Jahre vorgesehene Besetzung der westrheinischen Gebiete vor (6.2 Millionen Einwohner), während Deutschland die Höhe seiner Verpflichtungen nicht einmal kannte. Es wußte lediglich, daß Fachleute wie der französische Finanzminister Klotz an einen Betrag von 260 Milliarden Goldmark dachten.

Am 1. August 1919 trat Karl Lakner die Heimreise an. Schmächtig und aschfarben und in Zivil.

Der neue Kurs

Diese Rückkehr erschien Karl als die Fahrt in eine
ausweglose Bitternis. Mit dem Tod seiner Mutter hatte
sein Leben den zentralen Sinn verloren. Er bedauerte,
nicht irgendwo auf einem Schlachtfeld liegen geblieben
zu sein. Was er von der Zukunft noch erwartete, schien
nicht belangvoll genug, die sinnlose Tragik der Vergangenheit aufwiegen zu können. Es war wie ein fortwährend Kopfschütteln in Karl. Wenn wenigstens diese
Reise, dieses Zwischen - den - Stationen - schweben ewig
hätte weiterwähren können. Aber jeder Meilenstein, jede
Telegraphenstange, die draußen vorüberflog, brachte ihn
dem Augenblick näher, vor dem seine Vorstellungskraft
versagte, dem Augenblick, in dem er die alte Wohnung
betreten würde. Schließlich nächtigte Karl in Graz, ohne
durch die Umstände dazu gezwungen zu sein. Er suchte
geradezu nach Möglichkeiten, die Heimkehr zu verzögern.

Da kam ihm das Leben selbst mit seiner unverwüst-
lichen Kraft und seinem sänftigenden Schmelz zu Hilfe.
Auf der Weiterreise sah Karl die Morgensonne auf den
Feldern, und wie unter der großen Bläue das feine
Glockengeläut der Dörfer zu ihm herüberschwebte, mußte
er plötzlich denken, daß die Liebe zu seiner toten Mutter
vielleicht größer sein würde, wenn er aufhörte, sich um
ihretwillen anzuklagen. Dieser Gedanke war kühner als
Karls Herz, Karl vermochte ihn auch nicht sogleich zu Ende

zu denken, so sehr fühlte er sich voll Schuld, aber die Ergriffenheit, die aus dem milden Glanz, der auf der Erde
lag, über ihn gekommen war, verließ ihn nicht mehr. Sie
erhob ihn in eine Abgeklärtheit, die auch die Leiden begrenzt erscheinen ließ, und die Erinnerung an die zahllosen
Generationen, die vor ihm durch die Leiden der Erde gegangen waren, machte Karl demütig. Auf dem tiefsten
Grund des Elends und der Ratlosigkeit stand seine Liebe
zum Dasein, stand sein großer Lebenswille wieder auf. So
kam er, trotz aller Abgehärmtheit, mit dem größten Maß
von Lebensbejahung, dessen er fähig war, nach Wien.

Mit ihm verließ eine Schar Reporter den Zug, die die
sterbende Stadt abzuernten kamen. Die Monarchie war in
sieben Teile auseinandergefallen, die Nachfolgestaaten
boykottierten den deutschen Rumpf und die alpenländi-
schen Provinzen boykottierten Wien. Die Provinzen ver-
suchten, solange es verfassungsrechtlich nicht möglich war,
wenigstens auf dem Verwaltungsweg ihre Haupt- und
Residenzstadt loszuwerden. Sie stellten selbst die Lebens-
mittellieferungen an das bankrotte Monstrum ein, dessen
Barock und Musik keine Kartoffel aufwog. Die neue Gemeindeverwaltung hatte die Stadt mit einem Defizit von
250 Millionen übernommen. Jeder dritte Mann war arbeitslos, es gab keine Straßenbeleuchtung und keine Kinos,
die Haustore wurden um acht gesperrt, die Cafés, die
Zichorienwasser ausschenkten, um neun. Um diese Zeit
fuhr auch die letzte Straßenbahn. Auf zehn Todesfälle
kamen vier Lebendgeburten und die Krone stand im Wert
von 3 Züricher Centimes. Wer etwas zu veräußern hatte,
verschacherte es ans Ausland: Häuser, Fabriken, Forste,
Wasserrechte, um Valuten in die Hand zu bekommen, und
wer nichts zu veräußern hatte, stahl: Türklinken, Brief-

155

kasten, Parkbänke, Straßentafeln, Grabdenkmäler. Die
Militärmissionen führten aus den Galerien die Veroneses
und Giorgiones weg, während die Bevölkerung die um-
liegenden Wälder abholzte und das ehemalige Hofwild
schoß.

Karl kam an einem sonnigen Vormittag an. Etwas von
der Weite des Himmels war in ihm, als er durch die be-
kannten Straßen ging, und er betrat das alte Haus mit dem
Gefühl, daß nun sein Leben drüber hinauswachsen würde.
Er holte den Schlüssel von der Nachbarin und trat in die
Wohnung seiner Mutter ohne Erschütterung.

Das Einzige, das für ihn aus der Welt vor dem Krieg
herüberreichte, war der Revers. Jenes Dokument, mit dem
ihn das Lehrerseminar verpflichtet hatte, mindestens sechs
Jahre dem Lande Niederösterreich (einschließlich Wiens)
seine Dienste zu widmen. Widrigenfalls er das Schulgeld
von 1500 Kronen noch nachträglich zu bezahlen hätte.
Dieses Dekret war nun die Brücke in die Zukunft. Karl
ging noch am Tage seiner Ankunft in das Gebäude des
niederösterreichischen Landesausschusses. Dort erfuhr er
jedoch, daß die Behörde, die er suchte, für ihn nicht mehr
existierte. Man sagte ihm, Oesterreich sei nun ein Bundes-
staat, Wien ein eigenes Land und die zuständige Stelle
für ihn wäre der Stadtschulrat. Karl begab sich
in den Stadtschulrat. Er ging langsam und etwas
scheu, denn er war noch mitgenommen von der langen
Spitalszeit. Auch verursachte ihm die neue Ordnung Unbehagen. Sie schien die Erwartung, daß er nun in sein eigenes
Schicksal entlassen sei, umzustoßen.

Im Stadtschulrat gab man ihm den Rat, einen anderen Beruf zu ergreifen. Zwar seien tausende Lehrer gefallen, aber
auch die Kinderzahl wäre um 113 000 zurückgegangen und

156

in den nächsten 5 Jahren würde infolge des Geburtenausfalls
während der Kriegszeit die Hälfte der Klassen überhaupt
leerstehen. Und der Staat hätte weder die Mittel noch eine
Handhabe, den älteren Angestellten die Pensionierung auf-
zuzwingen. Selbst die während des Krieges eingestellten
Frauen könnten, bei diesen Zeiten, nicht kurzerhand auf
die Straße geworfen werden. Gewiß: einer Eingabe an
die Behörde eines anderen Bundeslandes stünde nichts
entgegen, doch dürfte sie wenig Aussicht haben. Karl trat
wieder in die Sonne der Ringstraße hinaus, betäubt, als
hätte man ihn mit Sandsäcken geschlagen. Dessenungeachtet schrieb er noch am gleichen Tag an einundzwanzig
Bezirksschulräte der Provinz. Er schrieb mit Eifer bis in
die Nacht hinein, weil ihn die Wohnung nun doch be-
drückte.

Die folgenden Tage ging er viel in den Straßen umher.
Mit Wißbegier las er die Zeitungen, was er nie getan hatte.
Trotzdem kam er der neuen Welt nicht näher. Ihre Errungenschaften, Achtstundentag, bezahlter Urlaub, Ar-
beitslosenversicherung, Betriebsrätegesetz, Frauenwahl-
recht, Abschaffung der Todesstrafe, betrafen ihn nicht
unmittelbar, und hinsichtlich der neuen Staatsform mußte
sich Karl eingestehen, daß er kein Gefühl für ihre Realität
gewann. Er war mit der Einfachheit der kleinen Leute
bereit, der Republik, da sich die Zeiten offenbar geändert
hatten, die gleiche Rechtschaffenheit zuzugestehen wie der
Monarchie, aber darum waren die Ansichten, die in einem
Atem mit ihr vertreten wurden, für ihn nicht weniger er-
bitternd. Begriff Karl schon nicht, warum nun alles, was
gestern der Hort der Nation gewesen war, der Kaiser, die
Führung im Feld, der ganze streitbare Staat, als schur-
kisch oder idiotisch verurteilt wurde, so kränkte es ihn

persönlich, daß nun jeder Soldat an dem alten System mitschuldig sein sollte oder einfach als sein Trottel erschien. Warum, fragte sich Karl, hat im Juli 1914 niemand so deutlich geredet? Diese Frage beschäftigte ihn um so quälender, als er nicht in der Lage war, die politische Alltagstaktik von dem Dienst, den die Politik der Zukunft erwies, zu trennen. Die Opfer, die er und Millionen gebracht hatten, erschienen sinnlos. Diese Einsicht fügte zu dem äußeren Chaos das innere.

Ukrainer und Polen kämpften um Lemberg. Wozu, fragte sich Karl mit einem irren Kopfschütteln, haben wir hinter Grodek im Feuer gestanden? Diese Polen, deren Selbständigkeit durch die Deutschen proklamiert worden war, hielten Westpreußen und Posen besetzt und vergossen in Kattowitz und Beuthen deutsches Blut. In Riga und Mitau kämpften deutsche Freikorps mit den Letten gegen die Rotgardisten, in Finnland mit der Reaktion gegen die Revolutionäre, und in Wiesbaden riefen sie unter der Patronanz des Generals Mangin, der sie bei Soissons hingemäht hatte, eine Rheinische Republik aus. Die Ungarn kämpften gegen die Rumänen, Tschechen und Oesterreicher, die Italiener gegen die Südslawen, die Griechen, auf englische Rechnung, gegen die Türken, und die Engländer und Amerikaner landeten ein Expeditionskorps an der Murmanküste. Die Franzosen, gleichfalls im Geist des Versailler Vertrages für das Selbstbestimmungsrecht der Völker streitend, landeten ein zweites in Odessa und die Japaner hielten Wladiwostok besetzt. Die Alliierten besoldeten gegen Rußland überdies die weißen Generale. Judenitsch kämpfte vor Petersburg, Wrangel in der Krim und Koltschak in Sibirien. Dreißig wilde Kriege toben noch in der Welt, sagte Lloyd George. Aber zwanzig davon

wurden zwischen den Bundesgenossen von gestern geführt
und in Ländern, in denen noch immer Hunderttausende
verhungerten. Es steht fest, sagte Herbert Hoover zu einem
Interviewer des Matin, daß Europa, daß die Welt sich der
schwersten Gefahr gegenüber befindet, die jemals die
Menschheit bedroht hat. Er dachte dabei vor allem an den
Weltbolschewismus. Dennoch legte er seinen Landsleuten,
deren Waren in den Häfen verfaulten, vergebens nahe,
Europa die vier Milliarden Kredit zu gewähren, die es
nach seiner Schätzung zur Gesundung brauchte.

Wie aber, fragte sich Karl, konnten Ideen, die mit
Millionen Toten aufgewogen wurden, so abwandelbar
sein? Karl fragte sich weniger, als daß er sich dumpf im
Blut an dieser Welt irrewerden fühlte. Durch den Hingang
seiner Mutter war ihm die Ueberzeugung von der Gerechtigkeit der Dinge genommen worden, nun verlor er auch
den Glauben an ihren Sinn. Willkür und Wahnsinn
schienen die Menschheit durcheinanderzuwerfen wie die
Ruten jenes Perserkönigs den Hellespont. Achtzig Prozent
der Schulkinder waren rachitisch, die Erwachsenen, denen
die Lebensmittel noch immer rationiert wurden, bezogen
1200 Kalorien statt 2400 im Tag, und diese bestenfalls
aus amerikanischem Gefrierfleisch, dennoch tackte und
johlte es in allen Lokalen, wie wenn Karneval wäre. Die
neue Musik (deren Medium auf ihrem Weg aus den kuba-
nischen Kaschemmen in die abendländischen Großstädte
der Chikagoer Neger Jasbo (Jazz) Brown gewesen war und
die mit den amerikanischen Regimentern nach Europa gekommen war), diese Musik schien einzigartig für den
Cancan zu passen, den man zur Apokalypse tanzt. Und
aus jedem Film und Plakat glühten Nuditäten, die Prostitution paradierte mit Zwölfjährigen, indes der Rauschgift-

handel, wie die Zeitungen ausmalten, bereits in alle Schichten der Bevölkerung eingedrungen war. Das „Stahlbad", glossierte ein Feuilletonist diese Erscheinungen, hätte den weltstädtischen Menschen aus allen veralteten Hemmungen herausgeschabt: erst jetzt würden sich das zwanzigste Jahrhundert und die Zivilisation ihrer selbst bewußt. Karl, der einmal den Franz von Assisi verehrt hatte, fand, daß er einem überholten Menschenschlag angehörte. Er hatte die Soldatenrobustheit längst verloren und dachte an nichts als eine Zuflucht. In irgendein Dorf sich verkriechen können und (... es blieb Karl auch nicht verborgen, daß jede zweite Frau schwanger ging) an einem anderen Menschen gut machen, was an dem kleinen Weib versäumt worden war. Bis in diese Verängstigtheit hatte sich sein Lebenstraum nun zurückgezogen.

Allein er sollte der Zuflucht nicht teilhaftig werden. Ende September erhielt er die letzten Absagen von den Bezirksschulräten. Die Provinz, die über eigene Seminare verfügte, ging auch bezüglich der Person des Lehramtskandidaten Karl Lakner von ihrem Partikularismus nicht ab. Karl aber mußte diesen Schlag in einem Augenblick hinnehmen, da er seine Ersparnisse aus der Gage, die ihm von den Italienern ausbezahlt worden war, auf einen verzweifelten Rest zusammengeschmolzen sah. Er hatte zu spät den Wert der Valuta erkannt. Allerdings würde ihn auch die Lira nicht mehr lange gehalten haben. An diesem Tag setzte sich Karl in die Ecke des alten Diwans, wie ein Junge, mit angezogenen Knien und die Hände im Nacken verschränkt; stundenlang blieb er ohne Regung so sitzen. Sein Vater, dachte er, war sich auch darin treu geblieben, daß er sich die Rückkehr in dieses Leben erspart hatte. Schließlich kramte Karl seine Aus-

zeichnungen aus dem spärlichen Gepäck, das seit seiner
Ankunft unbeachtet liegen geblieben war. Er legte die
Medaillen vor sich hin, die Große Silberne, das Signum
laudis, das Militärverdienstkreuz und den Kronenorden.
Sie kamen ihm heute wie ein unbegreifliches Männerspiel-
zeug vor. Nun holte Karl, den schwarzen Brand, der ihn
aushöhlte, schürend, auch seine Geige vom Kasten, die
bernsteingelbe Geige, deren Kopf nicht eine Schnecke,
sondern ein geschnitztes Löwenhaupt war. Er rechnete
nach, daß er das Instrument seit sieben Jahren nicht mehr
in der Hand gehalten hatte. Und als er sah, daß die A-
und die D-Saite gesprungen waren, dachte er, daß er sie
wohl kaum erneuern würde. Er legte die Geige zu den
Medaillen. Dann kniete er vor dem Koffer nieder, in dem
seine Schulbücher verstaut waren, und holte das zuunterst
darin aufbewahrte alte Tagebuch heraus. Karl meinte, zu
diesem Aufsammeln der alten Dinge verführe ihn ein Trieb,
sich selbst zu ironisieren. In Wahrheit suchte er diese
Tätigkeit, weil die Zeit im Zimmer stillstand. Als er dann
aber den Satz aufschlug, den er mit dreizehn Jahren, zur
Zeit der Blumenhandlung, geschrieben hatte:... daß man
sich der Welt nicht anvertrauen könne, daß man sich durchsetzen müsse in ihr, schüttelte er den Kopf. Nicht durchsetzen, sagte er sich, behaupten müsse man sich in ihr.
Diese Erkenntnis war augenscheinlich das Einzige, um
das er es weitergebracht hatte seither. Damit war auch
das Stilleben fertig, der kleine Friedhof armseliger Ueber-
bleibsel aus den Illusionen eines halben Lebens. Aber
Karl sah nicht mehr hin. Die währende Stille hatte ihn
angetastet. Er sah sich plötzlich selbst. Als den Mann, der
da im Raum stand und um den die Verlassenheit kreiste.
Da drehte er das Gesicht zum Fenster, um sich zu über-

zeugen, daß die ungeheure Welt draußen, deren er sich erinnert hatte, noch existierte. Sie existierte noch; ihm aber kam in dieser Sekunde nicht nur zum Bewußtsein, daß er immer ein Einzelgänger gewesen war, sondern daß er auch seinen Gottesglauben verloren hatte. Irgendwann einmal hatte das begonnen, unmerklich eigentlich, wahrscheinlich damals, als er von den anderen Religionslehrern der Menschheit gehört hatte, und vielleicht trugen auch die Priester Schuld daran, die hüben und drüben die Kanonen gesegnet hatten. Jedenfalls war auch das vorüber. Und es wäre nun wahrhaftig eine Erlösung gewesen, sich als eine Nummer, als ein Glied in eine Kette reihen zu können, unter Berg- oder Fabrikarbeiter, um sein Tagewerk und ein Entgelt dafür zu haben.

Wäre Karl im Denken geschulter gewesen, dann wäre ihm aufgefallen, daß er mit diesem Seufzer seine Individualität aufzugeben wünschte. Womit offenbar bewiesen war, daß die wirtschaftliche Motivierung dieses Wunsches zumindest ebenso zwingend sein konnte, als was ihr an biologischen Bedingungen entgegenstand. Aber Karl dachte an diese Konsequenz nicht, obgleich der Augenblick nicht nur in seinem Leben, sondern in dem von vielen augenscheinlich so reif dafür war, daß in Moskau die Bucharin, Pokrowski und Bednij, die Dialektiker, Historiker und Dichter des Bolschewismus, den Kollektivmenschen feiern und die Heraufkunft des „automatisierten Dividuums" prophezeien konnten. Karl dachte bloß, daß es symbolisch sei, wenn ihm nun als einziges Auskunftsmittel einfiele, wieder zu seinem ehemaligen Ordinarius um Rat zu gehen, der ihm auch 1909 geholfen hatte, als sein Vater wieder Maurer geworden war. Am folgenden Vormittag aber bedeutete ihm der Ordinarius, daß er selbst

162

auf dem Weg einer besonderen Befürwortung keine Möglichkeit sähe, die bestehenden Anstellungsverhältnisse zu korrigieren. Nachher führte ihn der Mann jedoch zum Direktor des Instituts, der das Telefon abhob und Karl mit zwei Gesprächen einen Posten bei der Studentenausspeisung des amerikanischen Hilfswerks vermittelte.

Nun saß Karl in einem provisorisch eingerichteten Verschlag neben der Küche des Kurhauses im Stadtpark, mit hunderten Belegen, aber mit einer sehr einfachen Arbeit beschäftigt. Die Stelle hatte auch den Vorteil, daß er billig zu Mittag aß. Im übrigen fühlte er sich degradiert und aus sich selbst verdrängt. Daran änderte auch der Umstand nichts, daß er einige Male Herbert Hoover von Angesicht zu Angesicht zu sehen bekam. Karl machte, da seinem jetzigen Leben auch jede Behaglichkeit fehlte, einen recht hypochondrischen Winter durch. Er wußte nun, warum er unbedingt hatte studieren wollen, denn sein Gefühl machte zwischen Beruf und Arbeit einen Unterschied, der den ganzen Menschen betraf. Aber er mußte sich gestehen, daß die Frage nun weniger war, wie er den Lehrberuf ersetzen könnte, als wie überhaupt eine neue Basis zu finden sein würde. Wenn er nicht Glück hatte — und wer hatte Glück? — konnte das eine Folter werden, der er durch sein ganzes Leben ausgeliefert sein würde. Diese Sorge ließ schon deshalb von Karl nicht ab, weil bereits vom Dezember an über die Auflassung des Hilfswerks gesprochen wurde. Schließlich dauerte es bis Mai (1920), aber Karl hatte sich auch um diese Zeit aus seiner gedrückten Verfassung noch nicht aufgerafft.

Da sollte er unerwartet jene äußere Hilfe erhalten, ohne die selbst nach dem Urteil der Weisen das Wunder von innen nicht möglich ist. Als er wieder bei dem Direk-

163

tor des Seminars vorsprach, in der Hoffnung, daß sich etwas zu seinen Gunsten geändert hätte, konnte der ihm das zwar nicht bestätigen, aber er war in der Lage, ihm eine aufmunternde Abwechslung in Aussicht zu stellen. Sechzig Kinder waren nach Oerebro zu führen, im Rahmen der Schwedischen Kinderhilfsaktion, und der Direktor war bereit, Karl als dritte Begleitperson dafür namhaft zu machen. Auf diese Weise fuhr Karl eine Woche später zum zweitenmal über die Ostsee. Sie fuhren mit der Drottning Victoria, die ganz weiß gestrichen war, und unter dem glühend blauen Himmel begleiteten drei Seeadler mit riesigen Pendelschwüngen das Schiff. Die Kinder, lauter Mädchen, standen in hellen Kleidern auf dem Hinterdeck, wo sie mit ihren jungen Stimmen und einigen buntbebänderten Mandolinen unaufhörlich Konzert machten. Karl war es an diesem Tag, als stiege er aus einem dunklen Stollen herauf. Zum erstenmal hatten unter seinen Gedanken die zukunftssuchenden mehr Kraft als die der Vergangenheit nachhängenden. Und in Oerebro, auf dem kleinen Empfangsbankett, das man ihnen vorbereitet hatte, sah er wieder, daß es feine junge Frauen gab. Ach, war es nicht ein unaussprechliches Glück, daß er nach Grodek und Tuczepi, nach der Bugforcierung und den Luftkämpfen überhaupt noch lebte? Karl neigte, an der bekränzten Saalwand stehend, beklommen das Gesicht. Ein Gefühl kam über ihn, halb Scham über seinen Kleinmut, halb eine Dankbarkeit, die ihn so erwärmte, daß er den alten Gott gebraucht hätte, um sich damit an ihn zu wenden. Als dann die Pflegeeltern ein Kind nach dem anderen aus seiner Obhut übernahmen, berührte ihn ihre Freundlichkeit, als gälte sie ihm persönlich. Er empfand die Menschen als eine geschwisterliche Gemeinde und die

Erde als einen guten Stern. Ja, die Zuversicht machte ihn hell innen, hell wie die Sonne auf den weißen Tischen, wie die Kinderstimmen und das viele Lächeln im Raum, so daß er nun geradezu ungeduldig wurde, heimzukommen, um schmieden zu können an seinem Geschick. Sollte er nicht als Lehrer unter Kindern stehen, im Frühling, wenn der erste Glanz durch die Scheiben brach, und im Herbst, wenn der erste Schnee die Klasse mit Jubel überflirrte, dann wollte er das von seiner Zeit nehmen, was sie außerhalb der Kathederluft reichlicher bot, nämlich Geld. Und mit dem wollte er dann sich selber leben, das will sagen einer Frau und einem Kind.

Tatsächlich schienen die Tage für Karl nun lichter zu werden. Er, der seit den Zeiten der Blutsbrüderschaften keinen Freund gehabt hatte, fand nun in wenigen Stunden einen. In dem Ingenieur Oscar Pettersson, der um zwei Jahre älter war als er, aus Oerebro stammte und gleichfalls nach Wien fuhr. Angeblich, um sein Schuldeutsch zu verbessern, in Wahrheit, weil er sich unterhalten wollte und die österreichische Papierwährung, die von seiner Krone nur nach Gewicht gekauft wurde, dafür von unwiderstehlicher Lockung war. Oscar Pettersson nahm Karl schon auf dem Perron in Oerebro in Beschlag. Er verfügte über jene gesellige Art, die allmächtig ist. Er besaß die innere Vergnügtheit, die augenzwinkernde, ununterbrochene Bereitschaft, über die Schnur zu hauen, die bei gebildeten Menschen ebenso selten ist wie eine gute Haltung bei dummen. Dazu war diesem Schweden ein sehr angenehmes Aeußere gegeben. Er glich mit seinem saftig schwarzen Haar und den schwarzen Knopfaugen dem sportlichen Typ der jungen amerikanischen Filmleute. Jedenfalls war für Karl Oscar Petterssons Wesen

165

ein Labsal und Oscar Pettersson wieder bezog die Grundlage für seine Hochachtung aus Karls Kriegserlebnissen, nach denen er schon beim zweiten Mundauftun fragte. Er bot dem Helden auch schon während der Ueberfahrt nach Saßnitz das Du an.

Die Schweden duzen sich schnell mit ihren Gästen und Deutschen gegenüber fühlten sie sich dazu in jenen Tagen besonders angeregt. Aber Oscar Petterssons Beziehung zu Karl war bald von einer innigeren Wärme. Nachdem er Karls Behausung gesehen hatte, nahm sein Verhalten sogar eine väterliche Note an. Er bestand darauf, Karl für die zwei Monate, die er in Wien zu bleiben gedachte, in allem zum Kumpan zu haben. Karl hatte jedoch große Vorsätze, denen er schon deshalb ohne Aufschub und Abstrich gerecht werden wollte, weil er glaubte, nur dann einen Erfolg erwarten zu dürfen. Karl war da von einer Moralität, die fast zimperlich und schon mit Aberglauben gemischt war. Er blieb aufrecht und schien recht zu behalten. Die Generaloffensive um einen Posten, die darin bestand, daß er mit zwölf Abschriften seines Curriculum vitae in den Personalbüros der zwölf größten Firmen seines Bezirks vorsprach, endete schon am ersten Tag damit, daß ihn eine Waffenfabrik, die auf Karosserie- und Flugzeugbau umgestellt wurde, in ihre Dienste nahm. Zwar nur auf zwei Monate, da er bloß während einer Inventur verwendet werden sollte, doch Karl genügte das. Auch der Bankkurs, in den er sich zugleich einschreiben ließ, dauerte keinesfalls länger. Und das Wesentliche, die Seßhaftigkeit und das Geldverdienen, sollte ja erst nachher einsetzen.

Karl fühlte sich wieder gut im Start. Die ungemeine Vermehrung der Banken, die in dieser Zeit der Zahlungsmittelknappheit eine Hochkonjunktur sondergleichen hatten, bewies ihm, daß er gut beraten war. Und an den Sonntagen nahm er an einer Traumwelt teil. Er fuhr im Auto zu großen Meetings, er lernte das internationale Register der Bardrinks kennen, er sah in der Ronacher-Revue nackte Frauen auf dem Rand einer schwingenden Riesenglocke stehen und er hatte in dieser Zeit weinselige Nächte und Mädchengesellschaft. Oscar Pettersson, von der Leidenschaft besessen, das Seine dem harten Gott der Zeit zu opfern, indem er an einem österreichischen Fliegeroffizier, der rührend arm war und acht Narben hatte, sozusagen den Firmpaten des Lebens spielte, Oscar Pettersson brachte auch Mädchen heran, wenn es auch nicht gerade die anständigsten waren. Karl aber fühlte sich warm durchzogen. Im Grün der Sportplätze und im Gefunkel der Varietés kam ihm das Bild Marynas wieder und er dachte: daß es nie eine sein sollte, die ihr nicht bis ins Augenlid gliche. Sein Herz sättigte sich an diesem Gelübde, sein Leben schien wie ein reicher Sommer vor ihm zu liegen. Allein als Oscar Pettersson abgereist und seine Zeit bei der Karosseriefabrik abgelaufen war, fand Karl — denn die Großbanken waren überrannt — nur eine schlecht bezahlte Anstellung bei der Winkelneugründung Flügelmann & Co. Das Lokal war vierzehn Tage vorher noch ein Volkscafé gewesen und wurde es nach zweieinhalb Monaten wieder. Für Karl mit der Folge, daß ihm Flügelmann & Co. das letzte Gehalt schuldig blieben. Dafür vermittelten sie ihm, ehe sie eingesperrt wurden, noch einen anderen Posten. Hier, bei Tortmann, Sarfan & Co., dauerte die Devisenwalpurgis viereinhalb Monate. Die Chefs wurden nicht eingesperrt, das letzte Gehalt blieben auch sie schuldig. Nun fand Karl so bald keine

Anstellung mehr, er mußte es wieder lernen, zu hungern. In dieser Zeit setzte er seine Hoffnung auf den Anschluß Oesterreichs an Deutschland.

Die Volksabstimmungen, die entgegen dem Einspruch der Siegermächte, eben durchgeführt wurden, brachten begeisternde Ergebnisse. Tirol hatte sich mit 147 000 gegen 2000 Stimmen für den Anschluß erklärt, Salzburg mit 129 200 gegen 800. Zwar kannte auch Karl diesen Artikel des Versailler Vertrages: Deutschland erkennt die Unabhängigkeit Oesterreichs an und verpflichtet sich, sie unbedingt zu achten; Deutschland erkennt an, daß diese Unabhängigkeit unabänderlich ist, es sei denn, daß der Rat des Völkerbundes einer Abänderung zustimmt. Und Karl wußte auch, daß die Beschlüsse dieses Rates einstimmig, also von Frankreich toleriert sein mußten. Denn der Völkerbund, 1920 gegründet, vertrat zwar drei Viertel der Erdbevölkerung, aber er war diese Spottgeburt einer Institution, wie sie der belgische Abgeordnete Beernaert 1907 vorausgesagt hatte. Doch Karl hoffte, selbst Frankreich müßte einsehen, daß dieses Oesterreich nicht lebensfähig sei. Das Land besaß nur 25 Prozent anbaufähigen Boden und außer Eisen und Magnesit gerade noch etwas Salz und wertlose Braunkohle. Es mußte 30 Prozent seines Fleischbedarfs einführen, 60 Prozent seines Kunstdüngers, 70 Prozent von Kohle und Weizen und 90 Prozent seiner Textilien, zu schweigen von Erdöl, Kaffee, Tabak und dergleichen. Seine voluminöse Industrie aber, die diese Einfuhr bezahlen sollte, hatte seit dem Zerfall der Monarchie keine Märkte und die Arbeiter der staatlichen Notenpresse arbeiteten in Schichten. Die Krone repräsentierte gerade noch den Wert eines Zehntelcentime.

Frankreich hatte sich indessen auf den Konferenzen von

San Remo und in Boulogne (1920) Handlungsfreiheit gesichert. Millerand war Lloyd George in der Irak- und Mossulfrage entgegengekommen und der hatte ihm dafür die mitteleuropäischen Entscheidungen überlassen. Deutschland hatte das schon in Spa zu spüren bekommen, wo Lloyd George ihm die Ruhrbesetzung androhte. Im März nun (1921) hatten die Franzosen Düsseldorf besetzt, Duisburg, Ruhrort, Frankfurt, Darmstadt. Im April war es Frankreich möglich gewesen, durch das Londoner Ultimatum die Reparationshöhe mit 132 Milliarden zu fixieren, und im Augenblick war es entschlossen, mit Hilfe eines japanischen Berichterstatters im Völkerbund und einer Ueberprüfungskommission, die aus einem Belgier, einem Spanier, einem Brasilianer und einem Chinesen zusammengesetzt war, Deutschland von seinen 60 oberschlesischen Kohlenbergwerken 50 zu nehmen. Dieses Frankreich ließ sich auch wegen viereinhalb Millionen erwachsener Oesterreicher keine grauen Haare wachsen. Es leitete Kreditverhandlungen ein, die zur Sanierung des Krüppelstaats führen sollten. Zur Sanierung in einer Weise, die noch genug Not zurücklassen würde, um Oesterreich für spätere Balkanpläne geschmeidig zu erhalten. Auf diese Art wurde es auch mit den Hoffnungen Karls auf ein größeres Wirtschaftsgebiet nichts. Mitte Juni fand er jedoch eine Anstellung als Strazzist bei einer Weinimportfirma. Das Unternehmen florierte, die Lohnsätze waren nicht schlecht und die Leute nicht unangenehm. Nur daß die Gehaltssteigerungen, die notgedrungen von Monat zu Monat vorgenommen werden mußten, in keiner Weise mehr mit der Geldentwertung Schritt hielten. Karl rechnete sich schon im August aus, daß er um ein Viertel weniger verdiente als bei seinem Eintritt in die Firma.

169

Im Oktober sollte Karl seine Unterhaltsrechnung auch mit relativen Größen nicht mehr aufstellen können. Es wurde seiner Firma von der Bank, mit der sie arbeitete (und die sich mit einer neu aufgemachten Konkurrenz zusammengetan hatte), im Augenblick der größten Außenstände und des dringendsten Geldbedarfs, Anfang Oktober, nach der Weinlese, der Kredit vorenthalten, worauf sie trotz aller Reellität unter einer Springflut uneinlösbarer Wechsel zusammenbrach. Damit lag auch Karl wieder auf dem Pflaster. Nun sprach er nach einer Woche fruchtlosen Suchens bei der Pfandleihanstalt vor, in die ihn mit vierzehn Jahren der Centreforward von „Sturm 1907" protegiert hatte. Die alten Leute nahmen Karl wieder auf, aber sie konnten ihn nicht anders wie in jener Zeit verwenden. Das brachte ihn innerlich herunter wie seinen Vater, als er zum Weichensteller degradiert worden war. In dieser Not schrieb er, am Weihnachtsabend, wieder an einige Bezirksschulräte der Provinz, um nach Neujahr (1922) abermals ebensoviele Absagen zu erhalten. Und am ersten Februar wurde die Pfandleihanstalt verstaatlicht und Karl, dem schon die neue Staatsform zum Unglück ausgeschlagen war, der die Auflassung eines amerikanischen Hilfswerks, die Reorganisation einer Fabrik, zwei schwindelhafte Fallissements und den privatwirtschaftlichen Konkurrenzkampf erlitten hatte, Karl fiel nun auch der Verstaatlichung einer privaten Pfandleihanstalt zum Opfer. Denn er wurde seiner zu geringen Dienstzeit wegen nicht in das neue Dienstverhältnis übernommen.

An diesem Tag schrieb er einen Hilferuf an Oscar Pettersson. Er handelte dabei halb wie ein Kind, das alles hinwirft, halb wie ein Versinkender, der nach dem letzten Halt greift. Aber es regte sich in diesem Brief auch Karls

170

Herz wieder. Denn er schrieb, daß er nach Schweden wolle: mit der Erinnerung an das Oerebroer Kinderbankett stieg etwas von dem alten Weltvertrauen in ihm wieder auf. Vorläufig schien es nur die Meinung zu sein, daß es nicht überall gleich schlecht sein konnte in der Welt, aber als am zehnten Tag Oscar Petterssons Antwort kam, war es ein Rausch. Oscar Pettersson schickte 100 Schwedenkronen und teilte mit, daß einer seiner Onkel, der Disponent (Direktor) und Eigentümer der Bäckebo Industri Aktiebolag (bei Göteborg), Herr Ivar Nilsson, bereit sei, Karls Wunsch nach einer Arbeitsgelegenheit zu erfüllen. Diesen Sachverhalt, fügte Oscar Pettersson hinzu, müsse Karl bei seinem Antrag um das schwedische Visum, für das bereits Schritte eingeleitet seien, allerdings verschweigen, da ihm sonst die Einreise verweigert würde. Schweden hätte eine relativ größere Arbeitslosigkeit als Oesterreich, weshalb als Anlaß des Aufenthalts am besten Erholung genannt werde. Im übrigen, wünschte Oscar Pettersson, sollte sich Karl eilen, da er das Verlangen hätte, ihn bald wiederzusehn. Mit dieser Post tanzte Karl buchstäblich durchs Zimmer. Seine Freude war so groß, daß er sie in der Art der Naturmenschen äußern mußte. Schließlich hob dieser Brief die Gesetze der Welt für ihn auf und das ist immer und für jedermann das Berauschendste.

Karl ging nun pfeifend durch die Tage, die er auf das Visum warten mußte, und in Gedanken suchte er sich die Leute aus, an die er das Inventar der Wohnung verschenken wollte. Dabei erschien ihm seine Lage keineswegs der eines Ballonführers ähnlich, der allen Ballast abwirft, um sich noch einmal über das Verderben zu erheben, sondern Karl dachte gern an diese Entäußerungen. Er

171

faßte sie als ein Gleichnis dafür auf, daß er mit dem Mobiliar das ganze bisherige Leben, das nie ganz das seine gewesen war, hinter sich legen werde, um ein ganz neues, das ausschließlich das seine würde, zu beginnen. Diese Stimmung war jener nicht unähnlich, mit der er vor siebzehn Jahren, als er sich zum Koffertragen entschlossen hatte, seine Bibliothek, seine Kugeln und seine Schmetterlingssammlung verschenkte. Noch mehr: Karl erlebte in diesen Tagen, die voll der anheimelnden ersten Wärme der frühen Jahreszeit waren, noch einmal eine Erleichterung gleich der von 1914. Er erinnerte sich der Nächte, in denen er Kinderspielzeug bemalt hatte, und sah seine Ahnung von der Erde als der großen Mutter bestätigt. Nun gewannen auch die Kriegsjahre Sinn in seinem Leben. Hatte er sie bisher als das große Fremde betrachtet, mit dem das Schicksal in sein kleines Dasein eingebrochen war, so glaubte er nun zu verstehn, daß es ihm deshalb vorbehalten gewesen war, in Samarkand und Stockholm, in Petersburg und Venedig umherzugehn, weil das die Vorbereitung für seinen Weg sein sollte, dem es immer schon bestimmt gewesen war, in die Fremde zu führen.

Der Ueberschwang half Karl auch über einen entsetzlichen Schlag hinweg, der ihn noch knapp vor der Abreise traf. Als er nämlich so weit war und in der Tat die Möbel und alten Sachen verschenkte, außer dem Tagebuch und den Medaillen, nahm er auch die Wäschestücke seiner Mutter in die Hand, deren rührende Ordnung im Schrank er bisher nicht angetastet hatte. Da fand er zuunterst, in einem schmalen, alten Taschentuchkarton, alle die Monatsgagen, die er ihr aus dem Feld geschickt hatte. Fein säuberlich geplättet die Zehn- und Zwanzigkronennoten

172

aus der ersten Zeit und die Fünfzig- und Hundertkronennoten aus der späteren. Das kleine Weib hatte nichts von dem vielen Geld verbraucht, das nun kaum mehr die Promille seines ehemaligen Wertes hatte. Diese Entdeckung, die den tristen Schacht der Vergangenheit noch einmal bis auf den Grund aufspaltete, hätte Karl unter anderen Umständen vernichtet. Jetzt war er von der Weite der Welt, von dem neuen Leben, das er erwartete, bereits so erfüllt, daß sein Fund das Bild der Vergangenheit, das in ihm feststand, nicht mehr änderte. Dies hier war ein verfluchter Boden gewesen, das bewies das wertlos gewordene Vermögen in seiner Hand noch einmal. Karl ging zu dem alten Herd hinaus, um die kompliziert bedruckten, blauen Scheine wie etwas Bösartiges zu verbrennen.

Tags darauf, am 4. März 1922, reiste Karl Lakner nach Schweden, in die Welt hinein. Er reihte sich damit in die Massenerscheinung der auf allen Landstraßen Europas damals tippelnden Jugend. Der Trieb ins Weite schien epidemisch in den Zwanzigjährigen erwacht zu sein. In Wahrheit waren nur ihre Familien zerrissen, ihre Gemüter demoralisiert und alle Bande gelockert. Karl war freilich um ein Jahrzehnt älter als diese Landstreicher mit den rehledernen Kniehosen und Mandolinen. Aber sein Gepäck bestand aus einem Handkoffer und seine Gefühle und Vorstellungen entsprachen ungefähr denen aus der Zeit, da er Marken gesammelt hatte. Er dachte zwar nicht, daß er den Gran Chaco oder die Pampa de Sacramento, das Quellgebiet des Orinoko oder das Ungavaland, die auf der Landkarte noch weiße Flecke waren, der Zivilisation erobern würde, aber er beabsichtigte auch nicht, in Schweden zu bleiben. Skandinavien sollte bloß das Sprungbrett sein für Uebersee. Vielleicht würde er Lehrer werden in Rio

Grande do Sul. Jedenfalls hatte Karl, als der Zug am Abend einen weiten Bogen um das Stift Melk machte, wieder so viel Jugend, daß er alles von der Welt erwartete, ohne sich die bescheidenste Vorstellung zu machen, auf welche Weise er den richtigen Kontakt mit ihr herbeiführen würde. Ebenso wenig ahnte er, daß das ganze Unternehmen seinem Charakter zuwiderlief und daß er, seelisch und wirtschaftlich, im Bereich seiner bisherigen Abhängigkeiten bleiben sollte. Nur ein kleiner Umweg war ihm gegönnt.

Die Signale für das nächste Welttrommelfeuer, in das Karl geraten sollte, waren bereits aufgezogen. In der Form von Plakaten, die die amerikanischen Farmer in diesem Winter aufforderten, an Stelle von Kohle ihr Getreide zu verheizen. Karl wußte nichts von diesen Plakaten, aber selbst wenn er sie in einem Magazin photographiert gesehn hätte (was möglich gewesen wäre, da das zwanzigste Jahrhundert trotz aller Erwerbstüchtigkeit bisher noch immer einen Rückstand natürlicher Denkweise besitzt, der ihm die Folgen seines Systems als Kuriosa erscheinen läßt) — selbst dann hätte Karl diese Plakate nicht zu seinem Geschick in Beziehung gebracht. Der kleine Mann sieht heute gemeinhin noch weniger als in früheren Zeiten das Ende der Fäden, an denen er hängt. Karl wußte auch nicht, daß die Art der Sabotage, die den Farmern empfohlen wurde, eine allgemeine Gepflogenheit seiner Welt darstellte.

In der Tat verminderte zur Zeit die Indische Teegesellschaft ihre Bestellung auf 80 Prozent. Die Baumwollpflanzer von Oklahoma verringerten ihre Ausbeute auf die Hälfte, was sich hauptsächlich gegen die Engländer richtete, und die Engländer begannen ihrerseits

174

ihre Kriegsschuld von 900 Millionen Pfund Sterling an
Amerika in der Weise abzuzahlen, daß sie der sechstgröß-
ten Industrie der Staaten, nämlich der Autoindustrie,
durch Beschränkung der Kautschukproduktion das Roh-
material von 17 Cent für das Pfund auf 60 verteuerten. In
Java wurden 3000 Tonnen Rohrzucker ins Meer geworfen,
während in den nordchinesischen Provinzen 12 Millionen
Menschen vor Hunger eine Völkerwanderung begannen. Im
Staate Maine ließ man die Kartoffelernte verfaulen, die
Bäche des südlichen Illinois führten tausende Liter ver-
gossene Milch mit sich und in Alabama und Georgia ver-
darben 5000 Waggonladungen Obst an den Bäumen, weil
die vom Zwischenhandel gebotenen Preise die Kosten der
Aberntung und des Versandes nicht gedeckt hätten. Zwar
kostete der Korb Pfirsiche in New York dreieinhalb Dollar,
aber das hebt nicht die Tatsache auf — in dem einen Fall
so wenig wie in allen anderen —, daß den Vernichtern
nichts anderes übrig geblieben war. Es sei denn, sie hätten
den Irrsinn dieser Zustände zu Ende gedacht und als Gesamtheit jene Aenderung gesucht, die für jeden einzelnen,
wenn er sie allein hätte herbeiführen wollen, dem Selbstmord gleichgekommen wäre. Wobei dieser einzelne, sofern
es sich nicht um einen so unangreifbaren Komplex wie
Rußland handelt, auch ein Staat sein kann. Das bewiesen
die mitteleuropäischen Revolutionen, die sich ihren Sinn
für ein Stück Kohle und eine Fleischkonserve abkaufen
lassen mußten.

Aber selbst Rußland hatte bis zum Tag von Karls Abreise die Intervention von 14 Staaten abzuschlagen gehabt. Und da auch Deterding mit seinen gefälschten Noten
und aufständischen Kabardinern nichts ausgerichtet hatte,
war über den größten Staat der Erde, der ein Sechstel

ihrer Oberfläche bedeckt, die Blockade verhängt worden (1920). Die ganze besitzende Welt hatte sich der verjagten Bourgeoisie und den übrigen Gläubigern der Sowjetunion angeschlossen, die bisher nur den Wiederaufbau des russischen Verkehrswesens hatten verhindern können. Damit war das von Mißernten heimgesuchte Land, dem von 27 000 Lokomotiven nur 5000 geblieben waren (was für das 140-Millionenreich vernichtender war als die 9 Lokomotiven, die Serbien zum Kriegsende besaß), in eine Hungersnot gestürzt worden, die in den Wolgagouvernements allein zwei Millionen Menschen hinraffte. In diesen Tagen hatte die privatwirtschaftliche Gesinnung: daß das Leben nur dann schön ist, wenn von allem, wessen der Mensch bedarf, immer um eine Kleinigkeit zu wenig auf dem Markt ist, über ihre triumphalsten Schlachtfelder geleuchtet. Polizisten im Hafen von Buenos Aires, die aus Preisrücksichten weggeworfenes Obst zu bewachen hatten, konnten am gleichen Tag in ihren Zeitungen Lichtbilder von russischen Müttern sehn, die nackt auf der Straße lagen und ihre toten Säuglinge angefressen hatten. Diese russischen Mütter hatten einen von skandinavischen Menschenfreunden in die Welt getragenen Aufruf erlassen, in dem sie sich bereit erklärten, auf ihre Kinder (die die Welt vor der Seuche des Bolschewismus bewahrt sehn wollte) keinen Anspruch mehr zu erheben, wenn sich die Welt wenigstens dieser Kinder erbarmte. Aber die Innenministerien der boykottierenden Staaten hatten die Veröffentlichung des Aufrufs unterdrückt. Fürs erste hatten die russischen Mütter nicht den Kopf Lenins und die Naphthaquellen von Baku geboten und fürs zweite hatte die Welt konsequent zu sein. Sie konnte die Blockade nicht durchlöchern, die ihr das Geschäft ohnehin schwer verdarb. In der Tat war England,

176

dessen Arbeitslosigkeit täglich wuchs, durch den Ausfall des russischen Marktes gezwungen gewesen, selbst seinen Fischfang zu drosseln, weil sonst seine Arbeitslosen zwar wohlfeile Heringe hätten erstehn können, der Baisse aber auch die Fischgesellschaften verfallen gewesen wären.

Allein ob den Flottillen von Yarmouth die Ausfahrzeiten vorgeschrieben gewesen waren oder ob nun der Potomacfluß voll Melonen schwamm, all diesen Maßnahmen lag doch nur eine mehr oder minder lokale Beziehung zugrunde. Anders den Plakaten in Denver und Manitoba: hier ächzte sich eine Misere aus, die die ganze Welt betraf. Wenn sich das auch nicht ohne weiteres übersehen ließ. Die Misere war, daß es zu viel Getreide gab. Das klingt befremdlich für eine Welt, von deren Angehörigen 10 Prozent mit dem Verhungern kämpften. Aber es gibt in einer Wirtschaft, die nicht durch den Bedarf, sondern durch den Gewinn geregelt wird, auch dann zu viel von einer Sache, wenn ein Teil davon unverkäuflich ist, gleichgültig aus welchen Gründen. Die unmittelbare Ursache des Getreideüberschusses war der Krieg. Der Krieg erhob nicht nur die eine Hälfte der Menschheit, während die andere sich erschlug, zum Generallieferanten aller Güter, er war auch der Würgengel, wider den sich die Zivilisation bis an die äußersten Grenzen ihrer Kapazität reckte; er war die Zündung, die die innersten Wesenskeime des Jahrhunderts explosiv zur Entwicklung brachte. 1914 warfen die Flieger noch Pfeile ab, um die man sich balgte. 1916 waren ihre Bomben mit flüssiger Luft gefüllt, mit Elektron und Gas. Die 89 deutschen Zeppeline schütteten, bis 1917, 165 000 Kilogramm Explosivstoffe auf feindliche Erde. In der Schlacht von Soissons, im Juli 1918, warfen die amerikanischen Flieger in einer Woche 500 000 Kilogramm ab. In dieser

Schlacht verlor das deutsche Heer 270 Flugzeuge. Aber Deutschland baute während des Krieges 40 000. Und schon 1917 flog ein deutsches Marineluftschiff von Bulgarien nach Chartum und zurück. Das leichenweiße, aber eiserne Gesicht des zwanzigsten Jahrhunderts hob sich großartig aus dem Granatendampf. Hinter ihm sprangen die Wasserkraftwerke auf, begannen die Fernleitungen den Erdball mit gefrorenen Blitzen einzuspinnen, hob in den metallurgischen und chemischen Laboratorien eine Walpurgis der Erfolge an. An Stelle von Mensch und Tier wurde in die Getreidefelder der Verbrennungsmotor, in die Bergwerke die Preßluft gestoßen. Der Dampf verdrängte das Wasser, die Elektrizität den Dampf und das Oel die Kohle, die in dem Krieg, der um sie tobte, überwunden wurde. Die Pflanzenphysiologen züchteten neue Weizensorten, die um Wochen früher reiften als die alten, was den Anbau noch weiter im Norden und Westen von Kanada ermöglichte; die Chemiker fanden ein Flammenbogenverfahren, mittels dessen sie den Salpeter aus der Luft erzeugten; die chemischen Konzerne verbanden sich untereinander und der Kalibergbau mit Kokereien, um den Mischdünger zu gewinnen; in den USA, die 1914 270 Mähdrescher, 1918 das Hundertfache erzeugt hatten, gründeten sich Aktiengesellschaften, die zehntausende Hektar in den Indianerreservationen pachteten und zur Bewirtschaftung Chauffeure und Mechaniker hinschickten. 1918 liefen 80 000 Traktoren in der Union, hinter denen der Mähdrescher, eine Maschine, die in einem Arbeitsgang das Getreide schneidet, drischt und reinigt, die Erntearbeit mit einem Zwanzigstel des europäischen Aufwands besorgte.

So wurde in Kanada die Produktion von 40 auf 70 Millionen Meterzentner gesteigert, in den Vereinigten

Staaten von 190 auf 245 Millionen, in Argentinien von
40 auf 50, in Australien von 20 auf 30 Millionen. Und
als Argentinien und Australien, die während des Krieges durch die langen Seewege gehandikapt gewesen
waren, wieder auf den Plan traten, lag die Welt in
der Agrarkrise. Das heißt: sie verfügte über eine
Jahresernte von mehr als eineinhalb Milliarden Meterzentner Brotgetreide, und das war ihr zu viel. Zumal sich
jenes Kontingent der Menschheit, dem diese Ernte weder
vorbehalten noch zu teuer war, das Brotessen zugunsten
des Fleisch- und Obstgenusses abgewöhnt hatte. Zum
erstenmal war nicht der Mangel die Gefahr, der — in
behäbiger Weise — mitunter zu Revolutionen geführt
hatte, zum erstenmal war die Gefahr der Ueberfluß. Er
bewirkte, daß man, auf dem Gipfel der Leistung, umsonst
gearbeitet hatte. Die agrarischen Weltmarktpreise gingen
wie die abgeschossenen Flieger herunter (das wirkte für
den Augenblick wie ein erleichterndes Fieber), aber sie
nahmen die Preise der Industrieartikel mit und die USA,
das Land, das den Weltkrieg gewonnen und drei Fünftel
alles Goldes der Welt hereingeschaufelt hatte (4.5 Milliarden Dollar), das Land der 60 Millionen PS Wasserkraft
und 260 000 Oelquellen, der 250 000 Fabriken, 9000 Bergwerke und 4000 Banken, das Land, dessen einfachem
Bürger Harry F. Sinclair (Petroleumröhren), der nur einer
von 11 000 Millionären war, die Albaner die Königs-
krone antrugen, die USA hatten fünf Millionen Arbeitslose und waren in all ihren Funktionen gestört. Sie
erlebten eine geistige Panik, weil ihre Führerschicht
den niederschmetternden Gedanken nicht mehr abweisen
konnte, daß die Steigerung der Produktion ihren Ruin
bedeutete.

Das war eine Einsicht, die an den Lebensnerv griff. Allein es ist das Schicksal jeder Macht, daß sie ihr System auch dann noch bejahen muß, wenn es sich bereits gegen sie selbst kehrt. Die Amerikaner befolgten das tödliche Rezept, dessen Anwendung schon vor 74 Jahren der verhöhnte Karl Marx prophezeit hatte. Sie bekämpften die Krise, indem sie alles, was rückständig war, entwickelten, und damit vergrößerten sie die Krise. Die andere Möglichkeit, das Dilemma auf dem Rücken der Arbeiter auszutragen, hatte sich als nicht ratsam erwiesen. Der Vorstoß gegen die Lohnliste hatte abgeblasen werden müssen. Dieses alte Auskunftsmittel ließ sich nicht mehr ohne weiteres anwenden. Selbst der Versailler Vertrag hatte sich angesichts des drohenden Weltbolschewismus bemüßigt gesehn, in seinem Artikel 427 festzustellen, es seien die bestehenden Arbeitsbedingungen für eine große Anzahl von Menschen mit so viel Unrecht, Elend und Entbehrung verbunden, daß eine den Weltfrieden und die Welteintracht gefährdende Unzufriedenheit entstehe, weshalb fortan die Arbeit nicht als Ware angesehn werden dürfe und den Arbeitern mehr als das Existenzminimum zu bieten sei. Dieser Ansicht hatte sich auch das Bureau of Industrial Research angeschlossen: Wenn es nicht gelingt, die Industrie auf eine konstitutionelle und demokratische Basis zu stellen, dann besteht die ernste Gefahr eines Klassenstreites, der in irgendeiner Form von Revolution gipfeln wird. Selbst Rockefeller jr. verkündete in der Chamber of Commerce: das Wohlergehn des Arbeiters ist die erste Pflicht (the primary charge) der Industrie; der Erfüllung dieser Pflicht ist der Unternehmergewinn unterzuordnen, ja er ist, wenn nötig, sogar aufzugeben. Sich zu diesen Ansichten bekennen hieß am neuen Geist teilhaben, während man im andern Fall ein Gestriger (old timer) war. Die Lohnkürzung hätte das Debakel auch keineswegs behoben. Die USA hatten in erster Linie immer von ihrem Innenmarkt gelebt und mit der Kastrierung der pay-roll wäre auch der noch zum Teufel gegangen. Sehr wohl also: die Arbeiter sollten nicht weniger, sondern noch mehr haben. Aber da dieses Plus — bei gesunden kaufmännischen Grundsätzen — so wenig wie aus der Luft aus dem Unternehmergewinn zu greifen war, würden sie es erarbeiten müssen. Und zwar in der Weise, wie es der Krieg, der mithin auch den Ausweg aus der Krise wies, gelehrt hatte — unübertrefflich besser gelehrt hatte als Mr. Taylor.

Denn der Krieg hatte von 40 Millionen Arbeitern 13.5 Millionen für seine Zwecke abgezogen und dennoch hatten die USA damals um 20 Prozent mehr erzeugt als jetzt. Das war nur möglich gewesen, weil man damals begonnen hatte, die Wirtschaft durch Rationalisierung nach dem Bild der geraden Linie einzurichten, der kürzesten Verbindung zwischen zwei Punkten. Die Simplified Practice Division des Kriegsindustrieamtes ersparte der Nation durch Normung jährlich 15 Prozent des bisherigen Rohstoffverbrauches. Das waren bei der Wolle 50 Millionen Yard, beim Weißblech 260 000 Tonnen, beim Brotmehl 600 000 Fässer, aber man rationalisierte selbst die Eisenbahn, indem man schwach befahrene vielgeleisige Linien aufließ, die anderen verdichtete. So wurden von der Kreditgewährung bis zum Frachtraum, zu schweigen von den Arbeitsverfahren selbst, alle Verlustquellen ausgeschaltet und die Arbeit der Nation zur größtmöglichen Intensität getrieben. Der Erfolg war ein jährliches Plus im Volkseinkommen von 14 Milliarden Dollar, und die Arbeiter hatten

181

ihren entsprechenden Anteil daran. Während im Jahr 1917
68 Prozent des allgemeinen Einkommens auf sie entfallen
waren, betrug ihr Anteil 1918 bereits 77 Prozent. Man war
dabei nicht ärmer geworden, die Zahl der Millionäre hatte
sich um nichts verringert. Alles hatte funktioniert. Und
alles mußte wieder funktionieren, wenn man das klotzige
Geld, das diese Jahre gebracht hatten, dazu aufwendete,
die Erfahrungen dieser Zeit nun hundertprozentig auszu-
werten. Schließlich war der ganze Wirtschaftsprozeß nie
etwas anderes gewesen als arbeitendes Geld, das von einer
technischen Etappe zur anderen gesprungen war. Zu Anfang
des vorigen Jahrhunderts hatten Gußstahl und Dampfmaschine die Krisen überwunden, in den fünfziger und
sechziger Jahren war es der Eisenbahnbau gewesen, in den
achtziger Jahren der Maschinenbedarf, in den neunziger
Jahren die Elektrizitätswirtschaft und zur Jahrhundertwende
der Verbrennungsmotor. Das Geld hatte sich immer wieder
mit dem jeweils fortschrittlichsten Impuls der Wirtschaft
verbündet, von der Baumwolle war es zu den Maschinen
übergegangen, von den Maschinen zum Verkehr, vom Verkehr zu den Banken, von den Banken zu Chemie, Elektrizität und Explosionstechnik, und jetzt sollte es die Rationalisierung sein, die Zusammenfassung und Läuterung von
allem, die die Wirtschaft wieder ankurbeln würde.

Nun erst, nach vierzig Jahren, ging die Saat Mr. Taylors
auf. Aber was sich begab, der Herrschaftsantritt des
Intellekts über Mensch und Material, war in Erscheinung
und Resultat von so grauenerregender Vollkommenheit,
daß Frederick W. Taylor dagegen wie ein kleiner Zauber-
lehrling anmutet, der einer unentrinnbaren Entwicklung
eine Schleuse öffnen durfte. Im Verlauf des Krieges waren
mit 80 Prozent der Arbeiter 120 Prozent der Erzeugung

erreicht worden. Die beispiellose Folgerichtigkeit aber, mit der nun in allen Betrieben die Einzelarbeit durch Universalmaschinen, die Massenarbeit durch Spezialmaschinen ersetzt wurde, mit der die Fließarbeit restlos durchgepeitscht und von der Maschinisierung der Büroarbeit bis zur Konjunkturforschung und Absatzorganisation alle Arbeit in einen äußersten Wirbel der Exaktheit gerissen wurde, diese Entpuppung seines Systems als intellektuelle Naturkraft hätte selbst die Phantasie Mr. Taylors nicht zu erwarten gewagt. Diese rapide und messerscharfe Entwicklung gab dem öffentlichen Leben einen völlig neuen Zuschnitt. Das zwanzigste Jahrhundert, die Zivilisation trat mit tödlichem Glanz in Erscheinung.

Hatten es die Russen unternommen, auf das Individuum aus einer Art Religion zu verzichten, dann wollten die Amerikaner es aus Cleverness tun. Sie machten aus der Gleichheit eine patriotische Parole, sie entfachten eine Volksbewegung aus der Forderung, standardized zu sein. Sie schrieben sich mit militärischer Strenge vor, von welchem Tag des Jahres an jedermann einen Strohhut zu tragen habe. Alle Gegenstände wurden fanatisch demselben Typisierungs - Verfahren unterworfen, von den Raspeln bis zu den Dampfkesseln und von den Fahrrädern bis zu den Särgen. Bei diesen allein ersparten sie durch Sortenminderung und Ausschaltung aller edleren Rohstoffe jährlich 6000 Tonnen Eisen, 285 Tonnen Zinn, 125 Tonnen Kupfer, 40 Tonnen Messing, 33 Tonnen Bronze, 8 Tonnen Nickel, 3200 Tonnen Kohle und 312 000 Meter Holz.

Nun erst, auf einem dermaßen geebneten Feld und unter dem erbarmungslos ewigen Geschütter und Gesurre der Boden- und Deckenconveyors, der Elektrokarren, der Becherketten und wandernden Zwischenlager, nun erst erfüllte sich die Schreckensvision der achtziger Jahre von den Fabriken, in denen es aussehen würde wie in einem Panoptikum, durch das ein unablässiger Wind geht. Jetzt wurde in den fünfzig Großbetrieben Harvey S. Firestones, in denen früher ein tüchtiger Arbeiter bestenfalls sieben Reifen im Tag hergestellt hatte, pro Maschine und Mann ein Reifen in einer Minute erzeugt. Jetzt wurden Hochöfen aufgestellt, bei denen ein Mann zur Erzeugung von einer Tonne Eisen eine Stunde und zwölf Minuten brauchte. Jetzt druckte die Plimpton Press in Norwood im Tag 75 000 Bände und eine Chikagoer Maschine warf in einer Stunde 49 000 Ziegel aus. Der Arbeitsgang wurde in einer Weise untergeteilt, daß in manchen Betrieben der einzelne Mann seine Handgriffe bis zu 13 000mal im Tag wiederholte. Nun wurde in den Autofabriken der Weg des Rohstoffes, der früher fünfeinhalb Kilometer betragen hatte, bis das Fertigfabrikat die Werkstätten verließ, auf dreißig Meter abgekürzt. Ford in Detroit brauchte, die Transportzeiten abgerechnet, für die Wandlung des flüssigen Eisens in das abgekühlte Gußstück 60 Minuten, für die Bearbeitung des Zylinderkopfes 57, für die Montage des kompletten Motors 97 und für die Fertigmontage des ganzen Wagens 70, was einen Gesamtarbeitsaufwand von 284 Minuten ergab. Ford erzeugte mit 185 000 Arbeitern und als der Supertrustherr von 36 vollständig ausgerüsteten Industrien täglich mehr Wagen als 1908 in einem Jahr, nämlich über 6000, und näherte sich rapid dem Jahresrekord von eineinhalb Millionen.

Die Welt, sagte Ford, ist von zwei Klassen verraten worden, von den östlichen Bolschewiken und den westlichen Kapitalisten. Und diese Sentenz wurde von einem Stand der Dinge gestützt, der sie geradezu als die erlösende

184

Formel erscheinen ließ. Der Wert der industriellen Produktion Amerikas belief sich nun auf 60 000 Millionen Dollar im Jahr, und hatte das Volkseinkommen 1913 34 Milliarden Dollar betragen, 1918 61 Milliarden, dann machte es 1923 67 Milliarden aus. Die Arbeitslosen wurden, nachdem man auch die Einwanderung gesperrt hatte, in der Produktionsmittelindustrie untergebracht und die Gesamtlohnsumme der Arbeiter stieg, gegenüber dem Jahr 1914, obgleich sich ihre Zahl um fast ein Zehntel vermindert hatte, von 4000 Millionen Dollar auf 11 000 Millionen. Unter diesen Umständen kauften die Arbeiter und Angestellten nicht nur Autos, Badezimmer und Radioapparate, sondern 11 Millionen unter ihnen erwarben auch eigene Häuser. Und sie schlossen, ungleich den armen Geplagten in der alten Midvale Steel Co., mit dem laufenden Band ihren Frieden. Von der Federation of Labor bis herab zu den kleinen Gewerkschaften setzten sich ihre Führer mit den Unternehmern an einen Tisch, um zu beraten, wie die Leistung der Werke noch mehr zu steigern sei. Man nannte das Mitverwaltung (joint consultation) und der Lohn galt nicht mehr als Lohn, sondern als Gewinnbeteiligung (profitsharing). Das amerikanische Volk schien nicht nur in eine besonders helle Straße eingeschwenkt zu sein, es glaubte mit seiner rationalisierten Zivilisation knapp vor dem Paradies der Menschheit zu stehen: die Gewerkschaften verbaten sich jede Art von Sozialgesetzgebung und — 90 Prozent aller Unternehmen waren bereits Aktiengesellschaften. Die Zahl der Aktionäre hatte sich seit 1918 versechsfacht, sie belief sich bereits auf 19 Millionen. Mr. E. H. Simmons, der Präsident der New Yorker Effektenbörse, glaubte daher, daß die weite Verteilung der Aktien unter dem amerikanischen Volk eine neue Aera des Kapitalismus einleite. Der Besitz, sagte er, und folglich auch die Kontrolle der großen Industrien, geht aus den Händen der Wenigen in die Hände der Vielen über: das konsumierende große Publikum wird die kapitalistische Klasse. Lediglich einige Unheilbare warfen die Frage auf, was dann geschehe, wenn die Welt mit Autos gesättigt sei.

Um Karl herrschte unwahrscheinliche Ruhe. Er saß stundenlang an einem Wasser, dem Götaälf, und döste in die Fluten. Auf den Knien hatte er eine schwedische Grammatik liegen, von der ihn eine gedankenlose und angenehme Schwermut immer wieder abzog. Sein Herz war nie so langsam gegangen wie in diesen Tagen und er hatte nie so viel Muße und Frieden gehabt, die Welt anzuschauen und die Dinge unbefragt zu lassen. Er war auch hier arbeitslos. Zwar stand neben dem schmucken Haus, in dem er wohnte, eine funkelnagelneue Leim- und Gelatinefabrik, mit sieben steilen Kesseln in der Halle, mit einem Heizhaus, in dem ein Berg Kohle lag, mit einer Kraftstation und einer Rollbahnanlage zum Fluß herab, aber die Rollbahn, die darauf wartete, tonnenweise amerikanische Rinderknochen aus den Flußschleppern in die Fabrik hinaufzuziehen, hatte sich seit dem Tag ihrer Fertigstellung (1920) nicht gerührt. Die Bäckebo Industri Aktiebolag konnte nicht eröffnet werden, weil — vor allem von Seiten des inflationsstarken Deutschland — bereits zuviel Leim und Gelatine auf den Märkten war.

Da Karl das nicht wußte, war ihm der Disponent Ivar Nilsson, der immer wieder wochenlang abwesend war, anfangs ängstlich erschienen, später aber hatte ihm sein Gastgeber den Sachverhalt erklärt. Damit war Karl allerdings auch klar geworden, daß er hier vom ersten Augenblick an als Gast betrachtet worden war. Er hatte sich

186

dagegen aufgelehnt, indem er jeden Tag nach Göteborg auf Arbeitssuche hineingelaufen war. Die 1700 feiernden Seeleute im Hafen aber und die stilliegenden Fabriken von Oergryte hatten ihm bald jene Geduld eingeflößt, die ihn seine Lage nehmen ließ, wie sie war. Dabei half ihm auch die generöse Art des Disponenten, für den seine Anwesenheit überhaupt keine Angelegenheit zu sein schien. Der Mann, der wie Stendhal aussah, obgleich er sehr geschliffene Augen hatte, lächelte bloß: Sie müssen ohnehin vorerst Schwedisch lernen. Auch sei es ihm angenehm, daß Fräulein Ominell nun nicht so viel allein wäre. Fräulein Ominell, eine hohe Fünfzigerin, war die Wirtschafterin des Disponenten. Sie sah in ihrer schwarzhaarigen Hagerkeit wie eine Indianerin aus, aber sie hatte jene Gutmütigkeit mancher alten Leute, die mehr geheimnisvoll als kindisch ist. Diese Menschen scheinen so abgeklärt zu sein, daß sich ihre Aufmerksamkeit, ohne daß sie es selbst merken, nur mehr fremden Dingen zuwendet. Fräulein Ominell hatte den Gang einer Giraffe, sie rollte, wenn sie zuhörte, gleich einer Ekstatikerin die Augen, und sie sprach den breiten Skåne-Dialekt, aber sie befürsorgte Karl, als wäre er für eine brachliegende Fläche ihres Innern die lang erwartete Saat gewesen. Auch das trug für Karl dazu bei, ihm dieses Bäckebo, diesen weiten Granitkessel mit den vielen Raben und den wenigen Birken, mit dem eisenfarbenen Fluß und der schlafenden Fabrik zur Landschaft aus einer Legende zu machen. Aus einer Legende, der er sich um so weniger entzog, als er nicht gewußt hätte, wohin mit sich. Er ruderte jeden Morgen nach Lärje hinunter, die Post zu holen und die Kücheneinkäufe zu besorgen; manchmal auch war er bei dem Werkmeister der Fabrik zu Besuch, der mit seiner Frau und drei kleinen

187

Mädchen in der Nähe wohnte. Zumeist aber ar Karl sich selbst überlassen. Er saß dann am Fluß unten, wo ihn das Gleitende des Wassers in die gleiche Empfindung einspann, die das kleine Weib gehabt hatte, wenn sie mit dem Kind auf den Knien ins Blaue sah.

Natürlich konnte diese Flaute nicht ewig währen. Schon deshalb nicht, weil Karl nicht der Charakter dafür war. Sie endete in dem Augenblick, da er sich an den Bäckeboer Eindrücken gesättigt hatte und seine ausgeruhten Lebensgeister von neuem nach einem Widerstand verlangten. Dieser Zeitpunkt fiel in den Herbstanfang. Karl begann sich vor sich selbst zu entschuldigen, er hätte hier nur deshalb so lange untätig gelegen, weil schließlich von einem Monat auf den andern mit der Eröffnung der Fabrik zu rechnen war. Eines Tages erschien dann Frau Hjördis Nilsson zu Besuch, bei welcher Gelegenheit sie Karl mitteilte, ihr Bruder, der Disponent, der eben wieder abwesend war, hätte angeregt, sie sollten zusammen einen Winterrock kaufen gehn. Nun kannte Karl Frau Hjördis nicht nur von früher her, von den Besuchen in ihrer Göteborger Wohnung und seiner Zahnbehandlung — denn sie war Zahnärztin —, sondern er sympathisierte auch mit ihr. Sie war eine etwa vierzigjährige sehr stattliche Dame mit wundervollem Rothaar. Und sie entledigte sich auch ihres Auftrages in einer noblen und frischen Art. Ach, sagte sie zu Karl, als er sich in dem Konfektionsgeschäft den billigsten Rock aussuchen wollte, Sie sind wie die meisten Leute, die in kleinen Verhältnissen aufgewachsen sind, dem Geld gegenüber von aristokratischer Zurückhaltung; aber das ist nicht weltgemäß. Sie würden das, wenn Sie dazu Gelegenheit hätten, von den wirklichen Aristokraten lernen können. Man muß das Geld auch dann gering achten,

188

wenn man gerade zufällig keines hat. Und endlich nehmen wir wohl alle in irgendeiner Form voneinander und in einem Jahr werden Sie jemandem einen Rock schenken. Aber Karl blieb niedergedrückt, denn er fand sich zu alt für derlei Beziehungen.

Von dieser Stunde an suchte er unablässig nach einer Möglichkeit, auf die eigenen Füße zu kommen. Das will sagen, er war nur bedacht darauf, denn viel konnte er in dem zunehmenden Winter nicht tun. Auch kam Herr Nilsson erst Mitte November heim, um dann nicht ohne die Bemerkung wieder abzureisen, daß Karl schon deshalb seine Gänge nach Göteborg hinein lassen sollte, weil im kommenden Frühjahr aller Wahrscheinlichkeit nach die Fabrik ihre Arbeit aufnehmen würde. Als Karl zum Julfest, über Weihnachten, eine Woche bei Oscar Petterssons Familie in Oerebro zu Gast war, war es ihm das Wichtigste, mit dem Freund die Möglichkeiten zu bereden, die ihm etwa offen stünden. Allein Oscar Pettersson war selbst wieder ohne Stelle und er konnte seine Beteuerungen, bei jeder Gelegenheit an Karl denken zu wollen, nicht wiederholen, ohne ebensooft der schauderhaften Zeiten (hemske tider) zu gedenken. Er tat es freilich mit einem wenig angerührten Gesicht und indem er Karl begütigend auf die Schulter klopfte: es würde wahrhaftig niemand in der Welt etwas verschlagen, bliebe er bis auf weiteres getrost in seinem Nest. Da las Karl im Januar in einer Zeitung, daß für eine Kohlenexpedition nach Spitzbergen Teilnehmer geworben würden, die sich auf fünf Jahre verpflichten müßten, dafür aber ein wöchentliches Gehalt von 60 Kronen (der derzeitige Durchschnitt betrug 40) und, nach Ablauf der fünf Jahre, eine Abfertigung von 2000 Kronen zu gewärtigen hätten. Diesen Artikel lesen und die Anmeldung

189

abschicken, war für Karl e i n e Sache. Seine Chance, genommen zu werden, schien nicht gerade groß zu sein, weil er keine einschlägigen Erfahrungen mitbrachte, aber seine Aussichten waren auch nicht gleich null, denn das Unternehmen erwarb sich keine besondere Popularität. Jedenfalls ermangelte Karl, wie es jedem anderen ebenso gegangen wäre, der Vorstellungskraft, die Tragweite seines Entschlusses zu ermessen. Seine Fähigkeit, sich zu erwärmen, und seine Neigung, in den Begebenheiten ein System zu suchen, taten das ihrige: er sah sich abermals auf einem Treppenabsatz seines Schicksals.

Du liebes Leben: nun ging der kleine Bimmerling von ehemals mit seinen Gedanken auf den Spuren der Amundsen, Scott und Nordenskiöld her. Wo war der Tag, an dem ihn das kleine Weib zu einer Schar Jungen geführt hatte, die um eine Pfütze herum mit einer Maus spielten. Oder war es eine Kröte gewesen? Karl hätte es nicht mehr entscheiden können. Er befaßte sich nicht mehr mit jener Zeit, die einem anderen Wesen gehört hatte. Drei Jahrzehnte hatten den kleinen Bimmerling mit in ihre Fahrt genommen, dabei war sein Körper lang geworden und sein Gesicht zu einem bedrängten Mittelpunkt. Er war zu dem Karl Lakner erwachsen, der den Weltkrieg mitgemacht und die Eltern verloren hatte, und dieser andere Mensch ging nun an dem winterlich schwarzen Wasser des Götaälf hin, oberhalb Göteborg, zwischen Lärje und Lärjeholmen, und der dunkle Norden, dem er sich verschrieben hatte, zog wie ein geheimnisvoller Magnet und gewaltig an seinem Herzen. Der kleine Bimmerling war mithin doch der gleiche geblieben. Denn er dachte nicht, daß Spitzbergen Sibirien sei, und warf weder die Frage auf, ob er die Strapazen durchstehn könne, noch ob es

190

gerade das Praktischste für ihn sei, wenn er nun noch
einmal fünf Jahre dransetzte; auch beschäftigte ihn nicht,
was er unternehmen würde, wenn man ihn bei der Muste-
rung ablehnte..., sondern er sah in seiner Teilnahme an
dieser Kohlenexpedition eine moralische Angelegenheit,
eine Aufgabe der Seele. Er dachte an die Heiligen, die
sich in die Wüste verbannt und von wildem Honig gelebt
hatten, um der Gnade teilhaft zu werden, und er sah die
Dinge für sich ähnlich liegen. Sein neuer Name für Gott
war Schicksal, und das Schicksal, meinte er zu verstehn,
wollte ihn eben „sein ganzes Herz leisten lassen", ehe
es ihm die freundliche Schulter zeigen würde. Man sieht,
Karl kam nicht los von der „Gerechtigkeit der Dinge",
von seiner katholischen Erziehung und seiner Phantasie.
Hier war es gerade die Tiefe des bevorstehenden Ab-
grunds, die ihn bis zu der Ueberzeugung faszinierte, nahezu weise zu handeln, obgleich es auch für ihn auf der
Hand hätte liegen müssen, daß er, ohne Krieg und Nach-
krieg, ein verehelichter kleiner Lehrer geworden wäre,
den kein Traum auf die Idee gebracht hätte, sich in eine
Strafkolonie nach Spitzbergen zu wünschen. Aber Karl
bewegte sich ja nur deshalb mit seinen Illusionen so
schmerzhaft im Kreis, weil das Dasein seinen Lebenswillen immerfort ablehnte. Bloß seine Gesamteinstellung
erfuhr durch die Kohlenexpedition, die eine vage ge-
wesene Zukunft wieder plastisch machte, eine Aenderung.
Es schien ihm nun selbstverständlich, daß er nach den
fünf Jahren wieder in die Heimat gehn würde. Weil er
nur dort die Belohnung für diese fünf Jahre wahrhaft
würde genießen können. Tatsächlich äußerte sich in dieser
Ansicht sein unterdrücktes Wesen, das die erste Gelegenheit benützte, ihn auf das ihm Gemäße zurückzuführen.

In der Welt, die ihn solcherart nicht losließ, marschierten an diesem Januartag 1923 40 000 Franzosen mit Tanks und Flugzeugen in das Ruhrgebiet ein. Clemenceau, genannt der Tiger, von dem das Wort stammte, daß es um 20 Millionen Deutsche zuviel gebe, hatte trotz der Unterstützung des Nationalheros Foch das Rheinland weder annektieren noch zu einem „Pufferstaat" machen können. Richelieus „Vorfeld", das Ziel der französischen Politik seit den Tagen Ludwigs des Dreizehnten, war abermals deutsch geblieben. Also setzte Poincaré, genannt der Krieg, die Anstrengungen fort. 1923, auf den Tag genau drei Jahre nach Inkrafttreten des Friedensvertrages, dessen Sanktionsklausel derlei Uebergriffe vorbereitet hatte. Europa wären andere Sorgen nähergelegen. Sein Außenhandel, der sich von 1900 bis 1914 um 50 Prozent gemehrt hatte, war auf den Stand von 1900 zurückgefallen. Hatte 1914 die Hälfte der amerikanischen Einfuhr aus Europa gestammt, so betrug der europäische Anteil jetzt weniger als ein Drittel. Hierzu kam, daß sich Südafrika wie Lateinamerika, Australien wie Kanada durch die Einrichtung eigener Industrien in vielem unabhängig gemacht hatten. Die Zeiten waren vorüber, in denen die Argentinier ihr Horn nach Deutschland schickten, damit dort für Amerika daraus Knöpfe gedrechselt würden. In Brisbane und am La Plata, hinter Port Elisabeth und am Huron waren die Schlote emporgewachsen, während Europa für geschäftliche Aufträge nicht zugänglich gewesen war.

Aber dieses Europa lag nun auch dort, wo es wieder zu japsen begann, in der Pleite, weil es die Rohstoffe, die seine Industrien dringend brauchten, nicht kaufen konnte. Es hatte nicht nur seine Märkte verloren und die Substanz seiner Währungen aus den Kanonen gefeuert, es hatte

192

sich auch mit seiner neuen Geographie, mit 20 000 Kilometer zusätzlicher Zollschranken, mit seiner Vernichtungs- und Schuldenpolitik jeder Möglichkeit, wieder verdienen und die Konkurrenz antreten zu können, begeben. Die alliierten Schulden aus dem Krieg an Amerika beliefen sich auf 2000 Millionen Pfund Sterling. Die der europäischen Mächte an England gleichfalls auf 2000 Millionen Pfund Sterling. Diese Beschwernis reibungslos aus der Welt zu schaffen, hatte man Deutschland eine Leistung von 8000 Millionen Pfund Sterling diktiert. Und dieses Rezept wäre an sich auch nach dem April 1921 noch brauchbar gewesen, als man auf 6800 Millionen Pfund, oder 132 Milliarden Mark, heruntergegangen war. Aber Deutschland, dem der Krieg die Hälfte seines Volksvermögens (150 Milliarden) gekostet hatte, war nicht mehr die atmende, sondern die zertrampelte Lunge Europas. Es hatte zwar trotzdem bis zum Tag des Ruhreinbruchs Werte in der Höhe von 29 Milliarden Mark abgegeben, nämlich in Gold und Devisen 2 Milliarden, in Auslandskonzessionen 9, in Schiffen und Eisenbahnen 6½, in Vieh, Kohle, chemischen Stoffen, Industrie- und Baumaterial 3½, in nichtmilitärischen, im Feindesland zurückgelassenen Gütern 3, in Staatseigentum, in den abgetretenen Gebieten gelegen, 5, und es konnte den Wert seiner Kolonien mit 80 Milliarden, den seines privaten, in den alliierten Ländern liquidierten Eigentums mit 11 Milliarden ansetzen, aber was dem einen aus dem Leib gerissen wird, läßt sich dem anderen nicht kurzerhand als Fett ansetzen. Dessenungeachtet fuhr Frankreich fort, dem Rat Norman Angells, daß der Sieger den Besiegten schonen müsse, falls er nicht wirtschaftlich Selbstmord begehn wolle, entgegen zu handeln. Es sorgte dafür, daß die großen internationalen Konferenzen des

Jahres 1922 in Washington, Cannes, Genua negativ ver-
liefen — nach Genua allein schickte es seinem Delegierten
Barthou 800 bremsende Weisungen — und es führte Europa
an den Abgrund, indem es das Ruhrgebiet besetzte. Zum
Anlaß dafür nahm es — obgleich Deutschland bisher mehr
als das Dreifache der Kriegsentschädigung von 1870 geleistet hatte —, daß die Kohlenlieferung von 1922 gegenüber der in Spa zugesicherten Menge einen Ausfall von
8 Prozent zeigte.

Fürs erste bemächtigte sich Frankreich der Bergwerke,
Reichsbankfilialen und Eisenbahnen des Ruhrgebiets. Das
Gutachten des englischen Kronjuristen, der die Invasion
als Bruch des Versailler Vertrags darlegte, konnte es ver-
winden. Trotzdem war die Duldung, die sein Vorgehn im
Völkerbund fand, erstaunlich, weil es auf der Hand lag,
daß mit Deutschland Europa geplündert werden sollte.
Aber es war nicht nur eine chaotische Zeit und es gab
nicht nur Kräfteunterschiede in Europa, es gab selbst in
Deutschland Nutznießer dieses Krieges im Frieden. Hugo
Stinnes sah in dem Ruhreinmarsch einen kurzen Weg zur
Monopolisierung der Rheinlandrohstoffe, zur Vereinigung
seines Vorteils mit dem der französischen Großindustriel-
len. Ein Vorhaben, das vorderhand nur durch das Da-
zwischentreten englischen und amerikanischen Kapitals
vereitelt wurde. Im übrigen aber blieb das Reich seinem
Schicksal überlassen. Passiver Widerstand gegen die Vergewaltigung, die 180 000 Deutsche aus ihrer Heimat vertrieb, Aufhebung des passiven Widerstands, Proklamation
(mit französischem Geld und französischen Revolvern) einer
selbständigen Rheinlandrepublik in Aachen, einer Freien
Pfalz in Kaiserslautern, Bürgerkrieg um die Rathäuser von
Koblenz, Bonn, Düsseldorf, Krefeld, Trier, Mainz, Wies-

baden, in München und Küstrin Rechtsputsche, in Sachsen und Thüringen kommunistische Erhebungen, Blut und Barrikaden in Hamburg und Berlin, in Dresden und Zittau, 5 Millionen Arbeitslose und Teuerungsunruhen in allen Städten, Zusammenbruch der Wirtschaft und Entwertung der Mark von einem Januardollarkurs von 15 000 auf einen Oktoberkurs von einer Milliarde, — das war der deutsche Sturz durch das Jahr 1923.

Anfang November schuldete das Reich der Reichsbank 191 Trillionen Mark. Das 60-Millionenvolk in seinen 60 Großstädten, das seit einem Menschenalter mit seiner Arbeit unter dem halben Hundert zivilisierter Nationen an dritter Stelle gestanden hatte, schien in ein mathematisches Nichts gewirbelt zu werden. Allein die Spannung zwischen dieser deutschen Reichsbank, die auf einem Maelstrom von Papier trieb, und der Federal Reserve Bank der USA, die bis unter die Wolken hinauf von Gold starrte, war über dem Boden der einen Erde aufgerichtet, aber die Erde war nicht mehr weit genug für derlei unmäßige Manöver. Es konnte der eine nicht mehr ohne den anderen leben (es sei denn, der andere wäre so klein gewesen, daß man ihn zur Gänze hätte verspeisen können). Dieses Gesetz der Kommunikation hatte selbst für Rußland Geltung, das nach Ansicht der in Permanenz zu Gericht sitzenden anderen Menschheitshälfte überhaupt nur Schulden und Verbrechen aufzuweisen hatte. Zwar hörte diese Menschheit nicht auf, die Sowjetunion wie die Pestilenz zu bekämpfen, aber sie vermochte es — Deterding ausgenommen, der es diesmal mit einem Aufstand der kaukasischen Stämme versuchte — nur mit ihrer Presse zu tun und im übrigen übertrumpfte ihre Logik, die die des Geschäfts ist, sich selbst: die boykottierenden Staaten von gestern begannen ihre

195

Maschinen und Ingenieure nach Rußland zu exportieren. Möglich, daß sie meinten, sich diese Erweiterung ihres Blutkreislaufs leisten zu können. Tatsächlich hatte Lenin jene Starre der Idee, die die einzige Garantie ihrer Verwirklichung ist, verlassen. „Der Kapitalismus," hatte er 1921 gesagt, nachdem er achtzehn Jahre von seinem Londoner Standpunkt keine Handbreit abgewichen war, „der Kapitalismus ist im Vergleich zum Sozialismus ein Uebel, aber im Vergleich zum Mittelalter ist er ein Segen." Und Lenin hatte die neue ökonomische Politik eingeleitet, einen Kapitalismus auf Kündigung, der das Ende der revolutionären Idee bedeutet haben würde. Aber Lenin war schon vom Tod überschattet und hinter Kalinin, seinem nominellen Nachfolger (1924), wartete bereits Stalin. Stalin, der (1921) die Garde der Revolution, 3000 Kronstädter Matrosen, hatte erschießen lassen, weil ihnen das Paradies nicht schnell genug gekommen war. Stalin, der noch zu ganz anderen Maßnahmen entschlossen war als zu der, für den sterbenden Lenin ein eigenes Exemplar der Prawda drucken zu lassen. Keinesfalls ermaß die Welt, was für ein Rußland sie hinter diesem Mann in ihren Völkerbund aufzunehmen gedachte. Aber wie sie ansonsten alles in ihr Gesetz zwang, so stand sie auch selbst unter ihrem Gesetz, unter der profitwirtschaftlichen Ueberlegung, die in kritischen Augenblicken als eine durch die Wirtschaft erpreßte Vernünftigkeit in Erscheinung tritt. Die gleichen Leute, die 1919 nach Reparationen geschrien hatten, begannen nun nach einer rentableren Handhabung dieser Erfindung zu verlangen. Das hatte schon 1922 Lloyd George das Amt gekostet, als hinter Stanley Baldwin die alte Finanz und die Aristokratie, die Banken und die Grundbesitzer wieder ans Ruder gekommen waren, und das grub nun auch Poincaré zugunsten Herriots das Wasser ab. Und die USA entschlossen sich, wieder Kredite zu geben.

Damit war Helfferich die Atmosphäre für das Rentenmarkwunder bereitet. Er stabilisierte, innerhalb von acht Tagen und entgegen dem Urteil aller Bankfachleute Deutschlands, am 20. November den Markkurs mit 4,2 Billionen für den Dollar, wobei er die Papiermark zu einem Börsenkurs von einer Billion für eine Rentenmark einlöste. Als im Mai 1924 die Dawes-Kommission nach Berlin kam, staunte sie über diesen Staat, der nahezu seine ganze innere Schuld, fast die gesamte Goldanleihe 1923 und das Notgeld aus laufenden Einnahmen abgetragen hatte. Unter welchen Umständen für den einzelnen, war eine andere Frage. Im Juli 1924 tagte die Londoner Konferenz, auf der neben Herriot der amerikanische Botschafter Kellogg saß, neben Foch Lamont von den Morganbanken, neben Degoutte Owen Young, der Präsident der General Electric Co. Diese Konferenz reduzierte nun, nach den Jahresraten zu schließen, die Reparationshöhe auf 48 Milliarden Mark. Europa konsolidierte sich, die zuoberst liegenden Wunden vernarbten. Der 137. tote Deutsche war der letzte, der dem Ruhreinbruch zum Opfer fiel, und den nach der Insel Saint Martin de Ré Deportierten wurde die Freiheit wiedergegeben. Selbst der Wiederaufbau der zerstörten französischen Gebiete stand nahe vor seiner Vollendung (1923). Von den 725 000 zerschossenen Gebäuden waren wieder aufgerichtet 575 000, von den 4 700 000 geflüchteten Einwohnern waren wieder zurückgekehrt 4 100 000, von den 2 Millionen Hektar verwahrlosten Ackerbodens waren wieder gepflügt 1 600 000, von den 22 900 zerstörten Betrieben waren wieder instandgesetzt 20 000 und von den

197

6123 gesprengten Brücken waren wieder hergestellt 5300. 1924 kam der erste Kredit aus Amerika, 600 Millionen Dollar, 1925 der zweite, 920 Millionen Dollar. Im Juli dieses Jahres räumte Frankreich das Ruhrgebiet und im Oktober erkannte Deutschland in Locarno, indem es zugleich von der Sowjetunion politisch abrückte, die neue Westgrenze an. Im Januar 1926 zogen die Alliierten ihre Besatzung aus dem Kölner Gebiet, der ersten Räumungszone, im September wurde Deutschland in den Völkerbund aufgenommen und 1927 wurde es von der Militärkontrolle befreit. Europa konsolidierte sich, um sich seiner Arbeit wieder zuzuwenden. Um dem Unentrinnbaren zu dienen.

Schon im April 1926 hatten die sieben größten deutschen Bergwerks-, Hütten- und Stahlunternehmen die Vereinigte Stahlwerke A.-G. gegründet. War das andere deutsche Riesenunternehmen, die Allgemeine Elektrizitäts-Gesellschaft (die AEG, das drittgrößte elektrotechnische Unternehmen der Erde), ein vorwiegend horizontal gegliedertes Unternehmen, so reichte die Spannweite des neuen Stahltrusts vom Bergwerk bis zum Eisen verarbeitenden Betrieb. Vereinigte Stahlwerke A.-G., das bedeutete 925 Millionen Mark Eigenkapital, 135 Quadratkilometer Grundbesitz, 360 Quadratkilometer Kohlenfelder, 450 Quadratkilometer Erzfelder, 130 Kilometer normalspurige Eisenbahnen, 436 Lokomotiven, 11 260 Waggons und 10 eigene Häfen. Vereinigte Stahlwerke A.-G., das bedeutete 173 000 Arbeiter und 15 000 Angestellte und 28 Eisen- und Stahlwerke mit 68 Hochöfen. Vereinigte Stahlwerke A.-G., das bedeutete eine Jahresproduktion von 10 Millionen Tonnen Stahl und 40 Millionen Tonnen Kohle. 1926 noch schlossen sich alle deutschen Stahlwerke der Internationalen Rohstahlgemeinschaft an, die

die gesamte Produktion Deutschlands, Frankreichs, Belgiens und Luxemburgs umfaßte, ab 1927 auch die der Tschechoslowakei, Oesterreichs, Ungarns und Jugoslawiens, und die ein Drittel der Welterzeugung lieferte. Es galt der Absatzkrise, die ein internationales Uebel war, auf internationalem Weg entgegenzuwirken. Es galt die Fülle, die durch die Anstrengungen des vergangenen halben Jahrhunderts glücklich aufgeschlossen worden war, durch Hemmung der Produktion wieder zu verringern. Rockefeller hatte den modernen Trust organisiert, um die Produktion zu steigern, nun wurde der Trust organisiert, damit sich die Produktion vermindere. Es galt nun auch die Voraussetzungen für die Rationalisierung der Arbeitsverfahren, für die Verbilligung der Arbeit, zu schaffen und auch dafür war der Trust die Basis. 1926 noch gründete man das deutsch-französische Kalikartell und das englisch-französisch-deutsch-schweizerische Aluminiumkartell, zwischen England, Frankreich, Deutschland und Luxemburg wurde das Schienenkartell festgelegt; die Standard Oil Co. Rockefellers und die Royal Dutch Shell Co. Deterdings regelten im Einvernehmen mit der IG-Farbenindustrie den europäischen Benzolvertrieb. 1927 folgte das Kupfersyndikat, das England, Amerika, Deutschland, Frankreich und Afrika vereinigte und 90 Prozent der Weltproduktion kontrollierte. Soll die Krise zu überwinden sein, schworen nun nicht die Sozialisten, sondern die Wirtschaftskapitäne, dann muß mit den blinden Gewalten des Gesetzes von Angebot und Nachfrage aufgeräumt werden, aber auch mit jeder Vergeudung von Arbeitskraft, Rohstoff und Zeit.

Und die Rationalisierungswelle ging über Europa hin, das ihrer offenbar noch dringender bedurfte als Amerika.

Mußte Deutschland doch Abgaben in der Höhe von acht Prozent seiner Produktion leisten (die 25 Prozent hinter der der Vorkriegszeit und 70 Prozent hinter der Amerikas zurück war) und lagen in den Siegerstaaten die Dinge doch so, daß das Investitionskapital der Unternehmen durchschnittlich um 150 Prozent gestiegen war, die Erzeugung, gehemmt durch die Absatzkrise, kaum um zehn Prozent. Es war also, wollte man die gleiche Dividende verdienen wie vor dem Krieg, die Herauswirtschaftung des eineinhalbmal so großen Gewinnes aus einer kaum um ein Zehntel gesteigerten Erzeugung notwendig. Und wo waren die Reserven für diesen Vorgang? In der durchdachteren Mechanik und im Menschen. Im Menschen, aus dem man das Letzte herausholte (Marke: zuckende Sehne, zwischen zwei Maschinen gespannt). Und Europa gründete die Internationale Organisation für Normungsfragen in London und das Internationale Rationalisierungsinstitut in Genf, Abkömmlinge des Fonds des 20. Jahrhunderts in Boston. Aber auch die nationalen Institute wirkten gleich Turbinen, die Britische Ingenieurgesellschaft, Fayols Betriebswissenschaftliches Studienzentrum in Frankreich, die Masaryk-Akademie der Arbeit, das Deutsche Reichskuratorium für Wirtschaftlichkeit, der Russische Zentralrat für wissenschaftliche Arbeitsorganisation. Im Mai 1927 gab es eine Weltwirtschaftskonferenz in Genf, auf der die These vertreten wurde: Das Ziel der Rationalisierung ist, die Auswirkung menschlicher Erfindungsgabe zu meistern. Diese Weltwirtschaftskonferenz stellte auch den Fortschritt gegenüber Mr. Taylor fest, der nun wie altes Eisen anmutete. Der dosierte Rekord war jetzt Trumpf. Dessenungeachtet stieg der Anteil Deutschlands am Welthandel in der Zeit von 1924 bis

1929 von 7 auf 12 Prozent, womit er fast den Stand von 1913 erreichte, und der allgemeine europäische Außenhandel nahm in der gleichen Zeit um 15 Prozent zu. Das war ihm anscheinend zu wünschen, aber diese Entwicklung trug nur dazu bei, die Grundlagen für die Katastrophe, an denen die amerikanische Tüchtigkeit schon seit 1921 arbeitete, zu vergrößern. Seit 1926, da die europäischen Rohstofflager wieder aufgefüllt waren, sanken mit den agrarischen und industriellen Großhandelspreisen auch die Weltmarktpreise der Rohstoffe. Im gleichen Maß, in dem sich das Vermögen, Güter zu produzieren, entwickelte, verringerte sich die Möglichkeit, sie abzusetzen. Denn zur Verengung des äußeren Marktes trat nun noch die Schrumpfung des inneren. Die überflüssigen Arbeiterheere strömten aus den Fabriken und jeder ersparte Arbeiter war zugleich ein verlorener Konsument.

Karl wußte von all diesen Weltvorgängen fast nichts. Wenn sein Blick in der Zeitung auf einschlägige Nachrichten fiel, übersah er sie. Ob nun der Artikel von der Fusion zweier Morganbanken handelte, die, insgesamt ihrer fünf, um diese Zeit ein Kapital von 63 Milliarden Dollar auswiesen, oder ob von einem Staatskredit die Rede war, den der schwedische Zündholzkönig Ivar Kreuger Polen, Lettland, Griechenland, Ecuador, Rumänien, Ungarn, Frankreich oder Deutschland gewährte. Karl ahnte kaum etwas von der Existenz dieses Mannes, obzwar er sich in seinem Lande aufhielt. Wie fast alle Menschen seiner Generation suchte Karl die große Farbigkeit an anderen Dingen. Diese Generation hatte es noch nicht erfahren, daß das moderne Geschäft das Phantastischste in der Welt ist, auch hatte sie unter den wirtschaftlichen Zusammenhängen noch immer nicht weitgehend genug gelitten. Karls Aufmerk-

samkeit wandte sich jenen Dingen der Welt zu,
denen er mit althergebrachten Wunschbildern bei-
kommen konnte, dem Segelflug und Dr. Eckeners Amerika-
fahrt im Zeppelin, dem Stromlinienwagen und dem Rotor-
schiff, dem Detektorapparat und dem Tonfilm. Aus der
Spitzbergenexpedition war nichts geworden. Die Gesellschaft hatte im August (1923) die Effektenaufnahme annulliert und das Unternehmen endgültig abgeblasen. Das war
für Karl eine schwere Enttäuschung, weil er in Bäckebo
schon wie ein Dieb herumging. Dennoch sollte er noch
einen Winter und Sommer dort bleiben. Die Skandinaven,
Holländer, Schweizer und Argentinier haben in dieser Zeit
bewiesen, daß die Summe des Mitgefühls, das in der Welt
lebt, durchaus nicht kleiner ist als die Summe der Unbarm-
herzigkeit.

Allein im Sommer 1924 wanderte Oscar Pettersson
nach Milwaukee aus. Das entzog Karl, wie er es fühlte, die
letzte Berechtigung auf seinen Bäckeboer Platz. In der
gleichen Woche lernte er jedoch in Göteborg einen jungen
Lehramtskandidaten aus Uddevalla kennen, der im September sein praktisches Jahr in einem entlegenen Nest
in Norrland antreten sollte und ihm den Vorschlag machte,
mitzukommen, da es dort oben immer etwas zum Leben
geben würde. So kam Karl in den Norden an die nor-
wegische Grenze, nach Härjedalen, in das hinterwäldle-
rische Lillhärdal. Der Ort zählte zwei Dutzend Holzhütten,
die in ein Meer von Föhren und in einen Zirkel von
kleinen Seen gestellt waren. Karls Wohnung bestand aus
einem Raum in der Schule, der mit prunkvollen roten
Tapeten ausgeschlagen war, aber nichts als einen ungeheuren Kamin und zwei aus Lämmerfellen zusammenge-
nähte Decken enthielt, die der Lehrer beschafft hatte.

Der besondere Vorteil dieser Wohnung war, daß sie nicht einen Oere Miete kostete. Karl fand schon in den ersten Tagen Arbeit. Die Faktorei schickte ihn mit einem Trupp Holzfäller in das Föhrenmeer hinauf, wo er die gefällten Stämme von den Aesten säuberte. Später, als die Kälte auf 40 Grad Celsius anzog, wurde das Gefällte auf die zugefrorenen Flüsse hinabgeholt, wo es über den langen Winter liegen blieb. Hernach war es vorläufig aus mit den Jobs. Aber Karl hatte 36 Kronen die Woche verdient und nur 9 verbraucht. Morgens Hafergrütze mit Milch, mittags ein Omelette aus drei Eiern oder eine Bratwurst, abends Suppe aus gedörrtem Obst und zwischendurch tellergroße Kneggebröds mit fingerdicker Margarine darauf, das war ein Speisezettel, der das Menü von 1916 und 1918 bei weitem übertraf. Aber die Dinge lagen gar nicht so schmalhänsig. Sofern man beim Kartenspiel gewann, waren in tschakogroßen Blechbüchsen selbst Hummern vorhanden. Und wären sie nicht gewesen und wäre auch sonst nichts gewesen, dann hätte es noch immer Heringe gegeben. Du liebes Leben, man durfte, als ein von dem kriegerischen Europa vertriebener Galgenvogel, nicht mehr verlangen, als daß man alles hatte, was man brauchte, und daß es selbst junge Langhaarige gab, bei denen man heimlich einsteigen konnte. Die innere Stille aber schöpfte Karl aus der neuen Bescheidenheit, die ihn nun manchmal denken ließ, er sei ohnehin kein Auserwählter, der irgendwelche Ausnahmen zu erwarten hätte, und da wäre es überall gut, wo es eben gerade gut sei.

An den langen Winterabenden, und dann auch über die Tage, lud ihn der Pastor des Dorfes zu sich. Dieser Mann, der wie der alte Graf Zeppelin aussah, war der größte Weidenbotaniker der Welt. Er hatte sich auch, obgleich er ein Däne war und Pedersen hieß, seinen Weiden zuliebe Enander genannt. Im Haus dieses Pastors war ein Herbarium zu ordnen, neu zu beschriften und zu registrieren, das die Ausbeute eines langen und emsigen Lebens darstellte und alle Räume bis unter das Dach hinauf anfüllte. So verging der Winter. Teils über reinlichen Papierbogen, mit zarten trockenen Weidenzweigen darauf, die wie Heu dufteten, teils mit schweißigen Karten in der Hand, indes die Köpfe im Schnapsdampf um den Tisch schwankten. Karl lernte auch auf Skiern stehn, im Schlitten dreißig Kilometer über Land in ein Kino fahren und er kam auf Bälle, wo man zu einer Ziehharmonika den Hambo tanzte, die Hand in der Hüfte und den Hut auf dem Kopf. Am 20. Mai wurde es Frühling. Die einzige Straße des Ortes quoll ein Strom herab und das brechende Eis zerriß die Brücke, die in der Form eines halben Achters über den Honsee gelegt war. Da gab es wieder Arbeit. Karl war nun auch beim Flottning, beim Flößen, mit von der Partie. Er mußte ein Paar Stiefel erstehn, die man bis an den Leib heraufzog, hiezu bekam er eine lange Stange in die Hand, mit einem Widerhaken vorne. So turnte er mit den anderen den Härjeån hinab, um die Stämme, die sich an den Ufern in unbegreiflichen Knoten verfilzt hatten, in die treibende Mitte hinauszustoßen. Dort schwammen sie dann in die großen Seen hinab, an denen die Sägewerke lagen. Für Karl aber war das eine Sache, die fünfzig bis sechzig Kronen in der Woche einbrachte. Für dieses Geld konnte man schon ein Quantum Lebensgefahr in Kauf nehmen, mit der besonders zu rechnen war, als, vom ersten bis zum fünften Juni, die Stürme von den Fjällen herabstürzten. Dieser Luftausgleich brachte noch einmal eine lausige Kälte, in der alle kleineren

204

Wässer abermals zufroren. In glasigen Blasen stand das Eis über allem. Dann war über Nacht Sommer. Innerhalb weniger Tage legte sich die Luft heiß an die Wange und über den Seen begann die Mückenwolke zu toben.

Aber nun fiel auch mit der heranrückenden Abreise des Lehrers, der Mitte Juli seine Schule schloß, der erste Schatten über Karls Weg. Karl begann es wieder zu spüren, daß er in Wahrheit noch immer kein Zuhause hatte. Da stieg ihm der Kumpan Per Hägglund auf die Bude, und zwar mit der Einladung, daß er zu dem Magister Åsander, der von ihm gehört hätte, auf einen Besuch hinüberkommen möchte. Dieser Besuch sollte für Karl von Bedeutung werden, weil er seinem Lebensweg für die nächste Zeit die Richtung wies. Karl ging mit Per Hägglund an den Ormusee hinab, wo der jüngere Bruder Åsanders in einem Motorboot wartete. Das Motorboot fuhr gerade auf einen in den See herausgelegten Laufsteg zu. Dahinter stand ein helles Holzhaus, mit Veranda, Balkon und verziertem First. Auf dem Laufsteg aber wartete Åsander: Wälkomen! Er trug einen hellgrauen Anzug und keinen Hut auf dem kahlen Kopf. Dieser Mann mit dem Gesicht eines Kardinals und den Augen eines Mädchens war kaum älter als Karl, aber er hätte sein Vater sein können. Da Karl dies spürte — er las es von dem Gesicht Åsanders, über dem eine großartige Klarheit lag —, empfand er die verhaltene Innigkeit, mit der er begrüßt wurde, doppelt rätselhaft. Åsander behandelte ihn wie eine Frau, der man für ihren Besuch dankbar ist. Das übte auf Karl die Wirkung aus, daß er auch von sich selber besser dachte.

Als er dann mit Åsander auf dem Balkon Kaffee trank und das Gespräch auf die Menschen der Gegend kam,

erhielt er einen ganz anderen Blickwinkel auf sie. Ach
Gott, sagte Åsander, wenn sie nur nicht alle untereinander verwandt wären. Davon wußte auch Karl einiges,
aber warum das zu bedauern sei, war ihm nicht bekannt.
Schon deshalb, bemerkte Åsander, weil es sie gegen
Krankheiten weniger widerstandsfähig macht. Halbe Dörfer sind tuberkulös. In dieser Luft? fragte Karl, und er sah
in dankbarer Schwärmerei den blauen Himmel hinab, der
vor Sonne so wehend weit war, daß man auf diesem Balkon
wie in einer Gondel unter ihm zu hängen schien. Åsander
senkte den Blick auf die Tischdecke: ihre paar Kühe sind
ja schon tuberkulös. Wie kommt es, wollte Karl wissen,
daß Fortpflanzung zwischen Nahverwandten schädlich ist?
Doch Åsander zuckte nur die Achseln: In Schottland soll
es, nach der Statistik, nicht schaden. In Madagaskar werden die Frauen davon unfruchtbar; vielleicht weiß man es
nicht.

Diese Wendung war im Vergleich zu der Gewißheit,
mit der Åsander über den Gegenstand zu sprechen begonnen hatte, seltsam. Auch hätte er, denn er war sichtlich
ein gebildeter Mann, wohl noch einiges hinzufügen können,
etwa, daß die Gepflogenheit, Brüder und Schwestern
sich nicht verheiraten zu lassen, gewiß älter als die Bibel
sei. Aber das Thema war ihm nun offenbar gleichgültig.
Vielleicht war er nur aus einem gefühlsmäßigen Anlaß
darauf zu sprechen gekommen. Jedenfalls blätterte er nun,
ins Zimmer hineintretend, eine Mappe auf, die in Dutzen-
den Bildreproduktionen die vor Gesundheit strotzenden
Modelle des Anders Zorn zeigte. Und Karl mußte an
Maryna denken. Hernach war es unvermeidlich, daß er
sich mit Åsanders Bibliothek befaßte, die keinen Quadrat-
zentimeter Wand freiließ. Dieser Magister las die Edda

isländisch, altschwedisch, althochdeutsch und neuhochdeutsch. Aber er las auch Arthur Schnitzler, in dessen Erzählungen er sich die Bedeutung der Dialektausdrücke an den Rand stenographiert hatte. Bei dieser Gelegenheit erhielt Karl zum erstenmal eine autoritative Auskunft über die Literatur seiner Nation. Indessen ging es ihm näher, zu fühlen, daß auch für seinesgleichen das Genügen an einem Holzfällerleben nicht unbedingt das Erschöpfende sein mußte. Karl drehte sich neugierig nach dem Himmel um, der über dem Balkon flimmerte, so verändert, so feierlich fand er die Luft. Und als Åsander nun alte Dokumente zeigte, Dokumente aus dem 16. und 15. Jahrhundert, von Hexenprozessen und Grundverkäufen, war es Karl, er müßte Leute vom See heraufkommen sehn, in Lederwämsern, mit Pickelhauben und Hellebarden. Zum erstenmal überfiel ihn das Gefühl von der Einmaligkeit des Daseins. Das also wohl noch einen anderen Sinn haben sollte, als bloß behaglich zu sein.

Abends begleitete Åsander Karl ein Stück zurück. Da sie dabei am Seeufer entlang gingen, kamen sie am Tanzboden vorbei, dessen Gast Karl oft gewesen war. Ein runder Bretterboden zwischen den Föhren, in der Mitte in einer Kiste zwei Harmonikaspieler, darum sich drehende Paare und in der Nähe zwei Mädchen in einem improvisierten Kaffeeausschank. Die eine war Karl nicht ganz unbekannt. Sie hieß Stina und hatte eine sehr weiße Haut und breite Hüften. Aber er schämte sich. Denn er sah heute das Zufällige an diesen Menschen, die ihm fast ein Jahr seine Welt gewesen waren. Da trat Åsander unter die Bäume hinein und kaufte zwei Schalen Kaffee, obzwar er kaum ein Verlangen danach haben konnte. Er klatschte den Harmonikaspielern und machte eher den Eindruck eines Menschen,

der die Leute beneidete, als daß er sie gering geachtet
hätte. Karl erkannte, daß er noch lange nicht ausgelernt
hatte, und die Scham, die ihn jetzt befiel, war nicht wie
ein Gewissensbiß, sondern wie eine Ergriffenheit. In dieser
Nacht, die unverwandt hell blieb, konnte sich Karl einer
Traurigkeit nicht erwehren. Es war ihm, als müßte er um
Hilfe beten, damit er nicht mit allem immer so am Anfang
bliebe. Doch verfiel er nicht der knabenhaften Hilflosigkeit, zu der er neigte. Auch darin war nun Åsander bei
ihm, der ihm wie ein Held erschien, wenngleich er nicht
hätte sagen können, warum. Die Empfindungen dieser
Nacht wurden Karl zum glühenden Anlaß, streng gegen
sich zu sein.

Aber er sollte vorerst keine Gelegenheit dazu haben.
Als er nach zwei Tagen, wie es verabredet worden war,
seinen Besuch in Ormusjö wiederholte, lud ihn Åsander
zu einer Lapplandfahrt ein. Åsander brachte die Einladung
in einer Weise vor, als hätte er auf Karl warten müssen,
um an dieser Reise, an die er schon lange gedacht hatte,
Gefallen zu finden. Warum, mußte Karl denken, fährt er
nicht mit einer Frau? Jedenfalls schämte sich Karl der
Liebe, die ihm entgegengebracht wurde. Denn diese Innigkeit war eine andere als die Oscar Petterssons, sie machte
sichtlich einen langen Weg, ehe sie an die Oberfläche kam.
Sie hatte etwas Beklemmendes und Karl hätte ihr auch
dann nicht widerstehn können, wenn ihn die Vorstellung
der Reise nicht berauscht hätte. So wurde dies ein beispielloser Sommer für ihn. Ein Sommer, an dem die Tage
weit waren wie manche in den Kriegsjahren, nur daß die
Erde nun, mit der Sonne auf sich, den unzähligen Seen
und ewigen Wäldern, gleich einem Gefälle von lockenden
Treppen das Herz immer weiter hinauszog, als gäbe es,

irgendwann hinter dem letzten Horizont, einen Ort, an dem ihr Friede mit der süßen Bläue oben ineinandermünden und das Herz stillstehn müßte vor Seligkeit. Und wenn es einen Menschen gab, der seine Liebe zu den Gräsern und Wassern und Wolken aussprechen konnte, daß es einen wie eine leise Erweckung traf, dann war es Åsander. Er konnte, morgens beim Brunnen, mitten im Waschen innehalten und sagen, welch ein Tag! Dann sah er in die Sonne mit dem wasserüberperlten Gesicht, als müßte er den Kopf über sie schütteln. Im Anblick des Kebnekaisse legte er sich hin und sagte: ein Berg ist schön. Und am Lulejujaur, an einem Abend, der gleich allen Nächten weiß war wie der Tag, verließ er das Ufer nicht, obwohl die Mücken dicht wie die Maschen eines Netzes in der Luft hingen. Hinter Gellivara lebten sie vierzehn Tage bei einem Lappenstamm, wo Åsander mit den kleinsten Kindern eine Schwedisch-Schule aufmachte. In Luleå aber, schon auf der Rückreise, sagte er zu Karl in der Pension: Ich habe mich bisher gefreut, daß du ohne Frau bist. Aber nun mußt du dich um eine umsehn bei uns.

Sie kamen Ende September heim, als die Tage schon stürzend kürzer wurden. Karl brachte ein Gefühl der Lebensweite mit, eine Hochgemutheit, als hätte er die Gewähr gehabt, es könnte nun nie mehr ins Enge gehn. Eine neue Aussicht, die sich bot, bestärkte ihn noch in dieser Unbekümmertheit. Pastor Enander nämlich, der ihn bat, den Winter bei ihm zu Gast zu sein und ihm bei der Fertigstellung eines Werkes zu helfen, für das eine Unzahl Photos zu machen war, — Pastor Enander bekundete auch die Absicht, Karl auf eine Reise nach Island mitzunehmen, die er seiner Weiden wegen für den nächsten Sommer plante. So wurde Karl von der Fertigkeit, die er für die Schlachtfelder des Piave erworben hatte, in einen Gelehrtenwinter geführt, in dem es nichts in der Welt zu geben schien als die 160 Weidenarten. Allein dann unterblieb die Reise, weil die Frau des Pastors schwer erkrankte; und als der Sommer neuerdings mit weiten Himmeln aufschwärmte, fühlte Karl, daß es ihn in dem entlegenen Lillhärdal nicht mehr hielt. Es zog ihn in die Nähe des Lebens, nach Sveg, in die „Stadt", die das Kino hatte. Freilich kam es nun wieder nicht zu einem Aufenthalt in der Stadt selbst, in der jedes Häuschen anders gestrichen war, vom hellen Grün bis zum hellen Rosa, und in deren Vorgarten die jungen Birken standen. Denn das Bestimmende war wieder die Beschaffung des Unterhalts.

Diesmal wurde Karl nicht Holzfäller, wozu im Juli nicht die Zeit gewesen wäre, sondern Angestellter. Ihrer drei gingen sie wochenlang durch die Wälder. Der eine suchte die Stämme aus, die im Herbst gefällt werden sollten, der zweite stempelte sie mit einem Axthieb und Karl maß in Brusthöhe ihren Umfang, schätzte die Höhe und rechnete den Kubikinhalt aus. Dieses Leben in den Dschungeln der Natur, immer wieder mit einem hohen Blick auf die ewigen Legionen der Föhren, — dieses Leben war eine sehr gute Sache, aber Karl wurde schwermütig dabei. Der weite Blick über das Land verleitete ihn, sich die Erde als eine Scheibe vorzustellen, auf der weit unten im Dunst auch die Stadt lag, in der er Kind gewesen war. Karl begann, Gedanken an die Heimat zu haben. Allein er betrachtete diese Schwäche als etwas Unvermeidliches, das ebenso kam, wie es zu überwinden war. In dieser Haltung trat er eine neue Beschäftigung an, die eines Taglöhners beim Bahnbau hinter Sveg. Hier hieß es mit Krampen und Schaufel schuften und in einer Baracke wohnen, auch fuhr man mitunter stundenweit auf einer Draisine durch den Regen. Und Karl wurde hart dabei, so hart, wie er es vor Klimontow 1915 als mörderischer Abenteurer gewesen war. Nur inwendig wurde er von Tag zu Tag empfindsamer. Als der Winter die Arbeit einstellte, nahm Karl in Sveg Quartier, obgleich er hier dafür bezahlen mußte und Åsander ihn nach Ormusjö geladen hatte. Einen Monat wenigstens, dachte Karl, wollte er bleiben. Denn hier gab es ein Kino und — Menschen. Aber der Winter fiel herab mit seinen sich drängenden Nächten — und es hat noch keiner eine Frau gefunden, der auf die Suche nach ihr ging. Anstelle Karls kam in der Weihnachtswoche ein Brief zu Åsander, in dem Karl schrieb, nur der Wunsch, vorher etwas zu ersparen, hielte ihn ab, sofort in die Heimat zu fahren.

Åsander entgegnete, Karl sollte sich vor Leiden hüten, die aus Einbildungen kämen. Das Herz eines Mannes müsse auch für ein zweites Vaterland weit genug sein. Sollte es Karl aber nicht verwinden können, dann bäte er ihn, erst dann heimzufahren, wenn er die Haltlosigkeit überwunden hätte, wenn er in der Lage wäre, den Termin nach Belieben zu bestimmen. Denn anders würde er sich, ginge es auch in der Heimat nicht gut, nur der Gefahr aussetzen, zu den Leiden noch die Beschämung hinzuzuerhalten. Kein Wort sei darüber zu verlieren, daß Karl nicht gerade für den Sveger Bahnbau geboren sei, und er, Åsander, würde sein Möglichstes dransetzen, ihm einen Platz zu vermitteln, der nicht nur seiner Veranlagung mehr entspräche, sondern auch eine Existenzgrundlage abgeben könne. Nur sollte Karl bis dahin nicht vergessen, daß Sveg nicht die Welt sei und ein Sveger Winter nicht das Leben.

Dieser Brief berührte Karl an seiner empfindlichsten Stelle, in seiner alten „Sittlichkeit". Und Åsander hielt Wort. Auf diese Weise kam Karl Mitte März, ohne den Freund wiedergesehen zu haben, auf die andere Seite des Landes, an die bottnische See. Er erhielt eine gut bezahlte Kontorstelle in einem Sägewerk in Sundsvall. Dies war ein neuer großer Anfang, und Karl sagte sich selbst, er würde vor Ablauf einiger Monate nicht in der Lage sein, den Wert oder Unwert seiner Situation zu ermessen. Tatsächlich nahmen ihn die neuen Umstände, der heraufkommende Sommer und das Meer, das nun vor seinen Fenstern ausgespannt war, gefangen. Da erhielt er Mitte Juni eine Geldsendung von dreihundert Kronen. Åsander schrieb hiezu, Pastor Enander hätte den Wunsch gehabt, Karl für die entfallene Reise vom Vorjahr, die den damaligen Arbeitswinter hätte abschließen sollen, zu entschädigen. Ein Dankschreiben würde den Pastor nicht erreichen, da er die Reise nun dieses Jahr unternommen habe. Karl wußte nicht, warum er sich über das Geld nicht freuen konnte. Er schrieb zurück, daß er es ungern annehme, hätte er doch über jenen Winter Kost und Quartier bei Enander gehabt. Auf diesen Brief kam ein Schreiben von Åsanders Mutter, die Karl mitteilte, daß ihr Sohn außerstande wäre, selbst zu antworten; sein Zustand wäre wieder sehr schlecht. Offenbar setzte die Frau, die diese Fügung ohne nähere Erläuterung gebrauchte, bei Karl ein Wissen voraus, das er nicht besaß. Karl fühlte sich wie vom Blitz getroffen. Er ließ sich beurlauben, obgleich das seine Position im Sägewerk für das weitere in Frage stellte, und fuhr nach Ormusjö. Der See lag, als er in einem Lastauto von Sveg endlich hinüberkam, blau unter dem Himmel wie damals, als Karl seinen ersten Besuch ge-

212

macht hatte. Das hell gestrichene Haus mit seiner Veranda, dem Balkon und dem verzierten First wartete vertraut in der Sonne. Drinnen aber lag Åsander auf dem Bett, die Decke weit über die Brust herabgestreift, sein magerer Körper war in Schweiß gebadet. Er vermochte Karl, den das schweißüberperlte Gesicht an die Szene am Brunnen erinnerte, nicht mehr zu erkennen. Die Schwindsucht arbeitete gegen das, was sich an Åsander noch wehrte, mit einundvierzig Grad Fieber. Drei Tage später wurde er begraben. Zu dem Begräbnis auf dem kleinen Bergfriedhof kam auch Pastor Enander. Karl aber trat am gleichen Abend die Reise nach Wien an.

In den Straßen Berlins war es noch wie eine Verwunderung in ihm, daß diese Welt in der Zwischenzeit weiterbestanden hatte. Auf der Weiterfahrt begann die Erinnerung an Schweden rasch wie die an einen weitschweifigen Traum zu werden. Durch Oberösterreich herein, die fünfzigste Stunde im Coupé, kam ihm mit ganzer Schwere zum Bewußtsein, fünf Jahre in Schweden gewesen und vierunddreißig Jahre alt geworden zu sein. Nun überblickte Karl auch, daß er nicht in die Welt hineingefahren war, sondern an ihren stilleren Rand hinaus. Das Bedrohliche der jetzt durchgeführten umgekehrten Bewegung wurde ihm vorläufig nicht lebendig. Er dachte an das Haus, in dem er aufgewachsen war, als würde ihn dort jemand erwarten, und nicht, daß diese Heimat, der er sich wieder anvertraute, ihre einzige Lebensmöglichkeit, den Anschluß an Deutschland, schon 1922 in Genf für eine Anleihe von 611 Millionen Goldkronen verkauft hatte. Karl dachte auch nicht daran, daß dieser Heimatstaat 1924 die europäische Aufschwungsära für sich mit einem Börsenkrach eingeleitet hatte, der seiner Industrie

213

den letzten Rest eigenen Kapitals entzog, daß ferner seitdem in jedem Jahr mindestens eine Großbank vom Erdboden verschwunden war und daß die Industrie in ihren früheren Absatzländern Zöllen begegnete, die, vom Wert der Ware gerechnet, in Ungarn 30 Prozent betrugen, in der Tschechoslowakei 33, in S. H. S. 36, in Polen 43 und in Rumänien 99. Auch wußte Karl noch nicht, daß von seinen Landsleuten 180 000 arbeitslos waren. Allerdings hätte er sich, auch wenn ihm die Zahl geläufig gewesen wäre, wie jeder noch außerhalb Stehende gesagt: haben die Millionen, die noch nicht arbeitslos sind, ihr Auskommen, dann wird auch für mich noch Platz sein.

Jenun, mit dem „Platz" hatte es sofort seine Schwierigkeit, denn Karl fand keine Wohnung. In dem Haus, in dem er gewohnt hatte, war seit seiner Abreise keine mehr frei geworden, auch sollte das auf Jahre hinaus nicht mehr der Fall sein. Denn eine Wohnung bedeutete ein Vermögen. Schließlich aber konnte sich Karl doch in dem Haus einmieten, in dem seine Mutter gestorben war und das er vor fünf Jahren verlassen hatte. Er wurde Aftermieter. Und zwar für 40 Schilling monatlich, im dritten Stock bei dem 57jährigen Kassenschlosser Adolf Dostal. Die Wohnung bestand aus Küche und zwei Zimmern, von denen das zweite nun Karl zukam. Die Schlafstelle in der Küche hatte der alte Dostal inne, während der anschließende Raum von seinem 17jährigen Sohn Philipp, einem arbeitslosen Lithographen, und seinen beiden ebenfalls arbeitslosen Töchtern benützt wurde, der 33jährigen Fabrikarbeiterin Anna Sachs, deren Mann zur Zeit als Fräser in Frankreich arbeitete, und der 36jährigen Vilma Haniel, die Kriegswitwe und lungentuberkulös war. Die Frau des alten Dostal, der einmal ein hoffnungsvolles

214

Leben vor sich gehabt hatte, war an Lungentuberkulose gestorben, sein erster Sohn war im Krieg gefallen, sein zweiter, vierundzwanzigjährig, in der Strafanstalt Stein verdorben. Der alte Dostal aber stellte das Urbild des rechtschaffenen, schweigsamen Proletariers dar und Frau Vilma, wie Karl die ältere Tochter später nannte, hielt die Wohnung so sauber, wie es die Umstände und ihre Mittel erlaubten. Der alte Dostal war Kurzarbeiter und die vier Menschen, die alle von seinem Verdienst abhingen, hatten keinen Tag hinreichend zu essen. Dieses Elend machte Karl den Sturz, den er getan hatte, besonders fühlbar. Er wäre auch sonst darüber nicht im Zweifel geblieben. Erst Ende September, als er seine Ersparnisse längst verbraucht und abermals vergeblich den Stadtschulrat aufgesucht hatte, fand er eine Stelle als Buchhaltungsbeamter bei der Speditionsfirma Lehrner & Co. Er war um nicht viel weniger herabgekommen als vor fünfeinhalb Jahren, da er an Oskar Pettersson geschrieben hatte.

Da Lehrner & Co. eine Weltfirma war, was ihren Angestellten, wie sie es nannte, große Expansionsmöglichkeiten bot, zahlte sie besonders niedrige Löhne. Auf diese Weise bezog Karl ein Monatsgehalt von 160 Schilling, ein Nettogehalt also von kaum 140 Schilling, einen Betrag mithin, der in Anbetracht seines Aftermietzinses um ein Drittel kleiner war als das amtlich errechnete Lebensminimum. Nichtsdestoweniger mußte Karl dem Zufall dankbar sein, der ihm den Posten verschafft hatte. Der Leiterin des Personalbüros, einer grauhaarigen Dame, war seine schöne Schrift aufgefallen. In dem Augenblick, da sie ihm die Aussichtslosigkeit seiner Bewerbung hatte auseinandersetzen wollen, war sie in seinem Offert auf das Wort Lappland gestoßen. Karl hatte nämlich die kleine Aufschneiderei begangen, zu schreiben, er hätte die letzten drei Jahre in Lappland verbracht. Eine darauf bezügliche Frage der alten Dame hatte dann genügt, das gesamte Personalbüro die Feder hinlegen zu lassen. Karl war in die Lage gekommen, über Land und Leute Aufklärung geben zu dürfen, die um so weitere Kreise beschreiben mußte, als bei der Majorität dieses Personalbüros die Ansicht bestanden hatte, Lappland läge auf Grönland. Jedenfalls war Karl gleich einem exotischen Tier betrachtet worden, aber er hatte sich auch das Herz der alten Dame erobert, deren Mann einer der Buchhaltungschefs der Firma war.

Seine weiteren Erlebnisse bei der Firma sind bald erzählt. Da ihm von seinem Lohn nach Abzug von 40 Schilling Miete und weiteren 20 für Wäsche, unvermeidliche Straßenbahnfahrten, Bad, Rasierklingen usw. nur 77 Schilling für Kost, Kleidung, Beheizung usw. blieben, war er dazu verurteilt, sich niemals sattessen zu können. Diese Verhältnisse, die einen Kinobesuch zur Ausschweifung machten, veranlaßten ihn, nach einem halben Jahr bei dem Personalchef um eine Gehaltserhöhung vorzusprechen. Karl wies dabei auf sein Alter hin, auf seine Matura und seine perfekte Kenntnis der schwedischen Sprache. Der Personalchef jedoch, ein pensionierter Major, erklärte ihm, daß es für die Firma, die keine schwedische Korrespondenz hätte, auch gleichgültig wäre, wenn Karl neben seinem Schwedisch noch Sanskrit spräche, ferner, daß er selber wisse, wie reibungslos seine Arbeit durch jedes vierzehnjährige Mädchen bewältigt werden könnte und daß schließlich die Höhe der Löhne vom Geschäftsgang abhinge, der bekanntlich seit drei Jahren katastrophal wäre. Als Karl mit dieser Auskunft zu P. Bekker kam, dem einzigen Menschen unter den vierhundert Angestellten, zu

216

dem er in eine vertraulichere Beziehung getreten war
setzte ihm der auseinander, daß der Major sein Haupt-
argument, nämlich daß für die Löhne vor allem die Lage auf
dem Arbeitsmarkt bestimmend sei, sogar unter den Tisch
hätte fallen lassen — begreiflicherweise. P. Bekker, organisierter Sozialdemokrat, las viel nationalökonomische Literatur. Er griff nicht aus Veranlagung darnach — da wären ihm
die humanistischen Fächer nähergelegen —, sondern weil
er spürte, daß hier die Probleme der Zeit diskutiert wurden,
für die er sich wohl oder übel interessieren mußte, da sie
ihm täglich auf die Finger schlugen. Kurz, P. Bekker hatte
seine Phantasie, die mit den Dingen ging, indes die Karls
sich ihnen widersetzte. Ja, ja, sagte Karl, das ist alles
trostlos, und man kann weder weglaufen, noch etwas dagegen tun. Man muß, sagte P. Bekker, trachten, aus der
Masse herauszukommen. Man muß aus einem Zahn am
Rad selber zum Rad werden. Das ist die einzige Rettung.
Ich kann, sagte Karl, nur arbeiten; ich habe keine Sonder-
begabung zum Kaufmann. Ich auch nicht, suchte P. Bekker ihn zu trösten, aber man muß trotzdem in irgendeiner
Weise versuchen, einer Chance habhaft zu werden. Sie
verließen sich achselzuckend. Doch Karl ging hin, P. Bekker die Chance vorzubereiten.

Eines Tages zeichnete er, während einer desolaten
Mittagspause, einige Köpfe auf ein Löschblatt. Diese
Zeichnungen kamen seinem Vorstand zu Gesicht, dem
alten Bentheim. Und als dann der Prokurist Ingelmann
unter den Angestellten jemanden suchte, der für seinen
Freund Mayer, den Blutspezialisten, Aufriß und Quer-
schnitt einer klinischen Zentrifuge zeichnen könnte, wies
der alte Bentheim ihn auf Karl. Karl zeichnete die Zentrifuge. Sechs Wochen später sagte er zu P. Bekker, mit

217

dem er morgens im Kommunikationsgang zwischen den Büros stand, daß er ununterbrochen an Gewicht abnehme. Und er fügte hinzu, daß ihn vor Haß wider die Geschäftsleitung Uebelkeit überkommen könne. Er hätte nur die Wahl, zu hungern oder in Fetzen zu gehen. P. Bekker war kaum in einer besseren Lage. Sie standen da und senkten die Köpfe, indem sie beide auf etwas warteten, das sie aus diesem unersprießlichen Gespräch herausheben würde. Da richtete der Prokurist Ingelmann, der den Gang heraufkam, an Karl die Frage, ob er, anläßlich des Rotary-Kongresses, für ein Inserat der Firma in der Festschrift eine Zeichnung machen könne, die das Rotaryemblem mit dem der Firma geschmackvoll vereinigen würde.

Karl sagte dem Prokuristen, daß er das nicht könne. Er verlor dadurch weder unmittelbar noch mittelbar etwas, denn der Prokurist Ingelmann gehörte zu jenen Windbeuteln, die die ganze Welt ebenso skrupellos vor ihren Wagen spannen, als sie ihr nachher voll Verachtung den Dank schuldig bleiben. Und Karl würde aus dem Rotary-Inserat so wenig herausgeschrotet haben wie aus der Blutzentrifuge. Aber nun wandte sich Herr Ingelmann an P. Bekker, wie er sich an jeden gewendet hätte, und für den war das die Chance. Er zeichnete das Inserat. Dem folgte nach einigen Wochen, daß man ihn eine Europakarte mit allen Sammelverkehrsstellen der Firma anlegen ließ. Die Karte war als Innenplakat gedacht und erforderte eine Arbeit von Wochen. Das brachte P. Bekker in Kontakt mit der Geschäftsleitung. Der Kontakt wurde inniger, als er seinem Prokuristen beisprang und den Telegrammcode für das Expreßgeschäft zusammenstellte, über den der sich vergebens den Kopf zerbrochen hatte.

218

Er war ja kein Dichter. P. Bekker merkte, daß das Eisen in seiner Hand warm wurde. Er arbeitete eine Verbesserung des Arbeitsganges in seiner Abteilung aus, indem er Ablieferungsinstruktion und Interimsfrachtbrief in ein Formular zusammenlegte. Die Sache wurde akzeptiert und damit gab es endlich den Knacks in der ehernen Pforte. Die beiden jungen Chefs, die darauf aus waren, die Initiative an sich zu reißen, regten P. Bekker an, über ein System für das ganze Haus nachzudenken. Das war im Oktober 1929, am Tag des New Yorker Börsenkrachs.

Endlich hatte die Spannung zwischen dem Ueberfluß an Gütern und der Ueberzahl der Menschen, die vom Bezug aller Güter ausgeschlossen waren, zu einer Entladung geführt. 1925 waren 35½ Millionen Meterzentner Weizen unverkäuflich gewesen, jetzt waren es 96 Millionen. Der Zuckerüberschuß war von 17 auf 27 Millionen Meterzentner gestiegen, der des Kaffees von 4 auf 8½ Millionen. Die Vorratsstauung bei der Baumwolle hatte sich von 500 000 Tonnen auf 800 000 Tonnen vergrößert, die beim Gummi von 125 000 auf 275 000 Tonnen. An Erdöl blieben den Produzenten bereits 600 Millionen Hektoliter in den Händen und bei der Steinkohle betrug der Ueberfluß 50 Millionen Meterzentner. Es war das gleiche beim Reis wie bei der Rohseide, bei der Wolle wie beim Stabeisen, beim Blei wie beim Benzin. Die Erde schwamm in Reichtum und der Weltmarkt trug diesem Ueberangebot mit einem Preissturz Rechnung, der gegenüber den bisherigen Senkungen eine Revolution darstellte. New York notierte von der ersten Hälfte 1929 zur zweiten die Baumwolle um 15 Prozent niedriger, Rio den Kaffee um 34 Prozent, Chikago den Weizen um 26 Prozent, Pennsylvania das Rohöl um 24 Prozent. Trotzdem schrumpfte der Außenhandel innerhalb des Jahres um ein volles Fünftel ein. Das zerriß auch die Illusionen der Börsenspekulanten. Der Blitz zündete in New York und glitt ab durch das gesamte Schaltwerk der Zivilisation. Waren Deutschland, Großbritannien, Australien, Niederländisch-Indien, Brasilien und Britisch-Malaya schon Ende 1928 in die Depression geraten, so folgten nun die USA, Kanada, Japan, Italien, Argentinien, China und Spanien, womit die Hälfte des Welthandels von der Krise voll erfaßt war. Und hatte die Rationalisierung bis zum Anfang des Jahres 1929 5 Millionen arbeitslos gemacht, so stieg diese Zahl bis zum Ende des Jahres rasch auf das Doppelte.

Lediglich in der Sowjetunion wurden die Arbeitskräfte mit Gewalt und Geduld in die Produktionszentren des Fünfjahrplans geholt. Der Krüppelstaat Oesterreich aber erhielt nun zu seiner ewigen Krise die Weltkalamität noch hinzu. Im November betrug die Zahl seiner Arbeitslosen 200 000, im Dezember 265 000, im Januar 308 000. P. Bekker, der regelmäßig die Zeitung las, kannte auch den Anteil Wiens an diesen Zahlen, der sich auf 82 000, 100 000 und 115 000 bezifferte. Dennoch blieb er an seiner Chance wie ein Rennfahrer an seiner Maschine. Schon deshalb, weil er sich sagen mußte, daß die Rationalisierung so wenig aufzuhalten war wie vor hundert Jahren der Dampfwebstuhl und weil es auf der Hand lag, daß ein anderer die Sache machen würde, ließe er sie fallen. P. Bekker, ein sehr schlanker Mensch, mit einem seltsam herben Knabengesicht, unterschied sich da in nichts von anderen leistungsfähigen Menschen. Schließlich handelte er nach den Kräften, die in ihm wirksam waren. Nach einer Woche Spintisierens war er so weit, eine Möglichkeit zu sehen, nach der sämtliche Schreibarbeiten der Expedition, also Disposition, Interimsfrachtbrief, Faktura und Exportbestätigung, mit einer Niederschrift besorgt werden konnten; in der Buchhaltung wollte er Primanota und Hauptbuch zusammenlegen. Allerdings war das alles in den Einzelheiten noch sehr durchzuklügeln, aber P. Bekker lief auch jetzt schon zu den großen Firmen für moderne Bürobehelfe und ließ sich die neuesten Maschinen vorführen. Schreibmaschinen mit Endlosformularen, auf denen eine Schreibkraft im Tag 250 Posten erledigen konnte, und Multiplikationsmaschinen, die in einer Stunde bei sechsstelligen Zahlen 1800 Rechnungen durchführten, bei vierstelligen 2 400. P. Bekker rechnete sich aus, daß er, mit Hilfe dieser Apparate und seinen Einheitsformularen, von vier Leuten das bewältigen lassen könnte, wozu man bisher dreißig brauchte.

Karl, der im Umgang mit Menschen etwas Hagestolziges angenommen hatte, für sich allein aber von einer glühenden Hilflosigkeit war, las in diesen Tagen mit versunkener Leidenschaft den Roman „Die weißen Götter". Das Buch hatte er sich aus einer Bibliothek ausgeliehen, in die eingeschrieben zu sein der einzige Komfort seines jetzigen Lebens war. Aus der Zeitung interessierte ihn momentan am meisten die Rückkehr des Franzosen Alain Gerbault, der ein Jahr nach ihm „in die Welt" aufgebrochen war und, in einem Zwei-Tonnen-Kutter, allein die Erde umsegelt hatte. Karl ging in diesen Tagen auch noch einmal zu dem Personalchef. Man sollte doch berücksichtigen, meinte er, daß er mit seinen siebenundreißig Jahren zumindest die Möglichkeit haben sollte, einen eigenen Hausstand zu gründen. Der Personalchef hörte ihn geduldig an, dann versuchte er die Sache auf die leichte Achsel zu

221

nehmen. Na, sagte er, indem er sich im Stuhl nach vorn fallen ließ, wenn es Ihnen ernst um diese Dinge ist, dann dürfte Sie nichts hindern können. Die Liebe hat zumeist die Not, unter Umständen —. Herr Major, unterbrach ihn Karl. Diese Zuflucht zum einstigen militärischen Rang seines Gegenübers war ein Versuch, mit ihm in eine Zwiesprache „von Mensch zu Mensch" zu kommen. Herr Major, versuchte sich Karl Beachtung zu erwerben, ich bin durch den Krieg aus der Bahn geworfen worden. Ich war die ganze Zeit an der Front und in Gefangenschaft, ich war auch (Karl wurde verlegen) Oberleutnant in jener Zeit und Ritter des Kronenordens, aber ich stelle keine Ansprüche. Ich habe auch keine Beziehung zu einer Frau, die zur Legitimierung drängen würde. Nur, ich kann selbst nicht von dem Gehalt leben und es kann doch nicht immer so weitergehen. Der Major sah sich bedrängt und das war ihm unangenehm. Also kaufte er sich mit einem Zugeständnis los. Lieber Kamerad, sagte er aufstehend, selbst wenn ich die Höhe Ihres Gehaltes zu bestimmen hätte, würden Sie, glaube ich, nicht weniger unzufrieden bleiben müssen. Er zuckte die Achseln. Als Karl draußen war, dachte er jedoch, daß diesem Menschen, der es bei Lehrner & Co. nie weiterbringen konnte, von dem Geschick vielleicht eine Wohltat erwiesen würde, zwänge man ihn, irgend anderswo neu anzufangen. Uebergäbe man ihn wieder dem fluktuierenden Leben.

Zu Neujahr (1930) kündigte Lehrner & Co. achtzig Angestellten, darunter auch Karl.

1930—1931

Der gepflasterte Weg
zur Hölle

Januar 1930 in Oesterreich. 308 238 Arbeitslose. Jeder
fünfte versicherte Arbeiter ohne Beschäftigung. Die Zeitungen führen als stehenden Ausdruck das Wort Kata-
strophenwinter. Aber Karl ist keine Rechenmaschine, er
ist ein Mensch voll Vergangenheit. Am 11. Januar, als
er in der Mittagszeit über den Stephansplatz geht, ist
Föhn. Und einer Großstadt merkt man ihre Nöte nicht
ohne weiteres an. Die kolossalen Häuserfronten stehen,
die Schaufenster funkeln vor Waren und immer ist ein
Geschwärm da, das fashionable und eilig den Asphalt
herabkommt. Die Pleite sitzt hinter den Mauern und
Stirnen und das Elend hockt mehr an den Rändern der
steinernen Riesenwabe. Karl geht über den Platz, der
das Zentrum der Stadt ist, er geht an dem tausendjährigen
Dom vorüber. Und die Sonne scheint und Tauben flattern um die Fialen. Die gewaltige Ruhe des Bauwerks
zieht Karls Blick hinauf. Da reicht ihm die Stadt mit
all ihren Menschen und dem Häusermeer nur bis ans
Knie, wie dem Turm selbst. Karl bleibt in der Sonne
stehen und hebt die Hand an die Wange: vielleicht, denkt
er, geschieht nun die Wendung ins Gute. Karl glaubt
nicht, daß das Schicksal einen Siebenunddreißigjährigen
noch einmal an den Anfang stellt, ohne mit ihm etwas
vorzuhaben. In der Tat, er benimmt sich, als stünde der

Major aus dem Personalbüro gleich dem flüsternden Mephistopheles hinter ihm.

Nur daß Karl seine Offerte nicht an eine einsichtsvolle Instanz im Himmelblau zu richten hat, sondern an Firmen. An Firmen für Drahtgeflechte, für Jute, für Badeöfen, für Hängebahnen, für Brot, für Glasbuchstaben, für Eisenhochbau, für Photoapparate, für Elektronguß, für Schuhe. Und die Antwort gibt ihm das Konjunkturforschungsinstitut. In der Welt 10 Millionen Arbeitslose, in Oesterreich im Februar 318 066. Da spürt Karl, daß den modernen Menschen nur ein dünnes Häutchen vom Verderben trennt; er beginnt zu ermessen, daß das Geld, dieses Exakteste, das es in der Welt gibt, ungeheuer weit weg von ihm sein wird, in ein paar Tagen. Nun wird ihm deutlich, er müsse sich vor allem das Obdach sichern. Aber diese Sorge ist zu spät in seinem Kopf groß geworden. Er muß Hungertage einschalten, während er im Februar und im März noch bei Lehrner & Co. über den Kladden sitzt. Er muß eine äußerste Anstrengung machen, die Miete für zwei weitere Monate zu erübrigen.

Die Stadt hat vierzehn Arbeitslosenämter. Jedes schickt täglich 800 Arbeitslose zur Auszahlung der Unterstützung. Für das ganze Land macht das im Jahr einen Kostenaufwand von über 200 Millionen Schilling. Aber Karl, der in der Schlange vor den Schaltern zweieinhalb Stunden warten muß, erhält für die Woche 16 Schilling und einmal im Monat eine Mietzinszulage von 3 Schilling. Am 5. April geht er zum erstenmal zur Auszahlung. Seit dem 3. April besucht er einen Umschulungskurs der Industriellen Bezirkskommission. Der Kurs nimmt den Vormittag in Anspruch und soll ihn in zehn Wochen zum Schaufensterarrangeur machen. Man hat ihm diesen Beruf

224

vorgeschlagen, weil Chauffeur zu werden längst aussichts-
los ist und weil Karl, der neben seiner Fliegerei auch sein
Zeichentalent angab, die psychotechnische Eignungs-
prüfung entsprechend bestand. Die Kursteilnehmer sind
sich jedoch einig, daß keiner von ihnen eine Stelle finden
wird. Karl dachte beim Antritt: wie oft werde ich noch
umsatteln? Aber er stellte sich willig an, trotzdem die
Zivilisation sichtlich ratlos war mit ihm. Er ahnte, daß
der Kurs die Demoralisation eine Weile hinausschieben
würde, und er hatte sich am ersten Tag gesagt: das Wichtigste sei nun, die Haltung nicht zu verlieren.

Im Augarten blühn schon die gelbsternigen Forsythien.
Karl kann kaum noch Geld für Briefmarken erübrigen.
So spricht er an den Nachmittagen, denn auf den Kurs
wagt er nicht zu rechnen, bei den Firmen persönlich vor.
Die Stadt hat 132 808 Betriebe. Auf den Handel allein entfallen 53 353. Die Summe der hier zu betreuenden verwal-
tungstechnischen und kaufmännischen Posten beläuft sich
auf 64 783. Und ferner: 16 000 von den Einwohnern der
Stadt liegen ständig im Spital, 27 000 sterben jährlich und
5 000 werden wegen Verbrechen abgeurteilt. Karl kennt
diese Zahlen nicht, aber er rechnet gefühlsmäßig mit ihnen.
So steht er voll Neid jeden Tag in drei Dutzend Personalbüros. Bei Firmen für Dynamoriemen, für Gasmotoren, für
Waschartikel, für Kohlepapier, für Alpakasilberwaren, für
Kabelmasse, für Staubsauger, für Gummiabsätze, für
Asbestschutzkleider, für Flugzeugbau. Aber sein Aufenthalt dauert in der Regel nicht länger, als man zur Feststellung braucht, daß das eine Büro einen Parkettboden
hat, das andere einen von Holzzement, das dritte einen
von Gummi. Alle Gesichter verfallen in die nämliche
Verlegenheit, einzelne werden sogar überschwenglich; wo

denken Sie hin? Und jede dritte Stelle wird von einer Frau gehalten.

In der Welt tritt der Young-Plan in Kraft, die neuerliche Regelung der Reparationsfrage; in Genf tagt die alljährliche Diskussionskonferenz des internationalen Rationalisierungsinstituts; die Sowjetunion baut 80 Propagandasender; in Oesterreich sinkt der Beschäftigungsstand der Roheisenindustrie während eines Monats von 67 auf 50 Prozent. Die 3792 Straßen Wiens zeigen jeden Tag das gleiche Bild, nur die Kastanien stecken ihre Kerzen auf und die Luft wird beseligend. Karl steht am Trottoirrand und denkt: nie habe ich das so bemerkt. Nun freilich bemerkt er es sehr zur Unzeit. Der Young-Plan macht aus dem Dawes-Provisorium ein Definitivum, obgleich Deutschland, um im Rahmen des Dawes-Plans 8 Milliarden zu leisten, Darlehn in der Höhe von 13 Milliarden hat aufnehmen müssen. Und über das laufende Jahr (1930) wächst diese Summe abermals um eine Milliarde. Europa, das seit dem Krieg von amerikanischen Krediten gelebt hat, erhält keine Kredite mehr. Die USA zählen bereits 4 Millionen Farmer weniger als 1920, sie operieren selber schwer an sich; vor allem aber liegt die Welt in einem Chaos, in das niemand mehr Kapital investiert. Die Not des Warenüberflusses, der totgelegten Häfen und Fabriken und der Hungerdemonstrationen, zieht sich jetzt über die ganze Erde, durch Schweden wie durch die Südafrikanische Union, durch Polen wie durch Mexiko, durch Kuba wie durch Jugoslawien, durch Paraguay wie durch Indochina. Das System, das hoffärtigste aller Zeitalter, hat sich zu einer unerhörten Verwirrung übersteigert. Die Welt des zwanzigsten Jahrhunderts, in der alles zu allem und jedes zu jedem in Beziehung steht, liegt in einem beispiellosen

226

Krampf. Sie ist zum Krepieren voll Elend, wobei ihr Reichtum ihr als goldener Mühlstein um den Hals hängt. Sie tanzt wie ein Irrer zwischen den Abgründen ihrer Ordnung, der Ordnung der Rockefeller und Taylor, die sich infernalisch ins eigene Gesicht schlägt. Lediglich die 251 Delegierten in Genf, die aus 21 Ländern zusammengekommen sind, bewahren jene Fassung, mit der man zu allen Zeiten die unvermeidlichen Höllenfahrten angetreten hat. Sie tragen eine große Eule nach Athen, den Punkt C ihrer Resolution: dringend vonnöten sei die Stärkung des Konsums durch Hebung der Kaufkraft. Indessen fallen draußen die Trusts auseinander — die Internationale Rohstahlgemeinschaft kündigt eben ihre Verträge und der Kontinent wächst sich an seinen Zollmauern zu einem neuen Babylon aus. Während der Zucker auf dem Weltmarkt auf ein Drittel des Preises von 1913 gesunken ist, kostet er für den Konsumenten hinter den Zollmauern gerade das Doppelte. Und Kuba, das mit soviel Talent und klimatischer Begünstigung vom Tabakbau zum Zuckerbau übergegangen ist, wird dafür mit einer Serie tauber Revolutionen gegeißelt. Aber auch das alte Europa ist ein einziger Bürgerkriegsherd. Arbeiter stehn gegen Arbeiter und gegen beide stehn die Fronten der Bauern, des Klein- und Großbürgertums. Dabei werden, da die Vorstellungskraft für eine neue Welt — beziehungsweise für die Welt der Tatsachen — nicht reicht, neuerdings die Fahnen des Mittelalters heraufgeholt. Auch ist eine neue Generation herangewachsen, die ihr Teil haben will an der Glut der Schöpfung, also ist es wieder aktuell, daß ein Krieg für die Hemmungen der Zivilisation entschädigt. 1920 waren die Vereinigten Vaterländischen Verbände Deutschlands, waren die Orgesch, Orheuß, Orzentz, Orka, die Organisationen Konsul, die

227

Schwarze Reichswehr, der Stahlhelm, waren der Wiking-
bund, der Werwolf, der Bund Oberland, der Jungdeutsche
Orden, Geheimbünde, 1930 schwillt der Nationalsozialismus,
zwischen dem polnischen Korridor und der besetzten Saar,
zur Volksbewegung an und Herriot in Frankreich ist den
Weg aller französischen Politiker gegangen. Aus dem
Radikalen ist der Nationalist geworden, und Briands Pan-
europa-Konzeption sieht die Beibehaltung der Rüstungen,
Militärbündnisse und Zölle vor. Zwölf Jahre nach dem
letzten Trommelfeuer in Frankreich sind die Grenzen bereits wieder Zündschnüre. An dem Tag, da die Besatzung
(die Deutschland 5½ Milliarden gekostet hat) das Rheinland verläßt, — an dem Tag, da Karl es aus allen Lautsprechern rauschen hört: Aachen ist frei! ist es schon
wieder keine Frage mehr, daß demnächst ein neuer Krieg
den Völkerbund wie eine Kulisse über den Haufen
schmeißen wird. Zunächst allerdings wird der Krieg mit
anderen Mitteln fortgeführt. Etwa indem man einer Volks-
wirtschaft die Goldkapitalien, die man ihr zur Stützung
der Währung und Kreditwürdigkeit geborgt hat, im drama-
tischsten Augenblick wieder entzieht. 1913 betrug der
Goldvorrat der USA 400 Millionen Pfund Sterling, jener
Frankreichs 295, der Englands 245 Millionen, der Deutschlands 210 Millionen. 1930 besitzen die USA Gold im Werte
von 870 Millionen, Frankreich von 430 Millionen, England
von 150 Millionen und Deutschland von 110 Millionen. Damit ist auch die politische Gruppierung gegeben, zumal die
Goldstaaten ihre Ueberlegenheit nicht zur Sänftigung der
Weltlage, sondern zu politischen Repressalien benützen.
Der Rationalisierungs- und Absatzkrise wächst noch die
Kreditkrise zu, und die Erde, die Raum und Mittel für
6 Milliarden Menschen hat, liegt mit ihren 2 Milliarden in

Zuckungen, als ginge es geradewegs in den Jüngsten Tag der Zivilisation. Die Panik ist umso wilder, als selbst jene kleinen Stöße, die die abendländische Wirtschaft durch die russische Ausfuhr empfängt, bei diesem Stand der Dinge vernichtend wirken, obwohl der Export der Sowjetunion erst 66 Prozent der Ausfuhr des zaristischen Rußland beträgt. Der Ueberfluß in der Welt ist eben so groß, daß sie nichts weniger erträgt als eine abermalige Steigerung dieses Ueberflusses. Schon ersticken, unter dem russischen Druck der Balkan in seinem Getreide, Skandinavien in seinem Holz, Venezuela im Erdöl, und selbst für die USA ist die sowjetische Petroleumstation in Baltimore mehr als eine grimmige Geste. Das Unentrinnbare, die herrenlose Weltmaschine, die ihre Gesetze in sich selber hat, geht wie eine Dampfwalze ihren Weg.

Die Welt zählt bereits 24 Millionen Radioabonnenten, die Umdrehungszahl des neuesten Verbrennungsmotors beträgt 4300 in der Minute, der Chefkonstrukteur der Good Year Zeppelin Co. in Akron, ein Deutscher, erklärt das neue Helium-Dieselmotorluftschiff für das sicherste Verkehrsmittel der Welt. Karl aber hört aus einem Radiovortrag, daß eine Kröte 40 Jahre alt wird, ein Schwan 300, ein Mammutbaum 5000, und das Bewußtsein von der Einmaligkeit seines Daseins fällt ihm schwer in die Seele. Er tröstet sich, wie er in der Sonne am Trottoirrand steht, wieder mit der großen Zahl. So viele gehn an ihm vorüber und selbst die Pferde und die Hunde haben noch ihr Auskommen. Wie sollte gerade für ihn, für einen einzigen, kein Platz mehr sein in dieser ungeheuren Welt? Karl beachtet nicht, daß er nicht ein einzelner, sondern nur einer von Millionen ist. Es ist ihm eben noch nicht aufgegangen, daß gerade die große Zahl, die Gedrängtheit und die Häufung, das Unglück in dieser Welt sind. Seine Veranlagung läßt ihn noch immer als das Charakteristische in der Welt den Sonnenschein sehn, die blumigen Kleider der jungen Frauen, die fahrenden Straßenbahnen und die Programme der Theater und Kinos. Was in Karl manchmal heimlich und verschämt aufschluchzt, was sich fürchtet und wieder aufrafft, was durch seine Augen in den Sonnenschein hinausschaut, ist noch immer der kleine Bimmerling, den das kleine Weib zu der Schar Buben geführt hat. Allerdings ist das kleine Weib nun vermodert, andere mit rauhen blonden Haaren und lebhaften Augen gehn im warmen Wind der Straßen und nur die große Welt, vor der das kleine Weib manchmal eine dunkle Angst gefühlt hat, ist die gleiche geblieben. Sie ist noch reifer, prunkvoller, gewalttätiger, kälter und unbarmherziger geworden und ihr allgemeiner Lauf bringt es mit sich, daß sich damit auch der Karl Lakner, der Sohn der Wäscherin und des Straßenbahnschaffners Nr. 1345, der nun freilich in Tolmein begraben liegt, auseinandersetzen muß.

Vorläufig ist noch die magere Vilma Haniel seine Mutter, wenn sie abends mit einem Vorwand in sein Zimmer kommt, und er muß ihr noch dankbar sein dafür, obzwar es ihm nachher den Mund seifig zusammenzieht. Sie ist einen Kopf größer als er, hat braun umränderte, starre Augen unter dem gelben Haar, starke Backenknochen und entsetzlich abgemagerte, rote Wangen. Sie redet Karl zu, er könne die Miete auch schuldig bleiben, wenngleich sie sich das selber nicht vorstellen kann. Allein das Leben läßt es zu diesem Dilemma nicht kommen. Mitte Mai wird auch der alte Dostal arbeitslos — wer auch braucht heute noch Kassen? —, die Anna Sachs geht auf die Straße, nach dem Finsterwerden und in eine andere Gegend, und Karl

230

versteht, daß er, ob die Leute nun so oder so sagen, einem zahlungskräftigeren Mieter den Platz räumen muß. Er tut seinen Rasierapparat und seine Wäsche in den alten Reisekoffer, der dann in eine nicht begangene Ecke geschoben wird. Von Fall zu Fall nur wird Karl wieder kommen, ein Hemd zu wechseln, nach Post zu fragen und was da noch mehr ist.

Die Nacht vom ersten auf den zweiten Juni verbringt er zum ersten Mal im Asyl. Er wird, ehe man ihn in den Raum mit den 45 Stahleinsätzen entläßt, nach Filzläusen untersucht. Samarkand, Venedig, Lappland. Karl denkt, daß man auch im Asyl die Haltung nicht verlieren dürfe. Dann weint er in das Keilpolster, dessen fremder Geruch ihn anwidert. Offenbar geht die letzte Rolle, die ihm von der Welt zugedacht ist, mehr über sein Vermögen als irgendeine frühere. Jedenfalls kommt morgens einer heraus, dem manches genommen ist. An dem man, wie die Zeit sich ausdrückt, eine Abschreibung machen muß. Was ein richtiger junger Mann ist, Karl Lakner, bringt es auf jedem Weg zu etwas. Diese Erinnerung ist jetzt verderblicher als acht Hungertage. Aber Karl kommt damit der Stadtschulrat wieder in den Sinn und das wird zur Hoffnung einer Stunde. Diesmal gibt ihm der Kanzlist, mit dem er redet, den Tip, es vielleicht im Fortbildungsschulrat zu versuchen. Karl steigt den Stock hinauf und erfährt, daß seit 1926 um 5522 Lehrlinge weniger verzeichnet werden, daß das nicht nur auf den Geburtenrückgang der Kriegszeit zurückzuführen sei, sondern auch auf die aussterbenden Berufe. Bei Drechslern, Sattlern, Kammmachern, Wagenschmieden, Modelleuren und Schuhmachern habe die mechanisierte Erzeugung die Frage nach einem gelernten Nachwuchs bereits erübrigt. Und

Karl erfährt in diesem Zusammenhang auch, daß 1922 und 1923 noch Mangel an Fortbildungsschullehrern geherrscht hat. Er kommt zitternd und blaß auf die Straße. Der Boden der Ringstraße ist unter den Baumkronen goldgefleckt, doch ist das Karl jetzt gleichgültig. Er bemerkt einen Riß im Oberleder seines rechten Schuhes. Und tags darauf wird ihm beim Schalter in der Auszahlungsstelle bloß seine Kontrollkarte zugeworfen. Er erhält kein Geld, aber einen Zettel, der ihn für Freitag, heute ist Mittwoch, in die Industrielle Bezirkskommission bestellt, zu der übergeordneten Behörde der Arbeitslosen.

Karl geht mit einem Schwindelgefühl die Reihe der Polonaisestehenden, die sich kaum umdrehn, hinab. Sie kennen das und haben in solchen Fällen einen Blick wie Tiere, die unter dem gleichen Wärter leben. Selbstredend hat Karl schon gestern früh den letzten Groschen ausgegeben, in Voraussicht der nahen Auszahlung. Vor allem aber ist er fassungslos vor Schreck — und am Nachmittag kann er in der Pfandleihanstalt für seine Medaillen, für die ihm einstmals eine lebenslängliche Rente zugesagt war, nicht einen Groschen erhalten. Der Orden der Eisernen Krone ist nicht aus Gold, sondern aus Tombak. Karl muß die Nickeluhr hingeben, die er sich in Härjedalen gekauft hat. Freitag endlich kann er seine Angst, vor das Nichts verwiesen zu werden, in den Warteraum der Industriellen Bezirkskommission tragen. Hier steht er mit dreißig anderen, von denen die meisten in der Garderobe schon sehr defekt sind, in einem kleinen, zwielichtigen Zimmer; mitten unter ihnen steht ein Schutzmann mit Schirmkappe, Stichsäbel, Gummiknüttel und Patronentaschen. Zudem dringt Orgelgedröhn durch die Wände, von dem angrenzenden Jesuitenkloster, und diese Musik macht Karl er-

232

schauern. Sie mutet ihn wie eine Kunde von den großen irdischen Mächten an, vor deren Bewegungen die Menschen ein Nichts sind. Hernach erfährt er, daß ihn die Arbeitslosigkeit zum Halbkriminellen stempelt. Sie entziehn sich unserer Kontrolle, sagt der Beamte, Sie sind unauffindbar, damit fehlt die Grundlage für die Unterstützungsauszahlung. Die tiefste Besorgnis, die Karl je empfunden hat, geht schwarz in ihm auf. Als ihm das Blut wieder erwarmt, weist er neben seiner Obdachlosigkeit auf den Kurs hin, den er besucht. Der Beamte bestimmt an Hand seiner Vorschrift, daß Karl nach Ablauf des Kurses, in ungefähr acht Tagen, täglich im Arbeitsnachweis erscheinen und seine Karte abstempeln lassen muß. Das ist eine unerhörte Schikane, schreit Karl, da laufe ich doch jeden Monat ein paar Sohlen durch. Der Beamte geht mit großartiger Ruhe zum nächsten Fall über.

Am nächsten Auszahlungstag erhält Karl wieder nichts. Ich habe keinen Zahlungsauftrag, sagt der Kassier hinterm Schalter, während er nach der Quittung von Karls Hintermann greift. Nun ist zu erwähnen, daß Karl seither auch seinen Winterrock, genau gesagt seinen Ulster, versetzt hat. Er geht abermals wie in einer Betäubung auf das große Tor zu. Draußen regnet es. Karl beginnt zu rennen, um noch vor zwölf Uhr in der Industriellen Bezirkskommission zu sein. Dort erfährt er, daß kein Parteienverkehr ist, erst Freitag. Nun versetzt Karl den besseren von seinen beiden Anzügen, weil der andere nicht belehnt wird. Eine gefährliche Politik, zweifellos, denn wann soll er die Sachen wieder herauskriegen? Doch hört sich in gewissen Lebenslagen die Beachtung des Fragwürdigen auf.

Am Freitag, an dem es noch immer regnet, erhält Karl in der Industriellen Bezirkskommission die Auskunft, sie sei für seine Reklamation nicht mehr die zuständige Stelle. Er müsse sich an den Arbeitsnachweis wenden, an den der Akt bereits vor einer Woche weitergegangen sei. Karl geht im Regen die dreiviertel Stunden in den Arbeitsnachweis. Hier hat man die Erleichterung, ihm sagen zu können, daß der Akt ohnehin vor zwei Tagen an die Kassa weitergegangen sei. Karl wird klar, daß der Verkehr mit diesen Aemtern eine Wissenschaft ist. Und das wird bald neuerdings aktuell. Eine Woche nach der Auszahlung, die er nun doch erlebt, läuft seine Bezugsfrist ab, die mit zwölf Wochen festgesetzt ist. Nun wandert er täglich, nachdem er vom Asyl zur Abstempelung getrottet ist, nach Favoriten hinaus, um bei Frau Vilma anzufragen, ob der Bescheid auf sein Verlängerungsgesuch eingetroffen sei. Drei Tage vor seiner letzten Auszahlung übergibt Frau Vilma ihm das leichte Papier. Darauf ist, vorgedruckt und mit entsprechenden Einfügungen, zu lesen: daß seinem Ansuchen um den Weiterbezug der Arbeitslosenunterstützung nicht stattgegeben werden könne, da er nach Paragraph soundso, Absatz soundso der Durchführungsverordnung zur soundsovielten Novelle des Arbeitslosenversicherungsgesetzes, bei den Angestellten als nicht berufszugehörig zu betrachten sei. Berufszugehörig sei nur derjenige, der vor Eintritt der Arbeitslosigkeit durch mindestens drei Jahre in einem einschlägigen versicherungspflichtigen Beruf gearbeitet hätte, was bei ihm, der laut eigener Angabe nur ein Dienstverhältnis in der Dauer von 30 Monaten ausweisen könnte, nicht zutreffe. Gegen diese Entscheidung stehe ein weiteres Rechtsmittel nicht mehr zu.

Nun ist Karl nie der Mann gewesen, der etwa auf der Eisenbahn mit seinen Mitreisenden leicht ins Gespräch kam. Nicht aus Arroganz, sondern weil er immer von

234

seiner Bescheidenheit und seinem ernsten Naturell beschattet blieb. Aber an diesem letzten Auszahlungstag, der ihm beschieden ist, fragt er herum, daß es geradezu Aufsehn erregt. Schließlich geht er nach der Auszahlung in den Arbeitsnachweis. Da ist vorerst der unvermeidliche Beamte, der ihm auseinandersetzt, daß das Amt nicht die Gesetze mache. Inzwischen aber sieht sich Karl von einem Fremden auf die Seite gezogen, der ihm rät, sich an die Amtsleitung zu wenden. Und zwar an den Sekretär Pragner; der wäre der einzige Mensch im Arbeitslosenumkreis. Aber in der Amtsleitung ist ein Vorzimmer, in dem eine hinreißend frisierte Sechzehnjährige Dienst macht, und über die ist nicht hinwegzukommen. Erst morgen, Donnerstag, wäre Sprechstunde und übrigens sei, um vorgelassen zu werden, eine Anweisung notwendig, die nur von dem Beamten bei Schalter 31 ausgestellt würde. Karl sucht den Schalter 31. Haben es die 15 000 diesem Amt unterstellten Arbeitslosen bisher nicht vermocht, dem Amt deutlich zu machen, daß es für Menschen, die durch jede Unregelmäßigkeit sofort zum Hungern verurteilt sind, zu umständlich arbeite, dann wird auch er es nicht vermögen. Der Mann hinter dem Schalter 31 hat neben den Anweisungen noch andere Agenden zu erledigen, also sind vor seinem Schiebefenster an die vierzig angestellt. Das dauert bis viertel drei nachmittags und Karl muß fortwährend denken: ich habe nichts mehr zum Verpfänden. Als er endlich an die Reihe kommt, verweigert ihm der Mann hinter dem Schalter die Anweisung. Karl muß sein ganzes Leben erzählen, Tränen in den Augen haben, die Knie müssen ihm wanken, bis er den Mann soweit beeindruckt hat, daß er die Entscheidung in diesem Fall der Amtsleitung überläßt.

Den nächsten Tag sitzt Karl tatsächlich dem Sekretär Pragner gegenüber. Der Sekretär, der nicht älter als Karl ist, hat das Gesicht eines Sportsmannes, aber mit der Wärme einer gereiften Menschlichkeit in den Zügen. Er rät Karl, ungeachtet des Schlußpassus auf dem Abweisungsformular zu rekurrieren. Und er verspricht, sein Möglichstes zu tun. Es sei kein Wort darüber zu verlieren, daß nichts in seiner Macht stünde. Aber gewisse Bestimmungen des Gesetzes seien der Auslegung der Ueberprüfungskommission überlassen usw. Karl übersieht das fatalistische Achselzucken, mit dem der Sekretär seine Hoffnung im Zaum zu halten sucht. Ihm ist bei diesem Menschen das Herz warm geworden. Richtig, ruft ihm der Sekretär noch nach, Sie müssen in der Zeit, die Sie auf die Erledigung warten, weiter zur Kontrolle kommen, und zwar auch in die Auszahlungsstelle, sonst erhalten Sie im Fall der Wiederzuerkennung nichts nachbezahlt. Karl hat ein Gefühl gleich dem Mann, der über den Bodensee ritt. Der Verkehr mit diesen Aemtern bleibt eine Wissenschaft.

Aber was nun? Der Sekretär meinte selbst, daß es bis zur Erledigung des Rekurses sechs Wochen dauern könnte. Karl tritt mit hängenden Schultern in die Sonne hinaus. Wie, fragt er sich, ist der Mensch beschaffen, der bei all dem nicht herabkommt. Er streicht die Straße hinauf, immer längs der Mauer, mit jenem restlos entmutigten Gefühl, das geradezu einschläfernd wirkt. Bis ihn ein Reklamelautsprecher anschreit. Ich mache Sie darauf aufmerksam, sagt eine weltbewußte Männerstimme, daß Sie dieses Konzert aus Java früher hören als die 12 000 Kilometer von uns entfernten Besucher des javanischen Konzertsaales selbst. Diese erstaunliche Tatsache findet ihre Erklärung in dem Umstand, daß sich die Radiowelle mit einer Geschwindigkeit von 300 000 Kilometern in der Sekunde durch den Raum fortpflanzt, während der Schall in der Sekunde nur 333 Meter zurücklegt. Mithin hört der javanische Besucher, wenn er, wie wir annehmen können, 16 Meter von den Instrumenten entfernt ist, ihren Klang erst nach einer Zwanzigstel-Sekunde, während wir ihn nach einer Fünfundzwanzigstelsekunde hören.

Karl bleibt stehen und hört sich das Konzert an, das für ihn früher da ist als für die zahlenden Javaner. Solange er hier in der Sonne steht, ist alles nicht schlechter als dieses In-der-Sonne-stehen. Und die Tage, die nun folgen, läßt sich Karl von Vilma Haniel aushalten. Das ist ein unhaltbarer Zustand, aber dawider gibt es nichts. Das menschliche Herz muß — sofern man es nicht auf dem Weg der Gleichnisse anspricht, sondern als den 300 Gramm schweren Muskel — in 24 Stunden eine Arbeit von 19 000 Kilogrammetern leisten. Und die Pulswelle pflanzt sich mit einer Geschwindigkeit von neun Metern in der Sekunde fort. Das sind in der Stunde 33 Kilometer. Dieser Apparat will versorgt sein. Darum ist es im Leben wie bei einem physikalischen Gesetz: ein Nichts gibt es nicht. Und darum erbringen auch jene, bei denen es vollkommen unerfindlich erscheint, wo sie etwas hernehmen wollen, immer wieder den Beweis, daß doch noch etwas zu ergattern ist. Auf diese Weise dauert der unhaltbare Zustand, daß sich Karl von Vilma Haniel aushalten läßt, die selbst wieder von dem Strichgeld ihrer Schwester lebt, Wochen.

Ende Juli wird Karl, der nun das abgestoßene Aussehen des Dauerarbeitslosen hat, zu einem hochnotpeinlichen Verhör in die Industrielle Bezirkskommission beschieden. In diesem Verhör macht seine Schwedenzeit ein verdächtiges und schwer zu verantwortendes Kapitel aus. Aber das Verhör an sich ist ein gutes Zeichen. Und am anderen Tag tritt ein neues Ereignis in Karls Leben. Durch den Umstand, daß beim Kontrollschalter ein Mädchen hinter ihm ohnmächtig wird, kommt er mit der anderen, die neben der Hingesunkenen gestanden hat, ins Gespräch. Er geht dann auch auf der Straße noch ein Stück mit ihr, und bei dieser Gelegenheit veranlaßt sein Seufzer, daß ja alles recht wäre, hätte man wenigstens eine Hundehütte zum Unterschlüpfen, eine unerwartete Antwort. Das Mädchen erzählt ihm, eine Frau in dem Haus, in dem sie wohne, hätte bis vor kurzem einen Arbeitslosen zum Untermieter gehabt. Sie könne unmöglich große Stücke von ihm gerissen haben. Im übrigen bezöge die Frau, Semrad mit Namen, eine tschechische Pension, auch ginge sie in eine Vormittagsbedienung, und ihre Wohnung sei, wenngleich nur aus Kabinett und Küche bestehend, peinlich sauber gehalten.

Am dritten August erhält Karl die A. U. II. zugesprochen. Da auf Grund neu hervorgekommener Umstände die Grundlage der Abweisung nach Paragraph soundso als nicht bestehend erkannt worden sei. Die Gesamtbezugsdauer der A. U. II. erstreckt sich über dreißig Wochen, für Karl also bis zum 15. November. Und am 4. August zählt ihm der Kassier in der Auszahlungsstelle 90 Schilling hin, da das „Rückwirkende" dabei ist. 30 Schilling gibt Karl an Frau Vilma, denn er ist sofort wieder ein anständiger Mensch, wenn er es sich leisten kann. Mit 10 löst er seinen Anzug aus, 5 behält er und 45 gibt er an Frau Semrad, zu der er am gleichen Tag übersiedelt. Er kann diese Einteilung treffen, denn er er-

238

hält bei Frau Semrad für den Betrag auch die Kost. Natürlich wäre dieses Arrangement für Karl unverständlich, würde ihm Frau Semrad nicht beteuern, daß er ihr ja später, wenn er einen Posten hätte, eine Kleinigkeit nachtragen könnte. Aber diese kleine, dicke Frau mit dem runden Gesicht, mit den duffen Augen und dem Stumpfnäschen, ist durchaus zu verstehen. Sie ist vierundvierzig Jahre alt und sehr allein, und ein Linoleum, ein Kanarienvogel und ein Radio machen die Seligkeit nicht aus. Das einzige, woran Karl sich gewöhnen muß, ist, daß er mit ihr in einem Raum schläft. Er empfindet das genant, um so mehr als das nette Weib es gleichfalls so zu empfinden scheint. Daran ändert auch nichts, daß die Betten hintereinander stehen und sie sich beide befleißigen, eine gewisse Einteilung zu beachten. Aber was bedeutet das gegen den Optimismus, der ihn nun hochhebt, gegen die Besserung seiner ganzen Lage.

Und Karl geht wieder zu den Firmen. Zu Firmen für Audionröhren, für ätherische Oele, für Benzinpumpen, für Beton, für Edelgase, für Kartonagen, für Kochapparate, für Kindernährmittel, in Garagen, in Fremdenverkehrsbüros und Versicherungsgesellschaften. Es führt zu nichts, doch bedeutet das nun nicht gleich die Katastrophe. Auf der Straße ist Sommer und Karl hat sein Essen, sein Bett. Hier muß allerdings einen Augenblick nun Halt gemacht werden. Eines Abends, als er heimkommt, hat Frau Semrad ihr Bett auseinandergenommen. Sie sagt, des Ungeziefers wegen. Sie redet von der Augusthitze und es riecht nach Petroleum in der Wohnung. Aber da sie nun irgendwo schlafen muß, hat sie sich auf dem Boden eine Schlafstätte zurechtgemacht. Das weitere erscheint nun geradezu unvermeidlich. Karl besteht darauf, daß sie sein Bett benütze; dann will sie ihn wieder nicht auf den Dielen liegen sehen und schließlich sieht sich Karl in die Leidenschaft dieser Vierundvierzigjährigen gerissen, die maßlos ist. Am anderen Morgen sagt sie beim Frühstück Karli zu ihm. Das ist für Karl genanter, als es die Bettmisere war, aber er drückt sich drum herum. Bis eines Nachts die Frau, die ein untadeliger Mensch ist, fahrlässig wird. Sie verrät Karl, daß sie in dem Glauben lebt, er werde sie heiraten.

Daraufhin trägt Karl am 1. September, nachdem er von seinen Ersparnissen, die 64 Schilling betragen, 20 auf dem Tisch zurückgelassen hat, seinen Koffer wieder zu Frau Vilma. Er tut es in dem Bewußtsein, bei Frau Semrad einen sehr schlechten Abgang zu haben und dennoch in Frau Vilma nur die Person und nicht das System zu wechseln. Das Niederträchtige beginnt ihn zu umstellen. Karl versucht sich zwar zu bewahren davor, aber das haben schon manche gewollt. Das Niederträchtige, die Zähigkeit schlechter Zustände, die einen Mann solange in Demütigungen verstricken, bis gleichsam von selber daraus Unsauberkeiten werden, die er nicht vermieden hat, — das Niederträchtige ist wie ein Sumpf, in den man sich nur tiefer hineinarbeitet.

Bei den Dostals hat sich ein einschneidender Vorfall begeben. Es ist dem jungen Philipp gelungen, den Alten zu bewegen, ihm und zwei anderen Arbeitslosen eine genaue Darstellung des Doppelbartsystems einer Kassa zu geben, die von der Fabrik, bei der der alte Dostal beschäftigt war, geliefert worden ist. Nun sitzen sie — nach dem mißlungenen Einbruch — alle in Haft. Das macht Frau Vilma trostlos. Sie kann nicht über die Stiege gehen, ohne um des alten Mannes willen in einen Weinkrampf zu verfallen. Aber die Neuordnung der Dinge gibt ihr auch die Möglichkeit, Karl vorzuschlagen, bei ihr Obdach zu nehmen, ohne Entgelt. Trotz dem Schlosser und dem Vertreter, die seit Karls Abgang das zweite Zimmer beschlagnahmt haben, wird auf Monate hinaus überflüssiger Platz sein, zumal ja auch ihre Schwester, die Anna Sachs, die seit Monaten von ihrem Mann in Frankreich nichts mehr gehört hat, nachts nie zuhause ist. Auch das ist übrigens publik geworden und die Leute zeigen auf die Anna Sachs mit Fingern. Aber das scheint sie nur anzuspornen. Sie ist ein lebensfähiger Mensch — und Karl, dem dieses Urteil durch den Kopf geht, lehnt das Anerbieten Vilma Haniels ab. Wie in Daumenschrauben, aber bestimmt. Das Abenteuer mit Frau Semrad hat ihn in eine leidenschaftliche Verfassung gebracht. Auf der einen Seite wurde ihm dort seine Menschenwürde, wurden ihm seine Erwartungen und Ansprüche von einstmals wieder bewußt und auf der anderen Seite hat ihm der Abschluß des Abenteuers eindringlich gezeigt, wie weit er von der Befriedigung dieser Ansprüche entfernt ist.

Er geht aufs neue ins Asyl schlafen. Doch der Wut, die nun in ihm wächst, sind die Dinge penetranter als der Selbstbemitleidung, mit der er früher herkam. Die Visitation nach Läusen, der Lärm und der Gestank über den Betten, der Drahteinsatz mit dem unüberzogenen Strohsack, das sind nun alles Widerhaken in sein Herz, das sich vogelfrei sieht. Vogelfrei, das ist der Begriff, der sich nun in Karls Hirn festsetzt. Und früh dringt Gesang aus dem Frauenraum herüber. Sie singen:

Schöner Gigolo, armer Gigolo, denk nicht an die Zeiten,
Da du als Husar, goldverschnürt sogar, konntest durch
die Straßen reiten.

241

Das ist der neueste Schlager, der, in seiner splendiden Art, einen Offizier bemitleidet, den der Wandel der Dinge zum Eintänzer gemacht hat. Karl nickt grimmig. Er ist, unbeschadet des Umstandes, daß er etwas drum geben würde, Eintänzer zu sein, Ritter des Kronenordens und hat den Kaiser Karl im Rundflug um Udine geführt. Das ist nun zum Lachen. Jenen Orden stiftete Napoleon nach seiner Krönung in Italien, aber die Geschichte der Eisernen Krone geht tief in die Jahrhunderte der Lombardei zurück. Denke nicht der Zeiten... Karl hat das Gefühl, jene ganze Welt wäre aus Tombak gewesen. Aber er glaubt auch zu erkennen, daß der kleine Mann immer der Betrogene ist und daß das selbstmörderische Laster, das ihn in allem und jedem immer wieder zum Kanonenfutter macht, sein Hang nach einer falschen Romantik sei. Innerhalb des Baues seiner Ideale bedeutet diese Erkenntnis, daß Karl den Respekt vor der Welt zu verlieren beginnt. Morgenstunde hat Gold im Munde, das ist, sagt im Waschraum ein Intelligenzler, bestimmt nicht in einem Asyl erfunden worden. Aber Karl hat nie Humor gehabt und heute ist eine Spannung in ihm wie vor drohenden Offenbarungen. Er tritt mit einem Gefühl auf die Straße hinaus, als sähe er seine Welt zum erstenmal.

Die Helligkeit zwischen den Häuserfronten vibriert vor Kühle, der Tag ist noch jung. Man wird im Asyl um sechs aus dem Haus gewiesen. Karl geht die Straße hinauf ins Ziellose. Das vermag man sonst nicht, ohne daß es einem auffiele. Aber Karl ist ganz versunken; ein rätselhaftes Gefühl bewegt ihn, als müßte er durch tiefes Nachdenken einen Ausweg finden können. Er geht, ohne es zu wissen, immer langsamer. Schließlich bleibt er aber vor einem Schaufenster stehen. Darin ist ein Schiffsmodell zu

242

sehen, nebst einer Landkarte und einer Anzahl Photos. Auf der Scheibe steht in goldenen Lettern: The Royal Mail and Pacific Lines to Spain, Portugal, Madeira, Bermuda, Havanna, Panama, West Coast of South America. Je nun, das ist jetzt vorüber. Das Leben ist nicht mehr die unendliche Zeit, die man vor sich hat. Karl ermißt das Gewicht seiner siebenunddreißig Jahre. Da fühlt er sich von der Stadt wie von einem tausendarmigen Henker bedroht. Er sieht die Häuser hinauf: woher? Doch es gibt nichts gewaltiger Ruhendes als eine Großstadt. Sie rührt auch keine Wipfel, wie Bäume etwa, unter denen man immerhin noch meinen kann, in irgendeinem Wind des Daseins zu stehen. Abertausende Fenster nur blinken vor sich hin: Du bist nichts.

Nun fällt Karl auf, daß er im Ziellosen geht. Oder mit anderen Worten: daß ihm das Kostbarste fehlt, der Alltag. Wer einen Alltag hat, dem hilft alles, der schwimmt in einem Meer, das stark ist und weit, alles aufzunehmen und zu glätten. Er, Karl, ist allein zwischen 45 000 Häusern und 1 865 000 Menschen. Das Meer ist ihm, er ist dem Meer gegenübergestellt. Jeder Schritt, den er tut, verläuft auf einer irrealen Ebene, in einem absoluten Neuland. Allein das ist eine Tatsache, die für Karl zusehr über alles, was er bisher zu fassen hatte, hinausgeht, als daß er sich mit ihr bis zu Ende auseinandersetzen könnte. Er rettet seine Gedanken in die abermals aufgerichtete Ansicht, ein Arbeitsloser zu sein, nichts Sonderlicheres also als ein Schnittpunkt widriger Umstände. Da ihm diese Feststellung aber nicht weiterhilft, fällt ihm wieder ein, daß er nachzudenken hätte, nachzudenken mit einer Sammlung, wie nie in seinem Leben. Inzwischen hat die Stadt zu kreisen und mit allen Ventilen zu klappern begonnen und Karl glaubt, daß ihm d a s das plötzliche Unbehagen verursacht. Tatsächlich sieht er mit Neid, wie ein Geschäft und Betrieb nach dem anderen geöffnet wird. In Wahrheit mißversteht er seine Gefühle, weil er zum erstenmal voraussetzungslos im Leben steht und es noch nicht wagt, sich dessen bewußt zu werden.

Nur eine seltsame, neue Neugierde für alles erfüllt ihn. Er verbringt eine Stunde vor den Photoschaufenstern einer Zeitung: Gorillafamilie im Urwaldgebiet des Karissimbi. Der alte Rockefeller beim Golf. Die größten Turbodynamos der Welt im Elektrizitätswerk Hell Gate in New York, Höchstleistung 215 000 SP, sekündlich 30 Umdrehungen. Der Filmstar Anita Page beim Surfboardriding in Miami. Die Schalt- und Transformatorenstation Brauweiler; hier greift die größte Energiemenge der Welt an, 217 000 PS; tausend Apparate hinter mehr als hundert Schaltfeldern, Bedienung drei Mann. Die rätselhaften Riesenköpfe von Ranu Raraku auf der Osterinsel. Harvey S. Firestone befreit die Sklaven in ihrem Freistaat Liberia: das Land wird eine Kautschukplantage der USA. Mit Schmiedehämmern ausgerüstete Arbeiter zerschlagen die Glocken in den Kirchen Moskaus. Arbeitslosendemonstration in Berlin. Aquarium, in Form eines griechischen Kreuzes, gefunden bei den durch Professor Amadeo Majuri wieder aufgenommenen Grabungen in Herkulanum. Auf den Felsen von Santa Monica sonnt sich eine schöne Frau: Kathleen Moylan von Metro-Goldwyn-Mayer. Die größten Niederdrucksverdichtungsmaschinen der Welt in Transvaal: jede dieser Maschinen saugt in der Minute zwei Millionen Liter Luft an, die in drei Stufenfolgen auf acht Atmosphären verdichtet werden. Nonplusultra der Zartheit: eine Medusenglocke. Der englische Nationalökonom

Keynes, der sich in seiner Radiorede über die Wirtschaftskrise gegen das Mittel der Sparmaßnahmen wendete:
eher sei London von Westminster bis Greenwich nieder-
zureißen und neu aufzubauen. Ein Sperling und eine
Giraffe: und doch hat der Hals des Sperlings doppelt so-
viele Knochen als der der Giraffe. „Ich habe nichts anzu-
ziehen": vier Pariser Originalmodelle für den Nachmittag
und Abend. Peter Kürten, der Mann, der neun Morde,
22 Mordanschläge und 41 Brandstiftungen auf dem Gewissen hat. Ein neuer Wolkenkratzerrekord: das soeben
fertiggestellte Empire-State-Building, 102 Stockwerke,
415 Meter Höhe. Die Tänzerin Verbenia mit einem Löwen-
baby. Arbeitslosigkeit auch in Japan. Der Pianist Kiraly,
der den Weltrekord im Dauerklavierspiel zu brechen versuchte, aber in der 46. Stunde einen Kollaps erlitt. Die
Lichtreklame auf dem Dach der Cleveland Discount Co.,
die, wie ihr Text besagt, mehr Strom verbraucht als die
Stadt Illyria mit ihren 30 000 Einwohnern. Die 62jährige
Mistinguette als Revuestar. Die „Brotlinien" der amerikanischen Arbeitslosen vor den privaten Fürsorgeinstituten.
Die Stadt im Süden, ein unvergeßlicher Blick für junge
Augen: Santa Cruz auf Teneriffa. Die 27jährige arbeits-
und unterstandslose Katharina Heynal, die, indem sie sich
51 mal polizeilich meldete, verschiedenen Fürsorgeämtern
Unterstützungen herausgelockt hat. Der erste Non-stop-
Flug Japan—Amerika. Strahlenwerferantennen eines Kurz-
wellensenders. Schönheiten vom oberen Nil oder: wie weit
der Bubikopf im afrikanischen Dschungel zurückgeschnit-
ten wird. Professor Darwin O'Lyon von der Universität
Columbia, der sich auf dem Monte Redorta beim Abschuß
einer Raumrakete — Geschwindigkeit 80 Kilometer in der
zweiten Minute — schwer verletzt hat. Der Backfisch von

heute: wie das schöne Aktbild zeigt, ist ihm durch den Sport die Anmut nicht verloren gegangen. Ein amerikanischer Autofriedhof. Der Kuttub Minar zu Delhi. Eine neue französische Erfindung: Türen, die sich bei der Annäherung mittels Selenzelle von selbst öffnen; eine neue deutsche Erfindung: das schreibende Telefon. Arbeitslosigkeit auch in Australien. Das neu erbaute Sanatorium in Aix-les-Bains, das selbsttätig der Bewegung der Sonne folgt. In Carson City, Nevada, werden zum Tode Verurteilten, die man mit Giftgas hinrichtet, zur Herzkontrolle Mikrophone an die Brust geschnallt. Sport von der Wiege an: Säuglingsgymnastik. Die größte Lokomotive der Welt, von der Great Northern Bahn in den USA: 165 Tonnen schwer, 23 Meter lang, führt 25 000 Kilogramm Kohle und 50 000 Liter Wasser mit; daneben: Stephensons Lokomotive von 1830: 5 Meter lang, Leistungsfähigkeit ein Tausendstel der Maschine von 1930. Schwere Ausschreitungen von Arbeitslosen in Stockholm. Die letzte Aufnahme der Greta Garbo. Das 20 000 000. Auto Fords, das zur Feier des Rekords im Fordmuseum in Detroit neben dem ersten aufgestellt wurde. Zum Zweck eines großangelegten Marinemanövers opferte die amerikanische Regierung ein veraltetes Großkampfschiff. Um die Akustik beeinflussen zu können, wurde das Hamburger Funkhaus mit beweglichen Wänden eingerichtet. Die Original-South-Sea-Girls, die an 400 Abenden im Londoner Hippodrom Triumphe feierten. Der „Goldmacher" Tausend, der namhaften deutschen Persönlichkeiten, darunter Industriellen, Riesenbeträge herausgelockt hat. Zirkusvorstellung im Hof eines Krankenhauses in Boston. Die in der Düsseldorfer Maschinenfabrik gebaute größte Drehbank der Welt, auf der eiserne Räder mit einem Durchmesser von 22 Metern gedreht

246

werden können. Der Hungerkünstler Yolli hungert bereits 42 Tage. Autorennen in Indianapolis. Arbeitslosigkeit auch in Frankreich. Frau Bruce auf dem Flugfeld in Lympne vor ihrem Start zum Flug um die Welt. Der vormalige Weltmeister Tunney, der sich 1 742 280 Dollar erboxt hat, wie man aus einem Prozeß erfährt, den sein ehemaliger Manager auf Zahlung von 400 000 Dollar für Propaganda-aufwendungen gegen ihn angestrengt hat. Luftaufnahme des in neunjähriger Arbeit angelegten, 32 Kilometer langen Dammes durch die Zuidersee. Truppenattacke gegen Revolutionäre in den Straßen von Barcelona. Mussolini läßt den Nemisee trockenlegen, um die Prunkgaleeren des Caligula zu heben. Dieser Lippenstift kostet in der Fifth Avenue 100 Dollar. Schwere Arbeitslosenausschreitungen in Manchester, Liverpool und Glasgow. Der Dnjeprostroj, das Riesenkraftwerk der UdSSR, das das Herz des größten agro-industriellen Trusts der Erde (Bewirtschaftungsfläche 1 600 000 Hektar) sein wird. Das Schloß des Banditen Al Capone, dem man nachsagt, daß er jährlich 25 Millionen Dollar an Bestechungsgeldern ausgibt.

Da geht Karl hinein und gibt eine Annonce auf, eine Annonce, die auf diese Welt zugeschnitten ist.

Siebenunddreißigjähriger, alleinstehender, gesunder Mann, mit Matura, mit technischen Fähigkeiten (ehemals Fliegeroffizier) und künstlerischer Begabung, mit Kenntnis der schwedischen, italienischen und russischen Sprache, in ganz Europa gereist, kaufmännisch geschult und in den meisten Sportarten trainiert, sucht Stelle als Sekretär, Reisebegleiter, Verwalter und dergleichen. Zuschr. erbeten a. d. Exped. unter „Kronenorden".

247

Denn nur mit dem Hut in der Hand, ist man ein armer Narr in dieser Welt. Dieser Welt ist nur mit ihren Mitteln beizukommen. Die Ideale aber, denen er bisher gefolgt ist, sind dagegen entweder Extravaganzen oder Kindereien gewesen. Gleich jener Geschichte vom „Meister Hämmerlein" im Volksschullesebuch, jenem Manne, der immer Hammer und Nägel bei sich trug und seinen Nachbarn die Zäune flickte, gratis. Allein nun fordert der Angestellte hinter dem Schalter für die Einrückung der Annonce nicht 8 Schilling, sondern 22, und das ist Karl ein Schlag ins Genick, unter dem er wankt. Er kann die 22 Schilling bezahlen, denn er hat das Geld, das ihm aus dem Semradmonat geblieben ist, noch nicht angerührt, auch nicht um seinen verpfändeten Ulster auszulösen, aber darum geht es jetzt nicht. Erstens weiß er in dem Augenblick, da ihn das Inserat ein Opfer kostet, daß er keine Hoffnung damit verbindet, und zweitens hat Geld nun einen ganz besonderen Wert für ihn. Mit diesen 44 Schilling, die er noch besaß, hielt er ein Ende dieser großen Welt in Händen. Eine sehr bedingte Möglichkeit, aber eine Möglichkeit immerhin, sich irgendwann in ihren Strom werfen zu können, und sei es nur für zwei Atemzüge.

Diese Einstellung hat etwas von Wahnwitz, zweifellos, denn einem Obdachlosen müßte die Auslösung seines verpfändeten Ueberrocks unter allen Umständen näherliegen als ein insgeheim geplanter Genuß. Sie verrät nur, wie weit Karl bereits demoralisiert ist, und diese Demoralisation ist für Menschen in seiner Lage unausweichlich. Aber Karl ist Karl, eine Person also, die die Welt nicht als soziale, sondern als moralische Erscheinung betrachtet, und daher ist sein Spießrutenlauf zwischen seiner Recht-

248

schaffenheit und dieser Welt noch lange nicht zu Ende. Als er wieder auf die Straße hinaustritt, weiß er, daß das Inserat ein erbärmlicher Schwindel ist. Damit aber steht für seine Moralität auch fest: daß die Welt im Recht ist und er im Unrecht. Selbst die Erinnerung an den Krieg, in dem noch Nachfrage nach ihm war und die er nun heraufholt, um sich gegen die Selbstverdammung zu schützen, gibt der Welt abermals Recht. Wenn sein Herz damals im Einklang mit dem Gesamtschicksal schlug und heute nicht mehr, dann beweist das nur, daß er außerhalb des Kurses steht, den die Welt seither eingeschlagen hat: daß seine Leistungsfähigkeit, die die eines Phantasten ist, mit der Welt nicht Schritt hielt. Zwar eine ungeheuerliche Komplikation, daß man durch ein Personalbüro, das eine Entlassung ausfertigt, aus dem Leben verbannt und vor die Wahl gestellt wird, zum alles überwindenden Uebermenschen zu werden oder zu verkommen, aber das ist die Welt Marke 1930.

Und Karl fährt sich mit beiden Händen übers Gesicht, wie man es auf der Straße gemeinhin nicht zu tun pflegt. Er tritt auf den Stephansplatz hinaus, wo er auch vor neun Monaten gestanden hat. Die Sonne spielt in langen Kantilenen auf den Platz herab, Karl aber blickt mit einem dumpfen Schrecken drüber hin. Er schaut auf die Autos, die den Platz überqueren, wie ein Delinquent auf Folterwerkzeuge. Nun ist er dem Währenden bereits genug aufgeschlossen, um es mit keiner Vorstellung von einer mütterlichen Welt mehr überdecken zu können. Er hat jetzt die Hilflosigkeit eines Menschen, der aus der Welt u n d aus sich verdrängt ist. Karl geht wie in einer Blendung den Asphalt hinunter. Als er morgens das Asyl verließ, waren seine Instinkte darauf aus, diese Welt anklagen und hassen zu können. Mit dem Haß wäre der Desperado in ihm aktiv geworden, er würde gegen diese Welt getobt haben und das hätte ihm wenigstens die innere Entspannung gebracht, die jeden Exzeß begleitet. Aber diese Erleichterung — und wäre sie auch nur die eines Amokläufers gewesen, ist ihm versagt, weil er eine bejahende Natur ist. Er vermag nur über die Gerechtigkeit, die sein tiefster Wesenszug ist, zum Haß zu gelangen, aber die Gerechtigkeit kehrt sich gegen ihn. Da wird er wieder zu dem Bittgänger an dieser Welt, der er schon immer gewesen ist. Er fleht sie an, dem smarten Inserat Erfolg zu geben, aber nicht alles, was er darin versprochen hat, von ihm zu verlangen.

In diesen drei Tagen, die Karl nun zuwarten muß, lebt er wie ein Asket. Er nächtigt im Asyl und nimmt täglich nur einen halben Liter Milch zu sich. Auch hat er wieder die Lebensstimmung eines in sich, der ein Gelübde getan hat. Aber die Einsätze, die diesmal auf dem Spiel stehn, sowohl der der 22 Schilling als auch der seiner Erkenntnisse, die das Inserat zur letzten Karte erheben, stürzen ihn in einen fiebrigen Zustand. Durch das Inserat hat er sich dieser Welt auf die Waagschale geworfen. Der Waagebalken wird hinauf- und heruntergehn in diesen drei Tagen. Nun ist die Welt wie ein großes Gericht und wie das Gelobte Land über ihm und das setzt ihn ihren Reizen und Drohungen in einem Grad aus, als liefe er ohne Haut durch die Straßen. Jedes Ding, dem er begegnet, ist voll Realität, als sähe er es zum ersten Mal, jeder Reklameaufruf verhöhnt ihn bis ins Blut und die Lautsprecher dehnen sein Bewußtsein zur Weltweite.

Er nimmt an einem Gespräch teil, das Leute im Flugzeug Wien—Venedig führen. Er hört Bernard Shaw und

250

Einstein reden. Er wohnt einem Konzert bei, das auf der Rheinterrasse eines Kölner Hotels gegeben wird. Er erlebt ein Bayreuther Festspiel. Er wird unterrichtet: Die Welt besitzt 40 000 Kilogramm Diamanten. Die Menschheit hat in den letzten 21 Jahren von ihren Mineralschätzen mehr verbraucht als in der ganzen vorangegangenen Zeit. Der modernen Chemie bleiben, nachdem sie in den letzten sieben Jahren mit dem Hafnium, dem Masurium, dem Rhenium und dem Illinium ihren Marsch in das Mysterienfeld der 92 Elemente fortgesetzt hat, nur mehr die Ordnungsstellen 85 und 87 zu besetzen. In der Zeit, in der ein Handarbeiter einen Männerschuh macht, verfertigt die Maschine 9, in der Zeit, in der er einen Pflug herstellt, macht sie 32, sie erzeugt, während er einen Nagel hämmert, 129 und sie schleift 539 Marmorplatten, indes er eine poliert. In Plainsboro, New Jersey, werden 50 Kühe zugleich auf eine 18 Meter breite Drehscheibe gestellt und elektrisch gemolken. Die Zivilisation macht sich aus Seetang Jod, aus Stroh Leuchtgas, aus Holz Zucker, sie wird nächstens Kartoffeln in Kautschuk und irgendetwas in Gold verwandeln. Die Verkleinerungstechnik der modernen Photographie reicht bis zu einem Fünfzigtausendstel; sie ist in der Lage, den gesammelten Goethe auf eine Postkarte zu projizieren, und die neueste Zeitlupe zerlegt den Vorgang einer Sekunde in 32 000 Einzelbilder. Der englische Rennfahrer Campbell ist überzeugt, mit seiner neuen Maschine, genannt blue bird, 480 Kilometer in der Stunde zu erzielen und den Weltrekord für Autos zu schlagen. In Griechenland kamen in den Zeiten seiner höchsten Blüte im Durchschnitt fünf Sklaven auf die Familie, im Gegensatz zu den 30 Sklaven, die jedem Großstädter aus dem Gebrauch der technischen Energien zustehn. In den USA.

251

werden im Jahr 18 Millionen Schachteln Rouge gekauft
und 60 Millionen Dollar für Kaugummi umgesetzt. Ueber
Los Angeles entwickelte sich zwischen einem Flugzeug
von Alkoholschmugglern und einem Flugzeug der Prohibi-
tionsbehörde ein Feuergefecht, in dem auf beiden Seiten
mit Maschinengewehren geschossen wurde. Sidney und
Beatrice Webb haben ausgerechnet, daß eine reiche Frau
zur Herstellung ihrer Kleidung die Arbeitskraft von 200
Menschen benötigt.

Vor Karl sind auch die Güter aus allen Kontinenten
ausgebreitet, er sieht in den Schaufenstern alles, was das
Leben reizvoll macht, vom Westfäler Schinken bis zum
Solitär. Und diese Welt geigt ihm auch ihre Sentimentalität
ins Ohr: ... ein bißchen Seide und darin Du. Eine Nacht
in Monte Carlo möcht ich mit Dir unter Palmen gehen.
Am La Plata funkeln die Sterne. Und am Montag endlich
empfängt Karl beim Schalter in der Annoncenexpedition
einen Haufen Drucksachen, die ihm Vertreterstellen anbieten, für die er nicht taugt, weil er kein Redner ist.
Aber es sind auch vier Briefe dabei, die ihm veritable
Posten in Aussicht stellen. Im ersten, der von einem
Beerengärtner herrührt, wird eine Kaution von 2000 Schilling zur Bedingung gemacht. Im zweiten, der von einem
Gutsbesitzer stammt, wird eine Kaution von 3000 Schilling verlangt. Die Export-A.-G. im dritten begnügt sich
mit einer Kaution von 1200 Schilling, indes der Erfinder
im vierten Brief mindestens 5000 Schilling und eine
außergewöhnliche Partnerenergie beansprucht. Karl fragt
am nächsten Abend noch einmal an. Zwischendurch hört
er, daß in amerikanischen Handelskreisen die Besorgnis
wächst, es würde durch die Reise des Prinzen von Wales
der südamerikanische Markt erheblich zugunsten der

britischen Konkurrenz beeinflußt und daß man daher be-
absichtige, den weltberühmten Transozeanflieger Lind-
bergh, der Bleriots Bravourstück über den Kanal nach
zwanzig Jahren über den Atlantik wiederholte, zu Pro-
pagandazwecken nach Südamerika zu schicken. Karl erhält auch am zweiten Abend nur Drucksorten und Briefe
mit Kautionsbegehren ausgefolgt. Als ihm aber am dritten
Abend der Schalterbeamte in der Annoncenexpedition
bedeutet, daß nach seiner Erfahrung keine Antworten
mehr zu erwarten seien, wird Karl sachlich. Er beginnt
das zu hassen, was das Bejahende in ihm ist.

In dieser Nacht vertrinkt er in einem Bordell sein
ganzes Geld. Das rückt nicht nur die Auslösung seines verpfändeten Ulsters in unabsehbare Ferne, das vollendet
auch seine Demoralisation. Denn als er am folgenden Tag
seine Unterstützung ausbezahlt bekommt, hat er nicht
mehr die Kraft, jene Disziplin aufrechtzuerhalten, mit
der allein man längere Zeit hindurch arbeitslos sein kann.
Karl ißt sich satt, und da dies in seiner Lage zum Wohl-
behagen nicht genügt, trinkt er wieder. Der Wein schmeckt
ihm dabei keineswegs, doch hat Karl schnell den roten
Dämmer schätzen gelernt, der der Welt alle Kanten und
Härten nimmt. Die Nacht findet er bei Vilma Haniel
Unterstand und das mag nun schon so bleiben. Eines Morgens, als es regnet, bringt die Anna Sachs das Gespräch
auf seinen Ueberrock. Da borgt er zur Auslösung das Geld
von ihr, aber schließlich trägt er es wieder in ein Bierhaus.
Die Vorstellungen, die ihm die Anna Sachs deswegen
macht, haben zur Folge, daß er mit ihr eigentlich zum
erstenmal in ein näheres Gespräch gerät. Sie sehen sich
dabei in die Augen, als wären sie noch nicht lange bekannt. Da gibt ihm die Anna Sachs das Geld noch einmal,

253

allein sie sagt: es könnte auch mir ein Dienst erwiesen werden: es wäre gut, wenn ich jemanden in der Nähe hätte. Karl versteht das nicht sogleich, aber weil er nun immer wieder Geld braucht, steht er eines Abends an einer Straßenecke und in einiger Entfernung redet die Anna Sachs ihre Herren an. Natürlich kommt Karl bei diesem Umschwung gegenüber seinen Erinnerungen immer wieder in schwere Bedrängnis. Aber nun ist auch der Wein da, der entscheidend einzugreifen vermag, und der normal beschäftigte Magen und das Bett mit der Anna Sachs sind ausschlaggebender als alle moralischen Skrupel. Bloß die vorwurfsvollen Augen der Vilma Haniel und das Geraune der Hausparteien komplizieren dieses Leben einigermaßen.

Es ist jedoch keine Plattform so schmal, daß das Leben, die ewige Bedrohung, nicht auch dorthin nachzudrängen vermöchte. Eines Tages wird die Anna Sachs abgefangen, weil sie kein Kontrollbuch hat. Und die Lues, die man an ihr feststellt, verlängert ihre Abwesenheit ins Unbestimmte. Das nimmt Karl jede Stütze, aber es nimmt ihm auch den warmen Unterstand. Denn soweit hat er es in der Abhärtung nicht gebracht, sich nun wieder an Vilma Haniel zu wenden. Einige Tage, solange seine Mittel noch reichen, geht es ja weiter, mit Trinken und Dösen, mit einer Kinovorstellung und dem Asyl. Dann kommen jedoch die erbarmungslosen Regentage des Oktober, kommt mit dem Hunger die nasse Kälte und das Erwachen. Karl sitzt an einem solchen Tag in einer öffentlichen Bibliothek, in die er sich geflüchtet hat. Angeregt durch das Buch Boni de Castellanes: Die Kunst, arm zu sein, das er in einem Schaufenster gesehen hat. Aber Boni de Castellane war der Freund der Souveräne, Potentaten und Journalisten Europas, auch besaß er einen rosa-

254

marmornen Palast in den Champs Elysées — und das
Milieu in der Bibliothek gleicht zu sehr dem der Schule,
die immer Karls wahrste Heimat gewesen ist. Da sammelt
sich alles und über den Pulten zieht seine Kindheit herauf,
daß er plötzlich auf den Gang hinausgehen muß, weil er
die Erschütterung nicht zu ertragen vermag. Ich bin doch,
stammelt er sich zu, der Karl Lakner, der Karl Lakner.
Und wie er sich das so in Erinnerung rufen muß, kehrt
sein Wesen mit einer Wärme in ihn zurück, daß er das
Geschehene nicht zu verstehen meint. Dann betet er, sehr
einsam auf dem kalten Gang neben einem Pfeiler stehend,
wieder zur ganzen Welt: sie möchte ihn aufnehmen. Er
denkt dabei an das weißbärtige Gesicht des alten Herrn
— er hat ja nicht viele Gesichter vorrätig —, der ihm vor
25 Jahren den Oliver Twist geschenkt hat. O, wo ist die
Liebe, die Liebe, die der dreizehnjährige Karl in die Welt
hineintrug und die er mit Recht wieder von ihr erwartete?
Denn die Liebe ist ein rundes System, das man nicht in
sich trägt, sondern an dem man teilhat, ein System, das
sich nicht erst bestätigen muß, weil es ja nicht ausdenk-
bar ist, daß die Welt nicht in ihr schwebt wie — in einem
göttlichen Atem. In der Tat, Karl gesteht es sich zwar
nicht ein, aber er gehört zu jenen Menschen, die in der
äußersten Not wieder religiös werden. Es ist nicht der
alte Katholizismus, der in ihm auflebt, aber es lehrt ihn
auch die Not nicht bloß das Beten. Eine Ergriffenheit erfaßt ihn, die jener des Jaakob gleicht, der mit dem Engel
gerungen hat. Karl will noch einmal „gut" sein, weil er
dann am ehesten glaubt, auf ein Gesicht hoffen zu dürfen,
das wie jenes des alten Herrn und voll Hilfe sein würde.
Er wendet sich nicht mehr an die Welt, er sucht einen
Menschen.

In diesen Tagen befördert die Stadt 52 000 Schwalben, die das plötzlich eingebrochene schlechte Wetter am Weiterflug verhindert hat, in Aeroplanen nach Venedig. Aber Karl sucht vergebens das Gesicht, das ihm gefaßt zuhören und hernach brüderlich aufglimmen würde. Was die Schwalben betrifft, so hat die Stadt ein sinniges Vergnügen an ihrer Aktion, denn sie genießt dabei ihre Ueberlegenheit über die Natur. Ihren eigenen Kreaturen gegenüber bewahrt sie jedoch die Härte, die sie offenbar der gegenseitigen Würde schuldig zu sein glaubt. Und die Firmen, bei denen Karl das „Gesicht" suchen muß, sind keiner Religion unterstellt, keinem göttlichen Atem. sondern — der Welt. Und die hat den hellen Wahnsinn in ihren Statistiken, die dröhnt ihre Not durch alle Lautsprecher aus: Rationalisierung und Absatzkrise, Kreditkrise und Reparationen. Die Vorratsstauung auf den Weltrohstoffmärkten beträgt: beim Weizen 120 Millionen Meterzentner, beim Zucker 37 Millionen Meterzentner, beim Kaffee 16 Millionen Meterzentner, bei der Baumwolle 12 Millionen Meterzentner, beim Kautschuk 5 Millionen Meterzentner, bei der Steinkohle 175 Millionen Meterzentner. Die Aktienkurse sind seit dem letzten Konjunkturhöhepunkt, Ende 1928, zurückgegangen: in England um 20 Prozent, in Frankreich um 25 Prozent, in Deutschland um 45 Prozent, in den USA um 55 Prozent. Die Gesamtproduktion ist geschrumpft: in England seit Mitte 1929 um ein Fünftel, in Deutschland um fast ein Drittel, in den USA um mehr als ein Drittel. Der Entgang an Werten wird seit Mitte 1929 auf 80 Milliarden Mark geschätzt. In Brasilien, das es glücklich auf 1 150 000 000 Kaffeebäume gebracht hat, nähert man sich dem zweimillionsten Kaffeesack (zu 150 kg), der verbrannt wird, und in den Vereinig-

ten Staaten bricht (seit Beginn 1930) die 981. Bank zusammen. Die Welt zählt 40 Millionen Kurzarbeiter und
20 Millionen Vollarbeitslose, deren Zahl ununterbrochen
steigt. Täglich werden Maschinen stillgelegt, Hochöfen
ausgeblasen, quadratkilometerweit stehen die leeren
Güterzüge auf den verödeten Frachtbahnhöfen. Die USA
zählen 7 Millionen Arbeitslose, Europa 9½ Millionen,
Japan 1 200 000, Australien 300 000. Aber Karls kleines
Oesterreich zählt 400 000. Und es hat ein bedrohlich wach-
sendes Defizit in seinem Staatshaushalt, so daß es zu ein-
schneidenden Sparmaßnahmen wird greifen müssen. Was
auch zu einem Abstrich bei der Arbeitslosenfürsorge
führen wird.

Karl erhält auf sein Ansuchen um Verlängerung des
am 15. November ablaufenden Unterstützungsbezuges den
Entscheid: daß diesem Ansuchen nicht stattgegeben werden könne, da er nach Paragraph soundso, Absatz soundso
der Durchführungsverordnung zur soundsovielten Novelle
des Arbeitslosenversicherungsgesetzes bei den Angestellten als nicht berufszugehörig zu betrachten sei. Berufszugehörig wäre nämlich nur derjenige, der vor Eintritt
der Arbeitslosigkeit durch mindestens drei Jahre in einem
einschlägigen versicherungspflichtigen Beruf gearbeitet
hätte, was bei ihm, der laut eigener Angabe nur ein Dienstverhältnis in der Dauer von 30 Monaten ausweisen könnte,
nicht zutreffe. Gegen diese Entscheidung stehe ein weiteres Rechtsmittel nicht mehr zu.

Ungeachtet des Nachsatzes rekurriert Karl sofort. Es
kann nicht bei diesem Beschluß bleiben, den das Amt
selber schon einmal annulliert hat. Seine Angst ist nur, wie
er die Zeit bis zur Erledigung seiner Eingabe überdauern
wird. Er streckt den Rest, den er von der letzten Unter-

stützung noch besitzt, soweit es ihm sein Organismus erlaubt. Er ißt drei, vier Tage überhaupt nichts, bis er vor Hunger Schwindelanfälle bekommt. Dann peinigt ihn aber die zunehmende Kälte und ein irrsinniger Wunsch nach Nahrung zu gewissermaßen fahrlässigen Ausgaben. So steht Karl endlich am 23. November mit gänzlich leeren Taschen da. Aber an diesem Tag ist er bereits in der Lage, die Antwort auf seinen Rekurs zu beheben; diesmal ging es schneller: Ihre Eingabe gegen die auf Grund des Artikels soundso der soundsovielten Novelle zum Arbeitslosenversicherungsgesetz erfolgte Abweisung der Notstandsaushilfe (A. U. III.) kann nicht in Behandlung gezogen werden, da gemäß Artikel soundso der genannten Novelle ein Rechtsmittel nicht zulässig ist.

Das ist die Verweisung vor das absolute Nichts, die endgültige Verweisung. Ein weiteres Rechtsmittel steht Karl nicht mehr zu. Obgleich die Wissenschaft ausgerechnet hat, daß ein Mensch im Verlauf eines Monats vier Fünftel seines Körpergewichts an Nahrungsmitteln zu sich nehmen muß. Von dieser Menge — für Karl berechnet wären das 3 kg Fleisch, 1 kg Fisch, ½ kg Käse, 8 Liter Milch, ½ kg an Eiern, ½ kg Butter, 2 kg sonstige Fette, 16 kg Brot, 16 kg Kartoffeln, 2 kg Hülsenfrüchte, 2 kg Zucker, 10 kg Gemüse —, von dieser Menge, hinter der er schon lange im Rückstand ist, mag er nun zusehen, wie er auch nur eine Faser erhalten wird. Zwar werden in die Stadt, deren Pflaster er tritt, täglich 2000 Schweine und 200 000 Eier verfrachtet, aber diese greifbaren Mengen sind für Karl so gleichgültig wie das Meerwasser für die Seefahrer, wenn sie am Verdursten sind. Denn er ist nicht in der Lage, einen angefaulten Apfel zu bezahlen. Sein einziges Zahlungsmittel, seine Arbeitskraft, steht außer Nachfrage. Er ist, mit all seinen Erinnerungen und all seinen Knochen, außer Kurs gesetzt. Bedauerlich, daß es ihm nun überlassen bleibt, sein Gerümpel alleine durchzufretten, aber was will man dagegen tun in diesen Zeiten? Vielleicht ist die Epoche im Anbruch, die Charles M. Schwab kommen sah und in der jeder nur das besitzen soll, was er erzeugt. Paradox zwar, denn dann hätte man Fidschi-Insulaner bleiben können und nicht einmal eine Kaffeemühle erfinden brauchen, aber wer will wissen, was einem, in diesen Zeiten, bevorsteht. Jedenfalls zahlt man nun, über diese dreimal verdammte Fehlrationalisierung, mehr an Arbeitslosenfürsorge, als man seinerzeit an den entlassenen Arbeitern ersparte. Nun ist überhaupt der Augenblick gekommen, zu fragen, wozu man die Werkkämpfe und die große Kröte der unverzinst gebliebenen Investitionen geschluckt hat, wenn die gesellschaftlichen Produktionskosten um das steigen, worum man die Produktionskosten der Unternehmen gesenkt hat. Und es mag nun fast sein, daß die Großväter in ihrem Unverstand die Welt in besseren Proportionen gehalten haben.

Karl geht noch einmal zu dem Sekretär Pragner vom Arbeitsnachweis. Er legt flammend die widersprechenden Papiere vor ihn hin. Was im August Recht war, muß doch auch im November Recht sein. So ist das nicht, entgegnet der Sekretär, der sich Karls noch erinnert. Ich sagte Ihnen im Sommer, daß Grenzfälle dem Ermessen der Industriellen Bezirkskommission anheimgestellt sind. Nun hat man sich eben anders entschieden. Ich besitze, sagt Karl, wenngleich er sich geniert, nur mehr das, was ich am Leib trage. Dabei spürt er wieder den Druck auf der Brust, den er sich nicht erklären kann und der von einer Herzneurose kommt. Gestern, nimmt der Sekretär das Allge-

259

meine zuhilfe, rief ein sozialdemokratischer Abgeordneter dem Finanzminister zu, wir stünden vor einem Schreckenswinter, weshalb bei den Ersparungsmaßnahmen nicht gerührt werden dürfe an der Arbeitslosenunterstützung. Und der Finanzminister entgegnete ihm, gerade weil die Not der Wirtschaft, und damit die des Staates, mit jedem Tag zunehme, könnte für die Arbeitslosen nicht das getan werden, was man unter besseren Umständen für sie zu tun in der Lage wäre. Aber der Sekretär, der von dem sichtlich abgerissenen Zustand seines Gegenübers beeindruckt ist, rät, eine Eingabe an die Schiedskommission zu machen. Er unterläßt das Achselzucken, das vor überschwenglichen Hoffnungen warnen soll, obschon es nun begründeter wäre als seinerzeit. Und er verspricht nicht nur Karl, er verspricht es sich auch selber, sein Möglichstes zu tun. Immerhin, er ist Mitglied dieser Schiedskommission. Für Karl bleibt freilich abermals die Frage offen, wie er die Zeit bis zur Erledigung seiner Eingabe überwinden wird. Denn die Kommission tagt aus technischen Gründen erst, wann eine bestimmte Anzahl von Gesuchen zusammengekommen ist.

Als Karl diesmal aus dem Haus tritt, schaut er nach dem bleifarbenen Himmel. Denn er wartet auf Schnee. Der Magistrat, hat er gehört, zahlt für das Schneeschaufeln 80 Groschen die Stunde. Doch damit sind Karls Ideen noch nicht erschöpft. Er geht nun auch zu den Kohlenhändlern und auf die Märkte fragen, ob man nicht einen Handlanger brauche. Auch zu den Schildermalern geht er, und vor Neubauten wartet er mit dreißig, vierzig in einer Gruppe. Dabei verliert Karl nach und nach die Selbstschätzung. Schließlich nimmt er nur noch die Suppe des Asyls zu sich, und als es nach vier Tagen zugleich schneit und regnet, klopft er an die Tür der Frau Semrad. Nachdem er geklopft hat, wartet er zitternd und mit gesenktem Kopf. Aus dieser Stellung weckt ihn der fragende Laut einer Männerstimme. Natürlich ist die Frau nach seinem Abzug nicht ins Kloster gegangen. Karl schwankt die Stiegen wieder hinunter. Aber er geht nicht zu Frau Vilma, er absolviert den Krebsgang zu Ende. In seiner Beschämtheit haben sich ihm bestimmte Tage seiner Kindheit mit glühenden Farben hingemalt. Er sucht die Blumenhandlung Yushi. Das ist nun genau so wie bei seinem Vater, der sich auch immer weiter zurückbewegt hat. Aber die Blumenhandlung Yushi erkennt den ehemaligen Karl nicht mehr und sie bedarf vor allem keines Hausdieners. Ach, es ist unerfindlich, daß in einer Stadt mit 4000 rollenden Straßenbahnwagen und 350 Kirchen, daß in einer Großstadt, in der man aufgewachsen ist, kein Platz mehr für einen sein soll. Aber dieses Unerfindliche ist Tatsache geworden. Eine Tatsache, die sich daraus erklärt, daß Karl nicht der erste einzige, sondern — selbst nach der amtlichen Zählung — der hundertsechzehntausendste einzige ist, der einen Platz sucht. So geht Karl endlich nach der Haltestelle vor dem Ost- und Südbahnhof. Aber da sitzen Jungen auf dem Parkgitter, und schnell wird ihm klar, daß es ihm unmöglich ist, sich gerade auf diesem Platz seinen Gedanken auszusetzen.

Mittlerweile ist es wieder der vierte Tag geworden, an dem Karl nichts gegessen hat, und die Herzbeklemmung und die schwarzen Schwindel überkommen ihn in kürzeren Intervallen. Um nicht zu P. Bekker betteln gehn zu müssen, verpfändet er abermals seinen Ulster. Er redet sich dabei ein, er würde durch vieles Gehen sich warmhalten können. Aber als er dann die 5 Schilling, mit denen der alte Mantel belehnt wird, wegträgt, fällt ihn der Kummer wieder an, daß er dieses Geld „strecken" muß, strecken wie verschüttete Bergleute ihr Frühstück. Und auch das wird ihm nicht helfen. Die Stadt mit ihren eisenharten Winden wird in einem Monat noch die gleiche sein. In diesen Tagen wird Karl sein Zustand vom Frühjahr 1915 in Polen wieder gegenwärtig. Damals wehte die Todesangst sein Bewußtsein über alle Schlachtfelder Europas. Aber seine jetzige Lage ist damit nicht zu vergleichen. Denn nun ist er in jeder Minute der gefolterte Sklave seiner Gedärme und in seinen Gedanken ist nichts als die Zeit, die gähnende Drohung. Dann war damals die Armee, die ihn hielt, und heute gehört er zur Armee der Hilflosen. Zur Armee der 20 Millionen, die von diesem Jahrhundert außer Kurs gesetzt worden sind. Daß es mit ihm 20 Millionen sind, läßt Karl nicht los. Die große Zahl, der Rekord, den die Zeit auch hier erklettert hat, hängt sich als ein Gewicht in seine Seele, das seine Empfindungen auf den Boden der Tatsachen niederzwingt. Die Welt, muß Karl denken, hat mich zweimal in ihre Kaders einrücken lassen. Das erste Mal holte sie mich in die Armee, als ihre Maschinen das große Schlachten veranstalteten, und nun bin ich in der zweiten Armee, über die ihre Maschinen das große Hungern verhängt haben. Außer dieser zweifachen Mobilisierung hat sich in seinem Leben nichts Wesentliches ereignet. Darüber verbreitet sich ein Gefühl in Karl, wie es ein Selbstmörder haben mag, der alles Belangvolle bereits hinter sich weiß. Die Vermutung tritt ihm ins Blut: die beiden Einrückungen wären sein Leben gewesen und es wäre nichts Wesentliches mehr zu erwarten. Mit dieser Umkehrung seiner inneren Perspektive rückt aber die Welt erst in ihrer ganzen Gewalttätigkeit in sein Bewußtsein. Und nun erkennt Karl, daß er das Unglück hatte, in das zwanzigste Jahrhundert geboren zu werden und daß ihm nichts helfen kann, es sei denn, dieses Jahrhundert hülfe vorerst sich selbst.

In der Tat, damit erklimmt der kleine Bimmerling von ehemals eine Einsicht, die er mit den Premierministern der Erde teilt. Nur ist er, abgesehen von seiner schlechteren sozialen Lage, um vieles unglücklicher darüber als diese, weil er nicht über die sänftigende Verworrenheit ihrer Bildung verfügt, sondern ganz an sein dumpfes Gefühl gekettet bleibt, auf dem nun überdies dieses Jahrhundert, da er es einmal erkannt hat, mit der Wucht eines verderblichen Mythos lastet. So hört der kleine Bimmerling — denn sein Ohr geht den Lautsprechern nach, es liegt in dem Bewußtsein, daß von dort das Entscheidende kommt, auf allen Straßen der Welt —, so hört er sehr wohl, daß die Fünftage-Woche gefordert wird, von der durch die Arbeiterinternationale eingesetzten Kommission zur Prüfung der Probleme der Wirtschaftskrise, von den Gewerkschaften und den Arbeiterkammern, — daß die österreichische Regierung den Bericht des Redaktionskomitees der von ihr eingesetzten Wirtschaftskommission entgegengenommen hat, die deutsche Reichsregierung den Bericht der Brauns-Kommission, die englische den May-Bericht, — daß der Direktor des Internationalen Arbeitsamtes in Genf die Schaffung einer europäischen Arbeitsorganisation empfiehlt, — daß es in New York über die von der Regierung gegen die Arbeitslosigkeit zu ergreifenden Maßnahmen zwischen Repräsentantenhaus und Senat zu einem Konflikt gekommen ist, daß Argentinien die erwerbslosen Einwanderer abschiebt und Australien die Einwanderung sperrt. Aber Karl traut dem allen nicht. Sein Herz hat

eine einfache Art und in der erscheinen die Dinge ver-
hängnisvoller. Er hält, was nun auf der Welt und auf ihm
liegt, für etwas Unentrinnbares, das anscheinend kommen
mußte und erst nach eigenen Gesetzen weichen wird.
Und selbst dann, denkt er, wird das ein gräßlich weit-
läufiger Weg sein, bis der lindernde Oeltropfen durch das
ganze Schaltwerk der Zivilisation herabgefunden hat —
bis zu mir.

Was will Karl Lakner tun? Die für Weihnachten
hereingewanderten Tannenbäume entfalten eine ganz neue
Landschaft in den kalten Straßen, aber es schneit
nicht einmal. Selbst der Himmel ist unbarmherzig wie
immer. Karl Lakner hört bloß aus den Radioberichten,
daß es anderswo Schnee genug gibt: Rax 90 cm, Firn;
St. Corona 70 cm, alt, gesetzt; Bad Aussee Skitouren bis
ins Tal fahrbar; Hochschneeberg 90 cm, Harsch; Langen
am Arlberg 200 cm, alt, Fähre, Firn. Diese Berichte sind
für Sportler stilisiert, für Leute in Karl Lakners Lage sind
sie nur eine Beschwer mehr. Aber so ist es mit allem.
Diese Zweiseitigkeit der Dinge ist die besondere Tortur.
Karl Lakner sieht am 4. Dezember, da er das letzte Stück
Brot gekaut hat, einen Mann mit rotem Bart, der ihm auffällt, am 7. Dezember, nach drei Hungertagen, sieht er ihn
wieder. Da muß Karl Lakner denken: was hat der Mann
in der Zwischenzeit alles gegessen. Aber er, Karl Lakner,
hat währenddessen aus den Lautsprechern die begnadetsten Stimmen des Erdballs gehört. Battistini, Chaliapine,
Baklanoff, Gigli, Titta Ruffo. Die Farrar, die Galli Curci
und das Unbeschreibliche: die Toti dal Monte. Karl
Lakner hungert und friert und wird wie die Verdamm-
ten des Höllengedichts durch die Straßen getrieben, aber
die teuersten Solisten spielen ihm dazu auf. Rachmaninoff

264

und Kreisler, Pablo Casals und Jascha Haifetz, Backhaus und Paderewski. Und das alles gratis, ja selbst die großen Toten werden ihm heraufbeschworen, diese Zeit ist hochfahrend reich, er hört noch die Patti und Caruso singen, Shackleton und Tolstoi reden.

Unter den Lautsprechern fällt Karl Lakner auch ein, daß er seine Geige nicht hätte verschenken dürfen. Er könnte nun mit ihr in die Höfe gehen, was keine ausgesprochene Bettelei wäre. Ueberhaupt dürfte ein armer Hund nichts verschenken, wo die Güter ein so ungeheures Beharrungsvermögen haben und so schwer von einer zur anderen Stelle zu bringen sind. Aber das kommt von der Lilienphantasie der Armen; sie haben ein Gemüt wie die Blumen auf dem Feld, nur die Fürsorge der warmen Erde haben sie nicht so für sich. Allein dergleichen reuige Ueberlegungen sind unbedingt zu vermeiden, will man nicht inwendig auseinanderbrechen. Die Stadt, durch die Karl Lakner wie ein Robinson geht — das ist die dritte Steigerungsstufe, die er nach „vogelfrei" und „außer Kurs gesetzt" entdeckt hat —, die Stadt ist eine Peitsche mit genug Enden. Und sie ist es mit der Hoheit einer Frau, die einen bis aufs Blut quält, aber betörende Brüste hat. Karl Lakner kann sich nachts das Licht in einem Schaufenster einschalten, wenn ihm das Kurzweil bereitet, und er muß es nachher nicht abdrehen, es erlischt nach einer bestimmten Zeit von selbst. Nicht seinem Ermessen sind die riesigen Plakate und haushohen Leuchtschriften unterstellt, die ihm dartun, was er an seiner Erziehung, an seinen Launen und Wohlmeinungen zu korrigieren hat: Nur echte Seide ist Seide. Für jeden Anlaß den richtigen Schuh. Schokolade ist nicht nur ein Genuß, sondern hochwertige Nahrung. Trage Schmuck und du ge-

265

winnst. Einen Schirm benützen heißt Kleidung und Gesundheit schützen. Trinke mehr Milch. Trinke deutschen
Sekt.

Aber zum Wanzenkopf der Weltgeschichte wird die
Großstadt, wo sie sich gewissermaßen als Scheidemünze
gibt. Es werden Karl Lakner ununterbrochen Drucksachen
in die Hand gedrückt. Auch Goethe — hätte die Krawatte
Pearl getragen. Ein Märchen — das neue Fleckputzmittel
Flox. Der Friede im Haushalt — die Faschiermaschine
Tata. Die Tragik des Lebens vorbei — durch die Haar-
pomade Musa. Einen Wert gewinnen diese Angebinde
für Karl Lakner erst, als eines von ihnen aus einem Block
von fünf Streichhölzern besteht. Er geht damit in den
abgewinkelten Teil einer Schaufensterpassage, wo es
Spiegel gibt, und brennt sich, von Damenhüten auf Nickel-
ständern umgeben, die Bartstoppeln am Kinn ab. Er könnte
einen Prospekt erhalten, mit 60 Blättern und zwei Dutzend
Kupfertiefdruckbildern, ein ganzes Buch, das für einen
Buschmann ein Zauberwerk wäre, aber er hat nicht die
Gelegenheit, seine Notdurft zu verrichten, weil das auf
der niedersten Klasse der öffentlichen Bedürfnisanstalten
17 Groschen kostet. Nur e i n Prospekt erfüllt für ihn einen
gewissen Zweck, der einer Buchhandlung, die sich auf
anregende Literatur eingestellt hat. An einem Tag, da eine
stumpfsinnige Gier nach sinnlicher Befriedigung an ihm
zehrt, setzt er sich wütend über seine Scham hinweg
und holt sich aus dem Laden den Anzeiger für erotische
Literatur. Mit dem steht er dann in der Schaufensterpassage, die eigentlich zu Unrecht so genannt wird, weil
sie nur nach einer Seite offen ist. Diese mehr oder minder
windgeschützten Orte, in denen Lautsprecher dröhnen, gewinnen nun überhaupt in Karl Lakners Leben eine gewisse

266

Bedeutung. An ihnen hat er auch einen Leseunterstand. Das üppige Weib. Das lüsterne Weib. Das grausame Weib. Das Weib als Sklavin. Allmacht Weib. Aber da gibt es noch das Ehebett, die Brautnacht, die Prostitution und Sittengeschichten der Kulturen, der Revolutionen, des Theaters, des Lasters, des Intimen, des Verbotenen, der Strafe und der Liebkosung und des — Intimsten. Das ist alles ein wenig lächerlich, allein Karl Lakner entzündet es das Blut. Die Gefilde der Lust, eine Morphologie der weiblichen Körperformen, und die 20 000 erotischen Schlagwörter beschäftigen ihn auch dann noch, als ihn der angehende Lautsprecher, der ihn heute stört, aus der Passage vertreibt, Abendstrich, Accostetgirl, After — Bordellkönigin, Brautnacht, Brückendirne — Circe, Christine von Schweden, Cléo de Merode — Defloration, Dessous, Damenkarussell... und den Mons Veneris, aus den Gefilden der Lust, die Hügel der Wonne und das Marmorgebirge sieht Karl Lakner nun in jedes Weib hinein, das ihm begegnet. Obgleich es nicht geschneit hat, tragen sie alle schwer mit Pelz verbrämte Schneestiefel, was ihnen ein sadistisches Aussehen gibt und ihn besonders reizt, sie in seiner Phantasie zu brutalisieren. Beim Ostbahnhof endlich, wo er wieder Gepäck tragen will, steht er an diesem Abend verzweifelt einer kleinen Hure gegenüber. Irgendein Geld wirst du schon haben, sagt sie freundlich mit einem stillen Gesicht, das in der Dunkelheit fahl blinkt. Wir sind Naturfreunde und gehen an die Planke beim Arsenal. Nein, sagt Karl Lakner flehend, ich habe seit drei Tagen nichts gegessen. Die Kleine schaut ihm ins Gesicht. Dann hat sie einen nicht alltäglichen Einfall. Ich habe heute noch nichts verdient, sagt sie, aber warte. Später geh ich mit dir umsonst.

267

Karl Lakner wartet nicht. Er rennt durch die Straßen. Nach einigen Stunden kollerigen Umherlaufens aber kehrt er um und findet die Mitleidige nicht mehr. Dafür hat er den nächsten Tag ein anderes Glück. Ein Trödler steckt ihn in einen fünf Meter langen Kaftan, darin er eine Stange halten muß, auf der ein riesiger Karnevalskopf aus dem Kaftan ragt. Die so zustandegekommene Puppe trägt vor der Brust und auf dem Rücken ein Schild: Das beste Weihnachtsgeschenk ist ein 2 Schilling-Einheitsrest vom Porges. In dieser Aufmachung wandert Karl Lakner durch die ihm bezeichneten Straßen, dann hat er am Abend zwei Schilling verdient. Aber mit diesen zwei Schilling scheint eine glückliche Serie eingeleitet zu sein. Am andern Morgen trifft Karl Lakner die Arbeitslose, die ihm seinerzeit die Untermiete bei Frau Semrad vermittelt hat. Er ist so ergriffen, als wäre seine Mutter auferstanden. Hier ist ein Mensch, der ihm nicht ganz fremd ist. Diesem Mädchen mit dem unfreundlichen, tatarischen Gesicht scheint eine gute Rolle in seinem Leben zugeteilt zu sein. Sie erzählt ihm, daß sie als Modell geht und fordert ihn auf, in die Aula der Akademie mitzukommen.

So steht nun Karl Lakner einen Vormittag auf den kalten Fliesen dort. Außer ihm sind nur noch einige Männer da, zumeist jüngere, aber an die sechzig Mädchen. Früher sollen es bedeutend weniger gewesen sein, wie er aus ihrem Hader heraushört. Aber man kann sich gegen die Eindringlinge nicht schützen. Alle haben vor Kälte blaue Gesichter, auch die Geschminkten. Mit ein paar Ausnahmen ist hier ein Elend versammelt, in dem Karl Lakner nicht weiter auffällt. Zu den Ausnahmen gehört auch ein Journalist vom Tagblatt, der mit knarrenden Sohlen und mit einem Gruseln im Bauch sein Feuilleton über den modernen Menschen-

markt zusammenstellt. Um dreiviertel zwölf beginnt sich die
Aula zu leeren, lediglich zwei „Neue" sind genommen worden. Karl Lakner hat von Anfang an nichts erwartet. Trotzdem ist er enttäuscht. Da gibt ihm das Mädchen, dem er
seine Lage nicht verhehlt hat, Adressen von Malern. Sie
macht ihm auch Mut, indem sie seinen Einwand, daß er nur
mehr aus Haut und Knochen bestünde, mit der Instruktion
zerstreut, nur „Kopf" zu gehn. Dennoch findet Karl Lakner
gerade seiner Magerkeit wegen ein Engagement. Am folgenden Abend steht er im Privatatelier eines Professors,
der einen Sebastian zu malen beabsichtigt. Karl steht nackt
auf einem Podium und das ist für ihn nicht ganz einfach.
Die Erinnerung, daß er selber einmal Maler werden wollte,
ist unvermeidlich. Jedenfalls drängt sich Karl Lakner zum
erstenmal mehr das Entwürdigende als das Bejammerns-
werte seiner Situation auf. Er hat schon lange nicht mehr
so gelegene Umstände gehabt, darüber Betrachtungen anzustellen. Seit einer halben Stunde ist es in dem über-
heizten Raum, der überdies sehr anziehend eingerichtet
ist, so still, daß die starke Flut des elektrischen Lichts
geradezu aufdringlich wirkt.

Da sagt der Professor: Fast könnte ich bedauern, daß
ich keine psychologisierende Malerei treibe; meine Absichten hätten sich noch nie so mit einem Modell getroffen.
Ich bin wohl sehr mager, meint Karl Lakner. Nein, das
ist es nicht, entgegnet der Professor, sinnierend in seine
Kohlenstriche vertieft. Dann schaut er auf, sein Auge beschäftigt sich mit Karl Lakners Proportionen, fast abwesend sagt er: Ihres Gesichts wegen, das heißt des
Akzents wegen, den Ihr Gesicht durch Ihre Augen erhält,
durch Ihr Schielen. Karl Lakner ist wie vom Blitz getroffen. Ich war, sagt er abweisend, Artillerie- und Flieger-

offizier. Ein lächerliches Argument, das ihm durch den längst gehegten Wunsch entschlüpft, das Mißverhältnis zwischen seiner Person und seiner Lage darzutun. Der Zeichnende fragt: was sind Sie von Beruf? Aber er erkundigte sich nicht aus Neugier, weil seine Anschauung eine gewisse innere Hierarchie in der Menschheit mehr anerkennt als jede andere. In der Tat hat dieser Mann etwas von einem Mandarin an sich, obgleich seine jugendlich frisierten grauen Haare, sein großer, dunkler Blick und sein glattrasiertes Gesicht voll süddeutschem Charme sind. Es ist Karl Lakner auch schmerzlich, gerade mit diesem Menschen in einen Kampf verwickelt zu werden. Ich bin, sagt er bescheidener, meinem Bildungsgang nach Lehrer. Es sind einige Lehrer unter den Modellen, setzt der Professor tröstlich hinzu. Aber Karl Lakner ist die Frage seiner persönlichen Verfassung nun brennender als die seiner gesellschaftlichen Stellung. Ich schiele nicht, sagt er ängstlich, das mag nur so geschienen haben, weil ich es nicht gewöhnt bin, so lange auf einen Punkt zu schauen. Seltsam, daß Sie das nicht wissen sollen, sagt der Professor, der nicht im Bild ist, zerstreut. Er schaltet eine Arbeitspause ein. Sie schielen ja nicht nach innen, sondern nach außen. Das ist es ja. Greco hat diesen Blick gern seinen Heiligen gegeben, weil dieser Blick etwas Transzendentes hat. Karl Lakner, der diesen Mann, der ihm nun nähertritt, wie einen Magier zu fürchten beginnt, tappt bei dieser Erklärung vollkommen im Leeren. Der Professor aber redet sich warm. Sie verstehn, sagt er, bei Ihrem Schielen treffen sich die Sehachsen im Kopf, Sie schauen nach innen, oder ins Unendliche, was das gleiche ist. Mit dieser Erläuterung bekundet der Professor eine echte Sympathie für Karl Lakner, die den freilich nicht

270

erreicht. Er steht nackt auf einem Podium, vor einem Mann, der ein versonnenes Lächeln und eine Krawatte zu 22 Schilling trägt, und ihm ist, als fiele sein eigenes Herz von ihm ab. Sie haben also Unglück gehabt, wird der Professor menschlich, indem er die Sitzung wieder aufnimmt. Nun redet Karl Lakner wie ein Brunnen, er redet, als könnte er den Alp damit zerteilen, der nun weitaus bedrückender auf ihm liegt als die Herzneurose; er klagt die Zeit an.

Ja, sagt der Professor, als hätte Karl Lakner einen seiner eigenen Gedankengänge entwickelt, das ist die Welt des Demiurgen. Des was? fragt Karl Lakner, da er noch in Rage ist. Sie können sich das ruhig so vorstellen, sagt der Professor, daß die Menschwerdung der Sündenfall war. Dieser Vorgang, daß die Seele irdisch und der Geist eine Person wurden, war der Sturz aus dem Licht in die Materie, in den Tierkreis, in das Reich des verderblichen Zwischengottes. Denn damit hat sich der Androgyn nicht nur in Mann und Weib gespalten, sondern auch alle anderen Qualen des Geistes an der Materie auf sich gezogen. Und da die Menschheit dem Demiurgen noch nie so verfallen war wie heute, war auch das Chaos noch nie so groß. Es ist geradezu ein Schauspiel, wie die Menschheit nun zum verzweifelten Opfer dieses materiellen Ueberflusses geworden ist, für dessen Erlangung sie alle ihre inneren Güter, die Stimme in ihr nach der wahren Heimat verhöhnt hat. Immer aber sind alle diejenigen von dieser Welt besonders getreten worden, die nicht ihr Antichristentum, ihre Bösartigkeit in sich hatten, sondern den Geist.

Der Professor, der sich bei politischen Wahlen der Abgabe seines Stimmzettels enthält, redet gelassen wie

in Damengesellschaft. Er ahnt nicht, wie revolutionär er
für Karl Lakner redet, der jedes Wort auf sein Leben
anwendet und sein Herz gerechtfertigt sieht. Nun stellt
Karl Lakner eine Frage, die ihm keineswegs die nahe-
liegendste ist, die er aber, da er diesen zeichnenden Gent-
leman wie einen Propheten respektiert, aus dem Gefühl
aufwirft, daß er diese außerordentliche Gelegenheit, end-
gültigen Aufschluß bekommen zu können, nicht ungenützt
lassen dürfe. Er hat in der letzten Zeit begonnen, über
soziale Zusammenhänge nachzudenken. Nun, da ihm bewiesen ist, daß sein Elend nicht ein moralisches, sondern
ein gesellschaftliches Problem ist, will er auch die soziale
Schlußfolgerung aus dieser Einsicht erhärtet haben. Dann
ist, fragt er, das Land des Heils nun Rußland? Nein, entgegnet der Professor sofort, ohne mehr Atem als bisher
aufzuwenden. Denn dort wird der Materialismus nun ins
letzte Extrem entwickelt. Dort wird selbst den Kindern
die Erinnerung an das ausgetrieben, woher wir kommen
und wohin wir müssen. Es ist auch interessant, daß die
Sowjets aus dem ersten unbewußten Elan heraus zu ihrem
Wappen den mit der Spitze nach unten gekehrten, fünf-
zackigen Stern wählten, das Zeichen des Untergangs und
des Teufels. Seither haben sie ihn freilich umgedreht. Karl
Lakner ist es, als müßte er umsinken. In diesem Augenblick fühlt er nicht mehr für sich allein — obgleich er
sich mit dieser letzten Ausführung gesagt glaubt, es sei
ihm in allem und jedem recht geschehn —, in diesem
Augenblick fühlt er für die ganze mißbrauchte Menschheit. Die Reaktion ist ein unbändiger Haß gegen alles in
der Welt, das über so viel Sicherheit verfügt, geldlich und
geistig, sich derlei Anschauungen genug sein lassen zu
können.

272

Das klingelnde Telephon bringt die Szene weiter. Ja, sagt der Professor in die Muschel, ich habe es da. Einen Augenblick, ich diktiere es dir durchs Telephon, wenn er das Uebrige nicht braucht. Und der Professor geht an die Bücherwand hinüber, wählt einen dünnen weißen Band mit Goldschnitt aus, blättert und kehrt ans Telephon zurück. Er zitiert, das aufgeschlagene Buch vor sich in die Luft haltend:

Sieh, ich bin zart wie eine Apfelblüte
und friedenfroher denn ein neues Lamm,
doch liegen Eisen, Stein und Feuerschwamm
gefährlich in erschüttertem Gemüte.

So. Du kommst also gleich herüber. Er legt ab und wendet sich zu Karl. Wir sind fertig. Ich bedaure, daß ich Sie nicht öfter werde verwenden können, aber ich male alles, sobald ich die Unterlage habe, aus der Phantasie. Nur Ende Januar, glaube ich, werden wir noch eine Sitzung machen. Er denkt nach. Leider habe ich auch für die Schule die Modelle schon vorausdisponiert. Aber für den Februar, für das nächste Semester, wird sich etwas machen lassen. Jetzt müssen Sie sich anziehn, meine Frau holt mich ab. Karl Lakner tritt hinter den Paravent, für den er der Welt dankt, denn sein Hemd besteht nur mehr aus Fetzen. Als er fertig ist, händigt ihm der Professor, der seinen Malerkittel abgelegt hat, eine Zehnschillingnote ein. Das ist nicht nur mehr als nobel, das ist, da der Professor mit vielen Modellen zu tun hat, denen es schlecht geht, ein Beweis persönlicher Anteilnahme. Trotzdem nimmt Karl Lakner die Note, die für ihn ein Vermögen darstellt, nur mit gemischten Gefühlen an. Aber es bleibt ihm keine Zeit, sich über seine Empfindungen Rechenschaft zu geben.

Eine Dame tritt ein, jünger als der Professor, sehr stattlich und blond, in einem Persianer und mit eindrucksvollen Augen. Sie macht eine Bemerkung über die zitierte Strophe, mit deren treffendem Sinn jemandem sehr gedient gewesen sei, und Karl Lakner will sich mit einem Gruß hinausdrücken. Da ruft die Dame: Haben Sie denn keinen Ueberrock gehabt? Nein, sagt Karl Lakner. Dabei erinnert er sich zwar seines verpfändeten Ulsters, aber er denkt, daß die näheren Umstände diese Dame nichts angingen. Sie besitzen keinen Winterrock? fragt die Dame noch einmal, und die Silben werden ihr lang und weit im Mund, wie sie soviel Ungläubigkeit zu umfassen haben. Es hat doch sechs Grad draußen, und hier ist es furchtbar heiß. Sie können doch unmöglich so hinauslaufen. Die Dame sagt das in einem Tonfall, der nicht an Karl Lakners Situation Anteil, sondern an einer Unordnung in der Welt Aergernis zu nehmen scheint. Jenun, meine Liebe, denkt Karl Lakner, grübeln Sie nur einmal den Pfaden von unsereinem nach. Aber die Dame wendet sich bereits an ihren Mann, indem sie ihn an einen Winterrock erinnert, der schon lange in einem Vorzimmerschrank hängt. Karl Lakners Augen werden groß. Furcht und Abwehr steigen mit einer Heftigkeit in ihm hoch, daß es ihm selbst rätselhaft sein müßte. Aber der Professor telephoniert bereits: Ja, Philli, den Mantel der im Vorzimmer hängt. Der Herr wird sofort hinüber kommen. Der Herr? Lachhaft. Dessenungeachtet bringt diese Höflichkeit Karl Lakner in Bedrängnis. Sein „Ich danke, lieber erfriere ich" bleibt ihm im Munde stecken. Nur sieht er Frau Hjördis in dem Göteborger Geschäft. So gibt ihn eine der andern in die Hand. Ha... übers Jahr werden Sie jemandem einen Winterrock überlassen... Gehen Sie also gleich hinüber ins Haus, sagt der Professor. Das Mädchen ist unterrichtet.

Karl Lakner bedankt sich nicht. Er stürzt in der Ueberzeugung hinaus, lieber zum Teufel zu gehen als diesen Wintermantel zu holen. Gerade das macht auf die Dame Eindruck. Sie wechselt einen Blick und zwei Worte mit dem Professor, dann hebt der das Telephon noch einmal ab.

Indessen strebt Karl Lakner draußen durch den weitläufigen, nachtdunklen Park dem Tor zu. Die Moral des Verzichts auf den Wintermantel wirkt nach in ihm, er ist voll Leidenschaft, als könnte er seine Erlösung erjagen. Allein die Wirklichkeit, das ungeheuer Beharrende, wirft sich sofort mit allen Schrecken auf ihn. Er muß sich dem Wind und dem Schneetreiben, er muß sich dem wahnsinnig schneidenden Wehen wie einem körperlichen Wesen entgegenstemmen. Die mit Eis und Nässe geladenen Luftmassen toben auf ihn ein, als wäre auch die Natur, als wäre auch die Schöpfung mit idiotischem Haß gegen ihn aufgestanden. Im Augenblick ist Karl Lakner bis auf die Knochen durchfroren und von einer rasenden Wehmut erfaßt. Aber er rennt, wie zu einer Tat, die dunkle Straße hinab.

An ihrem Ende stößt er mit einer Frau zusammen. Sie trägt einen Pelz und lacht ihm ins Gesicht: Komm mit. Dann taxiert sie ihn im hellen Licht der Straße, sagt: hoppla, und wendet sich ab. Karl Lakner schlagen die Zähne aufeinander, alle Glieder an ihm fliegen vor Kälte, es schneit ihm auf die Brust und ins Gesicht, aber er bleibt stehn und starrt wie ein Halluzinierender in die Lichtflut der Läden und Bogenlampen. Er spürt den Pelz der Frau noch an seiner Wange, aber nicht, daß er sie begehrt, beeindruckt ihn; es erschüttert ihn, daß es ihr zu-

275

stand, lachen zu können. — Theaterprogramm angenehm? tritt ein Mann vor ihn hin. Karl Lakner nimmt auch das zur Kenntnis, aber es ordnet sich sogleich seinem Gefühl ein, das ihn dastehn läßt, als wäre er in eine assyrische Stadt und in ein versunkenes Jahrtausend versetzt. Er begreift nicht, daß es noch lachende Frauen, Theaterprogramme und brennende Bogenlampen geben kann. Er empfindet die Welt in einer Fremdheit, als verfiele er mit wachem Bewußtsein einer Geisteskrankheit. Da stürzt er voll Neugierde in diese Welt hinein, die trotz Schneegestöber und Frost wie der geöffnete Berg Sesam gleißend vor ihm liegt. Es treibt ihn, die Angehörigen dieser Welt, die rätselhaft Geborgenen, in der Nähe zu sehn, zu hören, was sie sagen. Doch er kommt nicht weit, es krampft ihm die Lunge zusammen, so daß er stehn bleiben muß. Die Kälte erzeugt eine Uebelkeit in ihm, deren schwirrende Heftigkeit schon an einen Rauschzustand grenzt. Karl Lakner tritt schutzsuchend in den Eingang eines Cafés. Er steht auf einer Matte, einen Schritt hinter ihm glänzt die Drehtür mit gebeiztem Holz und geschliffenen Scheiben, ihm gegenüber steht ein Kolporteur, der seinen Zeitungsständer hereingehoben hat. Heut ist es pestig, sagt der Mann, aber Karl Lakner hört nicht auf ihn. Dir gehts auch nicht prima, beginnt der Mann abermals mit brüderlichem Tonfall, bis er unvermittelt heftig wird: aber das muß man verstehn: da! Der Kolporteur deutet auf eine seiner nassen Zeitungen. Da steht: Die Befürchtung, daß durch den Eintritt geordneter Verhältnisse in Venezuela auch die Erdölproduktion wieder zunehmen wird, hat einen neuerlichen Kurssturz an der New Yorker Börse verursacht. Der Kolporteur erhält auch jetzt keine Antwort. Zwei Männer treten auf das Café zu und Karl Lakner

276

schaut mit einem Gemisch aus Ungläubigkeit und Bewunderung auf den fashionablen Mantel des einen, seine Handschuhe und blinkenden Galoschen. Der junge Herr trägt auch eine Hornbrille und lange Haare unter dem breitkrempigen Hut. Im übrigen scheint er mit seinem Begleiter ein sehr lebhaftes Gespräch zu führen, denn er bleibt trotz der Unwirtlichkeit des Wetters stehn und sagt, die rechte Hand mit einer kapriziösen Fingerstellung vors Gesicht hebend: Ich definiere: das Wesen dieser Welt erkannt haben heißt, zu jedem Verbrechen die Berechtigung erworben haben. Einseitig, entgegnet sein Begleiter, indem er an die Drehtür stößt, einseitig wie alles dramatische Denken. Karl Lakner riecht einen Augenblick Kölnisches Wasser, dann wird die Drehtür von innen herumgestoßen, zwei ältere Herren treten heraus. Während sich der eine den Mantelkragen hochschlägt, sagt er: Es wäre die größte Katastrophe für unsere Wirtschaft, würden morgen alle Maschinen von selber gehn. Ich sage es ja, antwortet der zweite wegwerfend: Das Geld ruiniert die Arbeit. All diese Betrachtungen versteht Karl Lakner nicht, er ist lediglich so von Jammer erfüllt, daß er wünscht, irgendeine Gewalt möchte ihn auslöschen. Es ist ihm soeben zwei Sekunden lang brennend heiß gewesen, nun schlägt die Kälte wieder sinnlos auf ihn ein. Es schüttelt ihn von den Schultern bis in die Knie. Da langt der eine der beiden älteren Herren in die Tasche und reicht Karl Lakner ein Geldstück hin. Karl Lakner ist überrumpelt und nimmt das Geldstück. Dann wirft er es dem Spender vor die Füße und stürzt wieder in das Schneetreiben hinaus.

Doch er gelangt nicht dazu, sich über den Vorfall besonders zu alterieren. Die Kälte zersägt ihn so, daß sich das Leibliche vor alles drängt. Plötzlich ist es Karl Lakner einfach unbegreiflich, daß er auf den Wintermantel verzichtet hat. Vielleicht auch packt ihn die Erinnerung daran deshalb so bestimmend, weil er am Ende der Welt und aller Gedanken angelangt gewesen wäre. Heut ist die Käthe etepetete, singt ein Lautsprecher dröhnend. Karl Lakner rennt die dunkle Nebenstraße wieder hinauf. Wie er durch das Gartentor stürmt, überfällt ihn die Angst, die Gelegenheit versäumt zu haben. Er läuft schneller. Dabei hat er den Wind im Rücken, was ihm die Empfindung verursacht, daß er geschoben werde. Das bringt ihm das Lächerliche, das Demütigende dieser Rückkehr voll zum Bewußtsein. Trotzdem läuft er, tief mit sich uneins, weiter auf das Haus zu, weil ihn beim Stehnbleiben die Ratlosigkeit sofort wieder verschlingen würde.

Unter dem Vorbau über der kurzen Treppe muß Karl Lakner eine Weile warten. Als ihm geöffnet wird, verläßt zugleich jemand das Haus, ein Mädchen in Mantel und Hut. In dem schmalen Gang steht eine andere, schimmernd vor Blond, in einem bunten Hauskleid. Sie sagt zu der Weggehenden: Ich weiß schon, Philli, gehen Sie nur. Karl Lakner ist von der Wärme, der Helligkeit und dem Duft der Wohnung benommen. Er sieht sich einer etwa Achtzehnjährigen gegenüber, die ihn einigermaßen unsicher anschaut. Dann steht er in einem großen halbeingerichteten Raum, der ihn wie ein Wartezimmer bei einem Arzt anmutet. Das Mädchen hebt einen schweren Winterrock aus einem der weißen Spiegelschränke und läßt ihn damit allein. Karl Lakner fingert unschlüssig an dem Stoff herum. Seine jetzige Umgebung ruft ihm das Gespräch mit dem Professor wieder lebendig in Erinnerung. Er beschaut sich scheu und voll Abneigung in einem der Spiegel. Ich schiele wieder?

278

Hier, sagt das Mädchen, das einen Tisch auf Rädern hereinfährt. Bitte. Mama hat gemeint, Sie möchten auch eine Kleinigkeit essen. Die Kleinigkeit besteht aus kaltem Schweinebraten, Rindszunge, einer Pastete, Lachsschinken, Käse, Butter, Salat und einer Mehlspeise. Der Tee, sagt das Mädchen, wird gleich fertig sein. Es ist etwas Warmes. Und sie geht wieder hinaus. Mit einer Linie in ihrer artigen Ruhe wie eine somnambule Tänzerin. Karl Lakner beginnt mit den Händen zu essen. Aber mit einem Mal weiß er nicht, was er schmeckt. Die Speisen werden ihm brockig im Mund. Sein ganzes Leben steigt wie eine würgende Flut herauf. Er ist mit der Linderung für seine Mutter zu spät gekommen. Er hat die Sprache seiner Geliebten nicht verstanden. Im Weltkrieg hat man ihn zerschossen und nachher hat man ihn hungern lassen. Er hat es nicht auf die vier Wände gebracht. Sein Freund war ein Todgeweihter. Und wo sein Leben gut gewesen ist, war es ein Almosen. Es hebt Karl Lakner langsam aus dem Stuhl. Ich bin, stammelt er, achtunddreißig Jahre alt.

Die Blonde erscheint im Türrahmen mit einem Tablett, sie bringt den Tee. Da stampft Karl Lakner auf und schreit: ich will nicht! Plötzlich ist er hemmungslos. Er schlägt dem Mädchen das Tablett aus der Hand. Und da die Erschrockene aufschreit und ihn das völlig verwirrt, reißt er sie an den Händen zu Boden. Ich will nicht mehr, ich will nicht mehr! klagt er in der Fassungslosen die ganze Welt an. Dem Mädchen springt die Todesangst ins Hirn. Sie beißt ihn in die Finger, sie schlägt ihm die Fäuste ins Gesicht, es beginnt in all ihren Gliedern zu wüten. Doch nun ist das eine Körpersache, die ihre eigenen Fluiden hat. Karl Lakner sieht das volle Bein der Blonden in dem hoch hinaufgezogenen Seidenstrumpf. Zugleich nimmt er das Anheimelnde der Wohnung

auf, die nach guten Kleidern, nach Bad und elektrischer
Heizung riecht. Er wird rasend geschlagen, aber er ist
seit Jahren nicht so lebendig gewesen. Er sieht den
Professor vor sich, mit dem Lächeln und der Krawatte,
und will ihn in seiner Tochter treffen. Er sieht die Hure
im Pelz und den, der ihn beschenken wollte. Er sieht
seinen ganzen Weg, vom Gitter des Maria-Josepha-Parks
bis unter den Caféeingang. Er will die ganze Welt in
dieser Blonden notzüchtigen. Meine Liebe, keucht er,
alles muß einmal ausgetragen werden. Ihr habt mich ge-
labt und habt mir in den Bauch getreten und wir bleiben
uns nichts schuldig. Die Menschwerdung war der Sündenfall, zuviel Weisheit nimmt die Befangenheit vor dem
Tierkreis und da stehn wir alle gegen alle. Gefährlich in
erschüttertem Gemüte. Es bildet ein Talent sich in der
Stille und ein Charakter in dem Sturm der Welt. Des
Demiurgen! Heut ist die Käthe etepetete und es geht in
einer anderen Tonart weiter: Stern nach unten, Stein und
Feuerschwamm.

Schließlich verlassen das Mädchen die Kräfte. Sie
bleibt, das weinende Gesicht gegen den Teppich gedreht,
in ihrer abgemarterten Stellung liegen. Das ernüchtert Karl
Lakner. Mit einem Mal ist er zerknirscht wie seit seinen
Knabenjahren nicht mehr. Er erhebt sich vom Boden,
außerstande, den verzagten Blick von der Liegenden zu
lösen. Allein da wirft ihn der Haß gegen das Weiche und
Gerechte und Bejahende in ihm noch einmal herum. Denn
das ist das Eigentliche, das ihn wehrlos macht. Und er
hat damit bis an das äußerste Ende durchgehalten. Karl
Lakner schaut lodernd die Wände hin. Dann räumt er
mit einem Tritt den Tisch, der auf Gummirädern gefahren
wird, aus dem Weg. Der Tisch kippt gegen die Wand und

280

schüttet klirrend die Gedecke ab. Das ist für Karl Lakner ein Signal. Er vermag es nicht, sich an einem Menschen zu vergreifen, aber man wird ihn erschlagen müssen, um zu verhindern, daß er gegen die Welt wütet. Er reißt die nächste Tür auf. Schon beim Eintritt stößt Karl Lakner einen Kakteentisch um. Er hebt das vertrackte Gestell und schmettert es gegen einen Glasschrank mit modernen Keramiken. Eine armhohe chinesische Vase schleudert er in den Spiegel mit dem venezianischen Rahmen. Er packt den roten Samurai, eine lebensgroße Gliederpuppe, und schlägt damit die Biedermeier-Stutzuhr vom Bücherbord. Er dreht sich delirierend im Kreis, bis die Tochter des Professors mit flehenden Rufen hereinwankt. Sie stürzt auf eine Lade zu, in der sie hastig herumkramt. Ihr Gesicht unter dem wirren Haar ist blutleer und ihre Lippen flattern. Dann hält sie ihm eine Banknote hin: bitte, ich finde nicht mehr!

Da läßt Karl Lakner den roten Samurai fallen. Er nimmt eine Haltung an, lässig und schwer, aber aufrecht, wie er sie nie gehabt hat. D i e s e Banknote wird er nicht nehmen; dazu ist sie zu kleinkalibrig. Wenn es schon diesen Weg nimmt, dann soll es dafürstehn müssen. Karl Lakner geht wie abwesend aus dem verwüsteten Raum hinaus in das Vorzimmer. Er zieht den Wintermantel an und wirft ohne Eile die Türen zu. Und er nimmt so viel Glut auf seinem Gesicht mit, daß er ohne zu erwachen bis in die nächste Weinhalle kommt. In dieser Nacht stellt Karl Lakner der Welt ein Ultimatum. Entweder sie wird sich seines Rechts auf das Leben besinnen, oder er wird sich ihrer Gesetze nicht mehr besinnen. Die Welt läßt es auf das Ultimatum ankommen.

Hier ist Rhodos, hier springe.

Am 21. Dezember, der ein Sonntag ist, wird von allen Kanzeln ein Aufruf verlesen, den die Bischofskonferenz beschlossen hat und der alle Gläubigen auffordert, in diesem Winter der Massennot alle lärmenden und kostspieligen Vergnügungen zu meiden und Barmherzigkeit zu üben. Damit das Wort sich erfülle: Du wirst rufen, und der Herr wird antworten; du wirst schreien, und der Herr wird sagen: hier bin ich! Am 22. telephoniert der Papst zum erstenmal mit dem goldenen Telephon, das ihm eine amerikanische Gesellschaft geschenkt hat. Aus Livorno wird mitgeteilt, daß der Irländer Pate, das letzte Glied einer Familie, sein Vermögen von 12 Millionen Lire dem Papst vermacht hat, der die Stiftung auch angenommen hat. Von Rockefeller erfährt man, daß er der französischen Regierung angeboten hat, nach Versailles nun auch das Elysée renovieren zu lassen, und die Geschäftswelt beschließt, nach dem Muttertag auch einen Vatertag einzuführen. Am 23. und 24. beten die Priester in den 350 Kirchen: Denn ein großer Gott ist der Herr und ein großer König. Nicht wird der Herr zurückstoßen sein Volk, denn in seiner Hand ist die Erde und alle Berge überschaut er. Am 25. werden in den 350 Kirchen je drei Messen gelesen. Die erste erinnert an die Geburt des Sohnes aus Gott dem Vater, die zweite an seine Geburt im Stall zu Bethlehem, die dritte an seine Wiedergeburt im Herzen der Christen. In der Nacht zum 26. bläst ein Fanfarenchor das O sanctissima über die Dächer der Stadt. Am 27. berichtet ein Professor im Radio, daß er das Skelett des Jesus, des Jeschwa bar Jehoseph gefunden habe, bei Ausgrabungen in Jerusalem, in einer Kiste mit aramäischer Inschrift. Am 28. hält ein anderer Professor einen Vortrag über die sieben Weltwunder des Altertums, über die Zeusstatue

282

des Phidias in Olympia, den Koloß von Rhodos, das Mausoleum von Halikarnaß, den Artemistempel von Ephesos, die hängenden Gärten der Semiramis, die Pyramiden von Memphis, den Leuchtturm von Alexandria, — über die sieben Weltwunder des Altertums, die gleichfalls nicht von allen Leuten jener Zeit gesehen worden sind. Am 29. steht Karl Lakner lange vor einer Ansichtskarte, die den Dädalus zeigt, wie er die Hände betend nach einem modernen Aeroplan hinaufhebt. Nachher erfährt Karl Lakner aus einem Lautsprecher, daß nach der diesjährigen Botschaft des Präsidenten Hoover an den Kongreß das Budget der Vereinigten Staaten im abgelaufenen Rechnungsjahr mit einem Defizit von 986 Millionen Dollar abschließe. Auch hört er, daß im Staat Louisiana für das kommende Jahr die Baumwollproduktion verboten werden soll, daß in Oklahoma von der Staatsmiliz mehr als 3000 Bohrtürme auf den Oelfeldern stillgelegt worden sind und daß Texas über seine Oelfelder den Belagerungszustand verhängt hat. Am 30. hört Karl Lakner, daß der britische Außenminister in Erwartung der kommenden Völkerbundsession geäußert hat, die erste Voraussetzung zur Ueberwindung der Weltwirtschaftskrise sei die Wiederkehr des internationalen Vertrauens, aber anschließend vernimmt Karl Lakner, daß die Abrüstungskommission des Völkerbundes in der ersten Januarwoche 1931 ihre 129. Sitzung abhalten wird. An diesem Tag erzählen die Lautsprecher auch von einem neuerlichen Giftgasunglück. Nach den Todesnebeln von Genf, von Ougrée und Tilleur, von Hamburg und der Lüneburger Heide sind nun auch in der Nähe von Lüttich rätselhafte Gase ausgeströmt. Die Zahl der Todesopfer, die Tiere nicht eingerechnet, beträgt 64. An diesem 30. Dezember sind die Nachrichten durchgehends anregend. Die Kapitäne der Passagierdampfer Canterbury und Empreß haben Minen gesichtet, die aus dem Weltkrieg im Aermelkanal zurückgeblieben sind. Laut französischen Blättermeldungen liegen auf dem Schlachtfeld vor Douaumont noch immer tausende französische und deutsche Soldaten unbeerdigt knapp unter der Erdoberfläche. Nach einer römischen Nachricht hat der Kaiserjäger J. G. aus Malborghetto, der 1917 in Gefangenschaft geriet, nach dreizehnjähriger Verschollenheit aus Sibirien an seine Familie einen Brief gerichtet, dessen Anschrift: Malborghetto, Oesterreich, beweist, daß der Absender von den seitherigen Umwälzungen nichts erfahren hat. Und auf der Nordseehallig Langeneß ist eine Flaschenpost angetrieben, die die hingeworfenen Zeilen enthält, der Dampfer Lusitania werde in zehn Minuten sinken. Zwar hört Karl Lakner, daß der Präsident Masaryk zu einem Mitarbeiter der Belgrader Politika geäußert hat, seit der Neuorientierung Rußlands sei die panslawistische Idee erledigt, aber die Lautsprecher erzählen von dem neuen amerikanischen Riesenkampfflugschiff und dem neuen französischen Tanktyp Char II. Das Luftschiff führt 16 Schnellfeuergeschütze, 40 Maschinengewehre und 7 Aeroplane mit und der Tank ist vier Meter hoch, zehn Meter lang und drei Meter breit. Er ist 68 Tonnen schwer, bringt es auf eine Stundengeschwindigkeit von zwölf Kilometer, führt ein Geschütz, vier Maschinengewehre und elf Mann Besatzung mit und ist in der Lage, Bäume von 80 Zentimeter Umfang umzubrechen. Hier wird auch an die Tankstatistik erinnert, die es, seit dem feierlichen Versailler Gelöbnis der allgemeinen Abrüstung, auf folgenden Stand gebracht hat: Tschechoslowakei 220 Wagen, Jugoslawien 300, Polen 400, Italien 450, England 850, Frankreich 4400. Am 31. Dezember wird Karl Lakner zweimal verprügelt. Von jungen Leuten, die gegen einen pazifistischen Film demonstrieren, und von der Polizei, die einen kommunistischen Aufmarsch zerstreut. Schließlich steht Karl Lakner erhitzt und abgerissen in einer Schaufensterpassage, deren Lautsprecher eben zu seinem Silvesterprogramm anhebt. Mit dem Lied: Lieber Franz, lieber Franz, deine Birne stimmt nicht ganz. Aber Karl Lakner, der beide Male als Unbeteiligter in den Trubel geraten war, muß nun denken: daß er an seiner Welt vorübergelebt hat. Am Neujahrstag erzählen die Lautsprecher, daß Präsident Hoover 2464 Gratulanten die Hände geschüttelt hat und daß ein Arbeitsloser in Amsterdam das Rembrandtbild: Anatomischer Unterricht des Dr. Johan Deyman, zerstört hat. Nachher entziffert Karl Lakner an der Wand der Stephanskirche eine Grabschrift aus dem Jahr 1641:

> Der Du jetzt bist / war ich
> Hier lieg ich / wart auf Dich
> War schön und wohlgestalt
> Nicht zu jung / auch nicht zu alt
> Der Tod alles zu nichts hat gemacht
> Vertraue GOTT / Dein End betracht.

Aber am Abend hält Karl Lakner den Atem an.

Die amtliche Nachrichtenstelle meldet: Unter Hinweis auf die katastrophale Wirtschaftslage verlangten seit Monaten die Unternehmervertreter in der Industriellen Bezirkskommission eine Einschränkung der Notstandsaushilfe (A. U. III.). Bekanntlich werden die Kosten der Notstandsaushilfe, die für das Jahr 1931 mit rund 44 Millionen Schilling veranschlagt sind, zur Hälfte durch Beiträge der

Unternehmer und Arbeiter, zu einem Sechstel vom Staat und zu zwei Sechstel von den Ländern gedeckt. Heute nun kam es durch die Beantragung einer entsprechenden Reform zu einem schweren Konflikt, der schließlich dazu führte, daß die Arbeiter- und Angestelltenvertreter die Kommission verließen und sie dadurch beschlußunfähig machten. Um die ordnungsgemäße Fortführung der Geschäfte der Industriellen Bezirkskommission sicherzustellen, hat der Minister für Soziale Verwaltung im Sinn der einschlägigen gesetzlichen Bestimmungen die Industrielle Bezirkskommission aufgelöst und mit ihren Aufgaben eine dreigliederige Verwaltungskommission betraut.

Das Kleine und das Große stehen sich gegenüber. Unmittelbar. Ueber einem Gesuch um die Zuerkennung der Notstandsaushilfe (A. U. III.). Auf der einen Seite steht der siebenunddreißigjährige Karl Lakner, und mit ihm stehen die Sorgenjahre seiner Mutter da, sein schwieriges Studium, der Krieg und die Gefangenschaften, seine Schwedenirrfahrt und seine ganze Bereitwilligkeit, die vom Schützengraben bis Spitzbergen gereicht hat, und auf der anderen Seite steht mit dem Regierungskommissär Versailles 1920 über dem Gesuch, Genf 1922, stehen darüber ein Staatsbudget, eine Rationalisierungskrise, eine Absatzkrise und eine Kreditkrise. Steht darüber der Weltwinter 1931. Die Konfrontation geht für den Karl Lakner abermals schlecht aus.

Am 2. Januar holt er sich die endgültige Abweisung aus dem Arbeitsnachweis.

Aber da weiß er auch, daß sein Ultimatum wieder nichts anderes als ein Gelübde gewesen ist. Er kann nicht böse sein, weil er nicht die Kraft hat, die Isolierung zu ertragen, die das mit sich bringt. Das Bewußtsein von der

286

Einmaligkeit seines Daseins liegt erdrückend auf ihm. Er kann nur mit der Welt leben und nicht gegen sie. Nun erst bricht er unter der Tat zusammen, die im Haus des Professors geschah. Er schleppt sich hin, Verzeihung zu erbitten. Allerdings enthält er sich dabei nicht der Bemerkung: Die Welt will mich unbedingt zum Verbrecher haben, aber ich bringe kein Talent dazu mit. Der Professor übergibt ihn nicht dem staatlichen Ordnungsapparat. Diesmal kommt seine Weisheit Karl Lakner zugute. Aber auch das ist nur von Nachteil. Eine Anzeige hätte Karl Lakner in den Händen der Gerichtsbarkeit aufgefangen, in Zellen und Häftlingsspaziergängen. Die Toleranz überläßt ihn wieder den Straßen.

1931

Die Welt geht weiter

Drei Zeitungsausschnitte
vom
23. Februar 1931

In der heutigen Selbstmordrubrik nimmt der Fall des arbeits- und unterstandslosen Karl Lakner eine eigene Stelle ein. Die Aussagen der Prostituierten M. L., die dabei anwesend war, leuchten trotz ihrer Knappheit augenscheinlich tief in ein Menschenschicksal hinab. Wie die M. L. erzählt, kam Karl Lakner, den sie von einer Begegnung im Herbst her kannte, mit der Bitte um Geld auf ihren Standplatz. Er hätte, beteuerte er, seit Tagen nichts gegessen. Da die M. L. sah, daß er weder einen Mantel, noch ein Hemd unterm Rock anhatte, dauerte er sie. Aber sie hatte noch nichts verdient und bat ihn also, zu warten. In dieser Zeit redete Karl Lakner ununterbrochen von seiner Kindheit. Vor allem erzählte er, daß ihm die Gegend sehr vertraut sei, da er als Knabe tagelang auf dem Parkgitter in der Nähe gesessen hätte. Nun gestand er auch, daß er das Geld nicht für Eßsachen aufwenden, sondern vertrinken wolle. Er hätte, sagte er, wie jeden Tag seine Klostersuppe gehabt, aber er hielte es mit seinen Gedanken nicht mehr aus und er spüre überdies furchtbare Stiche in der Lunge. Nach einer Weile dann kam ein Mann vorüber, mit dem die M. L. ins

288

Hotel ging. Er war betrunken und begleitete sie nachher wieder zurück. Nun gab sie Karl Lakner eine der beiden Fünfschillingnoten, die sie erhalten hatte, wobei sie die Bemerkung machte, der Mann müsse nach dem, was er in der Brieftasche trage, sein Geschäft verkauft haben. Die Bemerkung machte die M. L. in ihrer Freude über den verhältnismäßig hohen Verdienst. Aber sie hatte den Satz kaum ausgesprochen, als Karl Lakner hinter dem Betrunkenen herrannte. Nun begann die M. L. zu schreien, weil sie Scherereien fürchtete, und rannte gleichfalls hinter den beiden her. Mittlerweile hatte Karl Lakner den Betrunkenen auf dem Bahnübergang beim Arsenal erreicht und gestellt. Als auch die M. L. auf die Brücke kam, hörte sie den Mann in höchster Angst rufen: Meine Kinder! Da sei Karl Lakner wie ratlos zwischen ihnen stehen geblieben. In diesem Augenblick kam aber der Mitternachtszug von der Station Favoriten herab und Karl Lakner schwang sich über die Brüstung, ehe man ihn zurückhalten konnte.

*

Nach Angaben des Dr. Charles H. Maye in Rochester ist ein Mensch nicht mehr und nicht weniger wert als vier Mark, wobei Dr. Maye die Bemessung exakt auf Grund der Verwertbarkeit der in einem Menschen enthaltenen Rohstoffe vornimmt. So reicht das Fett eines Menschen zur Herstellung von sieben Stück Seife. Aus dem Eisen eines Menschen läßt sich ein mittelgroßer Nagel machen. Der Zucker langt für ein halbes Dutzend Faschingskrapfen. Mit dem Kalk kann man einen Kückenstall weißen. Der Phosphor liefert die Köpfe von 2200 Zündhölzern. Das Magnesium ergibt eine Dosis Magnesia.

Mit dem Schwefel kann man einem Hund die Flöhe vertreiben. Und das Kalium reicht für einen Schuß aus einer Kinderkanone.

*

Wie aus Kapstadt berichtet wird, bemerkten Regierungsbeamte, die kürzlich das Gebiet des Cathkin Peak in Natal bereisten, auf einem Hügel, auf dem sich jährlich die Störche der Gegend zu ihrem Flug nach Europa versammeln, große weiße Flächen, die sie zunächst für Schnee hielten. Als sie näherkamen, stellten sie fest, daß es viele tausend tote Störche waren. Die Vögel waren von einem Hagelsturm überrascht und zu Boden geschmettert worden, wo sie nun mit gebrochenen Flügeln und Beinen und übereinandergehäuft dalagen. Ueber ihnen kreisten Wolken von anderen Störchen, die ihre toten Kameraden zu betrauern schienen.

Inhalt

Nachwort

KARL ZIAK

Nachwort

Als Rudolf Brunngraber am 4. April 1960 von seinem jahrelangen, mit Heroismus ertragenen Leiden erlöst wurde, war er noch nicht 59 Jahre alt. Wie sein 60. Geburtstag hätte verlaufen können, hat er mit beträchtlichem Sarkasmus in dem unvollendet hinterlassenen Roman „Der Mann im Mond" (den ich 1972 herausgab) geschildert, dessen erstes Kapitel einen Monat vor seinem Tod in der von Rudolf Henz geleiteten Zeitschrift „Wort in der Zeit" erschien. Sicher wären bei einer solchen hochoffiziellen Geburtstagsfeier seine Gesinnungsfreunde um ihn versammelt gewesen, um ihn zu ehren. Doch das Kapitel ist seltsamerweise „Geburtstag mit Selbstmordabsicht" überschrieben. Als der Dichter im Nachhang zu der Feierstunde innere Einkehr hält, findet er nämlich: Er ist sich selbst fremd geworden; seine Arbeitsleistung scheint ihm fragwürdig, sein Lebenswerk fehlgeschlagen. Tiefe Resignation hat sich seiner bemächtigt. Und es bleibt ihm nur eines: mit Würde abzutreten.

Überraschende Worte aus dem Munde eines Mannes, der jahrzehntelang von Aktivität strotzte und ein so ansehnliches Arbeitspensum erledigte: 16 größere Werke, zum Teil in 18 Sprachen übersetzt, in die Millionen gehende Auflagen in nicht einmal 30 Jahren.

Der am 20. September 1901 geborene Rudolf Brunngraber war ein Arbeiterkind aus dem Wiener Proletarierbezirk Favoriten, ein intelligentes Arbeiterkind, das bald über sein Milieu hinausdrängte, dem aber infolge der häuslichen Verhältnisse Mittel- und Hochschulstudium versagt blieben und dem schon der Eintritt in die Lehrerbildungsanstalt einen Schritt in eine höhere Welt bedeutete. Die Weltwirtschaftskrise verhinderte seinen Weg in der vorgezeichneten beruflichen Laufbahn. Als einer der Hunderttausende, die damals in Österreich arbeitslos waren, trampte er bis Skandinavien hinauf, wo sich der Globetrotter als Holzfäller verdingte. In die Heimat zurückgekehrt, lebte er dürftig von schlecht honorierten Vorträgen für die „Sozialistische Bildungszentrale" und gelegentlichen Artikeln in Parteiblättern. Neben einem Studium an der Kunstgewerbeschule, das ein Mäzen finanzierte, schrieb er – selbstverständlich, möchte man sagen – einen Roman. Als der Siebenundzwanzigjährige diesen (psychologischen) Erstling Otto Neurath, dem Direktor des Gesellschafts- und Wirtschaftsmuseums, wo Brunngraber mitarbeitete, vorlegte, zeigte sich der Soziologe und Nationalökonom Neurath von dem tragischen Ende der erfundenen Handlung nicht im geringsten beeindruckt und überzeugte den jungen Dichter, wieviel aufregender die Folgen der ihrem Höhepunkt zustrebenden Weltwirtschaftskrise waren. Wie dieser Hinweis Brunngrabers Schaffen beeinflußte, schildert das Vorwort zu dem vorliegenden Roman.

In „Karl und das XX. Jahrhundert" hat Brunngraber zum erstenmal ein Menschenschicksal in den Rahmen seiner Zeit hineingestellt, und das blieb auch in der Folge die ihm eigene Romantechnik. Das Buch kam zu Weihnachten 1932 in der Societätsdruckerei Frankfurt heraus. 1933 schrieb Brunngraber noch zahlreiche Artikel für die sozialistische Frauenzeitung „Die Unzufriedene" über Raub- und Kaufehe, Vielweiberei, Mutterrecht und ähnliches, vermutlich damals auch die Aufsätze über den ersten Trust und F. W. Taylor, den „Vater der Rationalisierung''; im Aprilheft 1934 der Schweizer Zeitschrift „Das Volk'' erschien ein Essay „Kunst und Arbeiterschaft'' – doch in der Hauptsache dürfte sich Brunngrabers Arbeitskraft nun auf das nächste Buch, „Radium'', konzentriert haben, das 1936 bei Rowohlt herauskam.

Die Spanne von vier Jahren zwischen den beiden Romanen scheint auf den ersten Blick unerklärlich groß. Vergessen wir aber nicht, daß dazwischen der Februar 1934, das Aufbäumen der österreichischen Arbeiterschaft gegen den Faschismus des „Ständestaates'' lag! Welch aufwühlendes Erlebnis die Kämpfe für Brunngraber bedeuteten, können wir aus dem „Weg durch das Labyrinth'' ermessen, der, wenn auch erst 1947 veröffentlicht, sichtlich unmittelbar unter dem Eindruck der erschütternden Ereignisse zustande kam. Die erfundene Handlung ist stark mit Statistiken durchsetzt, ja sie führt sogar in das Gesellschafts- und Wirtschaftsmuseum. Der Held des Romans, obwohl aus dem Bürgertum kommend, erkennt die Nöte der Zeit, und schon scheint es, als würde er mit Hilfe einer überzeugten Sozialistin, in die er sich verliebt, aus dem Labyrinth der Probleme finden – doch schließlich gibt es kein Verstehen zwischen den beiden. Es ist ein Symbol für die Ausweglosigkeit der damaligen politischen Situation, daß der Held beim Versuch, seine Geliebte aus einem belagerten Haus zu retten, in eine Maschinengewehrsalve läuft, die sie ungewollt auf ihn lenkt. Es wird ungemein viel (und klug) debattiert in diesem Liebesroman, der in Wahrheit ein Zeitgemälde ist, viel nachgedacht und wenig gehandelt. Die Diskrepanz zwischen den nüchternen Zahlen der Weltwirtschaftskrise und den überschwenglichen Gefühlsäußerungen eines Verliebten ist an manchen Stellen geradezu unangenehm.

„Radium'' zeigt ein Fortschreiten des Autors auf der eingeschlagenen Bahn, aber nun schon als souveräner Beherrscher seines Materials. Wieder erinnert die Arbeit an den Experimentalroman Zolas, der seine Handlungen konstruiert hatte, um gewisse Thesen zu beweisen. Doch, wie in Zola, siegte auch in Brunngraber der Dichter über den Theoretiker. Wie hier die Geschichte der Entdeckung und Auswertung eines chemischen Elementes erzählt wird, es könnte nicht spannender sein. Die nackten Tatsachen sind mit so vielen erfundenen Einzelheiten dichterisch umkleidet, daß ich das Werk als eines der besten seiner Gattung ansprechen möchte, die in Ilja Ehrenburgs „Leben der Autos'' (1930) bereits eine beträchtliche Höhe erklommen hatte. Schon im ersten Kapitel tönen die drei Handlungen an, welche den ganzen Roman durchziehen und der dreifachen Rolle des Radiums entsprechen: die säkulare wissenschaftliche Entdeckung, ihre Ausnützung durch Handel und Spekulation und als Heilmittel der Medizin. Selbstverständlich kommt es zum Konflikt zwischen Geld und Geist, und es zeigt die Gestaltungskraft unseres Dichters, wie er diesen unpersönlichen Konflikt in menschliche Schicksale zu transponieren versteht. Neben statistischen Aufstellungen, chemischen Formeln, Zeitungsnotizen, einem Inserat und einem Firmenzeichen – Stilmitteln, wie sie sich auch in Döblins „Berlin Alexanderplatz'' finden –, neben der Beschreibung der Radiumbehandlung finden sich prächtige poetische Bilder oder die atemraubende Schilderung eines Feuerüberfalles während der deutschen

Offensive im Jahr 1918. Es gibt freilich auch Stellen, die der Autor selbst als Kinoromantik bezeichnete; doch sie werden reichlich aufgewogen durch tiefgründige Gespräche, deren Prophetie rascher aktuell wurde, als man dachte. Der Erfolg von „Radium" übertraf den des Erstlings. Dreizehn deutsche Zeitungen druckten den Roman in Fortsetzungen ab; der Deutschlandsender und die Sender Berlin und Saarbrücken brachten Hörspielbearbeitungen davon.

Umso überraschender war das Buch, das 1938 folgte: „Engel in Atlantis". Als wäre der Autor plötzlich der Zahlen, Dokumente und Zeitungsberichte überdrüssig geworden, flüchtete er – so hatte einst Gerhart Hauptmann vom Naturalismus zur Neuromantik gewechselt – in ein mythisches Zeitalter, von dem verschiedene Sagenkreise, die Genesis, die Apokalypse und Plato dunkel und dürftig berichten. In stellenweise grandiosen Bildern, deren skurrile Phantastik und traumhaft-glasklare Wirklichkeit an Salvador Dali denken läßt, erleben wir hier gleichsam in Zeitraffer-Aufnahmen die Entwicklung der Menschheit vom Sturz der sechs Engel auf die im Stadium des Matriarchats befindliche Erde bis zur Sintflut, die Brunngraber an das Ende einer hochentwickelten, ja bereits überreifen Kultur setzt. Hätte es eines Beweises der dichterischen Erfindungsgabe unseres Autors bedurft, hier war er.

Das nächste Buch, „Opiumkrieg" (1939), bestätigte sie in einer ganz anderen Sphäre. Wohl gibt es auch hier statistische Angaben, doch bloß in *einem* Kapitel; wohl ist auch hier der Rahmen kräftig gezeichnet: die zwangsweise Erschließung Chinas für den englischen Opiumhandel – doch die historischen Ereignisse bleiben am Rande; im Zentrum der Betrachtung steht das chinesische Leben vom Haushalt eines Kantoner Kaufmanns bis zum Himmelsopfer des Kaisers, steht vor allem ein ergreifendes Schicksal: der Aufstieg Tschunlis vom Studenten zum Kabinettsmitglied, sein ungeheurer Seelenkonflikt, als Staatsraison und Befehl ihn zwingen, den eigenen Bruder hinrichten zu lassen, seine Niederlage im Krieg gegen die Engländer (1841), seine Verbannung in die fernste Provinz und schließlich seine Rehabilitierung.

Seit der Annexion Österreichs gab es Schwierigkeiten für Rudolf Brunngraber, einmal weil die Abstammung seiner Frau nicht ganz den Nürnberger Rassengesetzen entsprach, aber auch wegen seiner sozialistischen Gesinnung, die sich oft genug kundgetan hatte. Aber daß in „Opiumkrieg" manches ehrliche Wort über den englischen Imperialismus fiel, erwirkte das Imprimatur durch die Reichsschrifttumskammer. Daß die herrschende Klasse Chinas nicht besser wegkommt, die sich nicht scheut, den Krieg zu provozieren, weil sie damit die eigenen Interessen fördert, wurde in der Anglophobie der Machthaber des Dritten Reiches übersehen.

Den Höhepunkt der Entwicklung Brunngrabers stellt „Zucker aus Cuba" (1941) dar. Der dramatische Beginn, die geschickte Exposition der Wirtschaftslage und der Geschichte Cubas im Verlauf eines Gesellschaftsabends; die fast restlos geglückte Verarbeitung des Materials, so daß man nicht mehr von Bild und Rahmen sprechen kann; wie sich der Aufstieg Cubas zum ersten Zuckerland der Erde und sein beispielloser Fall in Elend und Bürgerkrieg im Schicksal einer Familie widerspiegelt – wie weit ent-

fernt ist das von den primitiven Anfängen des „Tatsachenromans". In seiner Technik ist Brunngraber seit „Karl und das XX. Jahrhundert" unübersehbar gewachsen. In seiner Weltanschauung ist er der alte geblieben. Anfangs mag es aussehen, als glaube er jetzt an die Macht eines „Schicksals"; doch am Schluß erweist es sich wieder, wie das Leben jedes einzelnen von Weltmarkt und Weltpolitik bestimmt werden. Und es bestätigt nur die Verblendung der Nazis, daß sie die Veröffentlichung dieses Buches – wenn auch nur mit Sondergenehmigung – gestatteten, weil es den amerikanischen Kapitalismus anprangerte, und dabei übersahen, wie tief hier in die Bestialität der Diktatur hineingeleuchtet wurde. Immerhin war es das letzte Werk Brunngrabers, das in Hitlerdeutschland erscheinen durfte. Selbstverständlich hörte er damit nicht zu schreiben auf. Abgesehen von den verschiedenen Plänen, von denen im Briefwechsel mit seinem Verleger Rowohlt die Rede ist, und dem „Funkroman" („Der tönende Erdkreis"), an dem der Dichter in den Jahren 1940 bis 1944 immer wieder arbeitete, liegen im Nachlaß Manuskripte, die Brunngrabers unablässiges Schaffen beweisen. So ein mit 16. Oktober 1941 datiertes Gespräch zwischen Ludwig XIV. und Colbert, betitelt „Der Kampf um die Hudsonbai", vermutlich das erste Kapitel des geplanten Romans um Pelztierjagd und Pelzhandel, von dem in der Korrespondenz mit Rowohlt die Rede ist. Ein Abdruck davon ist ebenso wenig anzunehmen wie von dem Artikel „Gepanzerte Riviera", einer auf Brunngrabers eigener Anschauung beruhenden Beschreibung der Befestigungsarbeiten der „Organisation Todt" zwischen Marseille und Nizza. Denn die überaus exakten Angaben hätten ja geradezu als Verrat von militärischen Geheimnissen angesehen werden müssen. Der Artikel hängt mit einer merkwürdigen Wendung zusammen, die das Leben Brunngrabers im Verlaufe des Krieges nahm und die, mit nicht zu großer dichterischer Freiheit, in „Mann im Mond" beschrieben wird.
Obwohl Brunngraber seit 30. August 1940 aus der Reichsschrifttumskammer ausgeschlossen und im Herbst 1941 wegen staatsfeindlicher Äußerungen vor die Gestapo zitiert worden war, hörte der Groß-Verlag (Berlin) nicht auf, in ihn zu dringen, im Auftrage der deutschen Industrie einen Roman über den synthetischen Kautschuk „Buna" zu schreiben; auch lud ihn der Reichsarbeitsdienst im Spätherbst 1943 mit anderen Schriftstellern zu zwei Besichtigungsfahrten nach Südfrankreich und Serbien ein, bei denen er die Leistungen des RAD kennenlernen sollte, um darüber zu schreiben.
Schließlich wurde er im Frühjahr 1944 vom Chef des Transportwesens im Rüstungsministerium, Albert Speer, beauftragt, ein Buch über das Nachschubwesen im Kriege zu schreiben, ein Propaganda-Auftrag, den er, trotz Ernennung zum Sonderführer im Majorsrang und Ausstattung mit bevorzugenden Ausweisen und beträchtlichen Mitteln, niemals auszuführen entschlossen war. Wie er, um die Fertigstellung möglichst lange, bis zu dem für bald erwarteten Zusammenbruch des Dritten Reiches, hinauszuschieben, mit einer historischen Darstellung begann, das ist aus den letzten Seiten von „Mann im Mond" zu lesen. Im Nachlaß liegt ein Durchschlag von 60 Seiten dieser Arbeit, also bloß ein Bruchteil, überschrieben „Nachschub ist Sieg oder Niederlage"; das Original dieser gewissenhaf-

ten Untersuchung, die mit dem Ersten Weltkrieg schließt, ist wohl im zerbombten Berlin verbrannt.

In den ersten beiden Jahren nach Beendigung des Krieges trat Brunngraber, von den Erzählungen „Irrelohe" und „Der Tierkreis" (Teilen aus dem unveröffentlichten Jugendroman „Die Entwurzelten") abgesehen, vornehmlich als Soziologe und Kulturpolitiker in Erscheinung. Außer den Polemiken „Wie es kam" (nämlich zum Dritten Reich) und „Was zu kommen hat / Von Nietzsche zur Technokratie" erschienen zahlreiche Essays, die größtenteils 1949 im Band „Überwindung des Nihilismus" gesammelt wurden.

Von 1947 an galt das Interesse Brunngrabers hauptsächlich dem Film. Er hatte Verbindung mit dem durch eine Reihe erfolgreicher Streifen („Die freudlose Gasse", „Westfront 1918", „Die Dreigroschenoper") berühmtgewordenen Regisseur Georg Wilhelm Pabst aufgenommen und für ihn das Drehbuch zu „Der Prozeß" geschrieben, in dem der angebliche Ritualmord in dem Theißdörfchen Tisza-Eszllár, der 1882 die Öffentlichkeit erregte, dargestellt wurde. Das Buch erschien unter dem Titel „Prozeß auf Tod und Leben" 1948 bei Zsolnay in Wien. Auf meine Anregung hin wurde es später für eine Ausgabe der Büchergilde Gutenberg (unter dem Titel „Pogrom") ausgeweitet. Ein großer Teil von Brunngrabers Arbeitskraft wurde für den „Österreichfilm": „1. April 2000" aufgewendet (Regie: Wolfgang Liebeneiner; Erstaufführung 19. November 1952), in dem er, in staatlichem Auftrag, gemeinsam mit Ernst Marbö, mit blendender Ironie den Zustand des angeblich „befreiten", in Wahrheit jedoch von vier Mächten besetzten Österreich schilderte.

Danach widmete er sich einem Schauspiel „Der liebe Augustin", das, als dauernde zentrale Veranstaltung der Wiener Festwochen geplant, wohl fertiggestellt, jedoch nie aufgeführt wurde. Die Verse dieses „Dramatischen Gedichts", die ich von dem Autor im privaten Kreis vorgelesen hörte, waren von überraschender Flüssigkeit, planetenweit fern von der gleichzeitigen „Schlange im Paradies" (1958), einer umfassenden Untersuchung aller Spielarten von Sexus und Eros, in der eine dürftige Handlung am Kärntner Weißensee in einer „Fülle von Gedanken, Bildern, Symptomen und Signaturen" unterging.

Dieses Überwuchern des zusammengetragenen Wissens war schon im „Tönenden Erdkreis" zu bemerken, der 1951 bei Rowohlt erschien, aber in Österreich nicht vertrieben werden durfte, weil die sowjetische Besatzungsmacht fand, daß die Rolle der Russen in dieser Geschichte der Funktechnik nicht gebührend gewürdigt war. Für eine Lizenzauflage der Büchergilde Gutenberg im Jahre 1959 rang ich dem Autor eine Kürzung um ein Viertel des Umfanges ab, eine mühevolle Arbeit, durch die der „Funkroman" jedoch von dem angelesenen Ballast befreit und, wie mir Brunngraber schließlich zugestand, eine weitaus flüssigere Darstellung erreicht wurde.

In den Publikationen nach dem Kriege zeigte sich noch deutlicher als vorher, daß Brunngraber die Aufgabe des Schriftstellers darin erblickte, mit Hilfe der Nationalökonomie, der Soziologie, der Massenpsychologie, der Statistik und der Geschichte ein Werk zu gestalten, das im wesentlichen gesellschaftliche Probleme behandelt. Sah das vergangene Jahrhundert die höchste Vollendung des Autors im Dichter-Philosophen, so nun Brunngraber im Dichter-Soziologen.

Was er in „Heroin / Roman der Rauschgifte" (1951) an Tatsachenmaterial zusammentrug, hätte für drei Bücher gereicht; seine Konzentration auf 300 Seiten mußte auf Kosten der erdichteten Handlung geschehen. Das Gewirk aus spannenden Kriminalfällen und soziologischen Untersuchungen, das „Diorama der Drogenwelt, das vom Ethnologischen, Toxikologischen und Psychiatrischen bis zum Philosophischen reicht", ist als Bericht erschütternd, als Roman nicht befriedigend. Dasselbe gilt für „Fegefeuer" (1956), den stundenlangen Monolog eines aus dem Orden entlaufenen Dominikaners, der über die Stufen der religiösen Ekstase, Bilderstürmerei, Inquisition, Hexenverfolgung und Scheiterhaufen reflektierend, tief ins Metaphysische führt.

Sehen wir vom „Funkroman" ab, so hatten sämtliche Bücher der fünfziger Jahre nicht den Erfolg der früheren, und es kam deshalb zur Verstimmung gegenüber Rowohlt und in der Folge zum Wechsel zu Kurt Desch. Doch daß daraus der Schluß gezogen werden konnte, dieses Dichterleben sei „ein unsinniges, ein nicht lebenswertes" gewesen, überraschte, als er in dem eingangs erwähnten Probekapitel von „Mann im Mond" ausgesprochen wurde.

Erst die Einsicht in das gesamte Fragment dieses autobiographischen Buches entschleierte mir, wie alt und tief die Enttäuschung in Brunngraber gewesen sein mußte und daß sie nicht bloß für die Handlung des Romans erfunden worden sein dürfte, in dem nicht selten der geballte Ausdruck des Expressionisten, der Brunngraber in seinen Anfängen war, durchschlägt, aber noch mehr der prominente Vertreter der „Neuen Sachlichkeit" sich bemerkbar macht.

Ja, er fühlte sich körperlich nicht wohl, wußte, daß er auf den Tod krank war. Doch auch die Welt schien ihm krank. Die technischen Errungenschaften hoben die Dämonien nicht auf; die Instinkte triumphierten über die Vernunft; die industrielle Entwicklung ging in falscher Richtung. Was er in seiner Jugend als sozialistischer Bildungsreferent gepredigt hatte – nämlich: daß die ökonomischen Verhältnisse den gesellschaftlichen und geistigen Überbau bestimmen – schien ihm nun selbst nicht mehr ganz glaubhaft. Das Unbehagen konzentrierte sich auf die Überheblichkeit, mit der die Menschheit nach den Sternen griff. Nach dem Start des ersten Satelliten, des „Sputnik", am 4. Oktober 1957 war ja die Mondfahrt nicht mehr utopisch.

In der anderen Schale aber lag doch, wenn der angehende Sechziger sein Leben abwog, der beglückende Aufstieg vom Maurersohn aus Favoriten, dem das bescheidene Leben eines Volksschullehrers oder eines Gebrauchsgraphikers vorgezeichnet schien, zum Träger des Literaturpreises der Stadt Wien (1950) und Mitglied der Deutschen Akademie für Sprache und Dichtung, lag die weltweite Verbreitung seiner Werke.

Es war ein reiches Schaffen gewesen. War es ein vergebliches? Hatte das Werk, derart verbreitet, wirklich in die Welt gewirkt? Hatte es den Menschen die Augen geöffnet über die Zusammenhänge zwischen Wirtschaft,

Technik, Politik und dem Schicksal des einzelnen? War der Nihilismus der vierziger Jahre überwunden? War die Menschheit willig, den kühlen Überlegungen der Technokraten zu folgen und eine Welt der Vernunft und des Friedens aufzubauen — oder war sie bereit, wieder einmal berückt den Phrasen eines politischen Rattenfängers nachzulaufen? Die Ungewißheit der Antwort mochte einen Todgeweihten am Sinn seines Werkes zweifeln lassen.

Die Raschlebigkeit unserer Zeit schien der Skepsis recht zu geben; die heutige Jugend kennt Rudolf Brunngraber nicht mehr. Aber daß einer aus ihrer Mitte, der Schreiber des Vorworts, für sich „Karl und das XX. Jahrhundert" entdeckt und mit Erfolg für einen Neudruck in der Reihe Q vorgeschlagen hat, läßt Hoffnung schöpfen, daß das Schaffen Brunngrabers nicht vergeblich war.

Karl Ziak, Wien